数据中台实战

手把手教你搭建数据中台

董超华 著

电子工业出版社
Publishing House of Electronics Industry
北京·BEIJING

内 容 简 介

自从 2015 年阿里巴巴提出中台的概念后，数据中台的概念就火遍了整个互联网圈。数据中台是实现企业数据智能的重要手段，但是数据中台是什么、为什么要搭建数据中台、数据中台究竟应该怎么搭建，这些问题的答案却很少有人知道。

本书从"数据采集""数据存储""数据打通""数据应用"的角度，基于作者多年搭建数据中台的实战经验，毫无保留地为大家解析从 0 到 1 搭建数据中台的全过程。每个章节都有大量的实战案例，希望本书能够对国内数据化工作者提供一定的帮助。

本书的读者范围很广，无论你是想要进行数据化转型的公司高层、一线的产品经理、运营/设计/开发人员，还是对数据领域感兴趣的学生或从业人员，都可以从中学到想要的内容。

未经许可，不得以任何方式复制或抄袭本书之部分或全部内容。
版权所有，侵权必究。

图书在版编目（CIP）数据

数据中台实战：手把手教你搭建数据中台 / 董超华著. —北京：电子工业出版社，2020.10
ISBN 978-7-121-39386-0

Ⅰ. ①数… Ⅱ. ①董… Ⅲ. ①企业管理－数据管理 Ⅳ. ①F272.7

中国版本图书馆 CIP 数据核字（2020）第 148730 号

责任编辑：林瑞和
印　　刷：北京虎彩文化传播有限公司
装　　订：北京虎彩文化传播有限公司
出版发行：电子工业出版社
　　　　　北京市海淀区万寿路 173 信箱　　邮编：100036
开　　本：720×1000　1/16　　印张：14.25　　字数：237.1 千字
版　　次：2020 年 10 月第 1 版
印　　次：2024 年 6 月第 7 次印刷
定　　价：69.00 元

凡所购买电子工业出版社图书有缺损问题，请向购买书店调换。若书店售缺，请与本社发行部联系，联系及邮购电话：（010）88254888，88258888。
质量投诉请发邮件至 zlts@phei.com.cn，盗版侵权举报请发邮件至 dbqq@phei.com.cn。
本书咨询联系方式：（010）51260888-819，faq@phei.com.cn。

推荐序

我是2019年6月份认识超华的,得知他准备出版自己的新书,而且还是中台方向,我就非常感兴趣。看完新书初稿,我就从自己的角度聊聊中台以及我对这本书的理解。

中台这个概念近几年非常火热,对于很多公司来说,如果不做中台都显得自己跟不上时代或者公司不够"高大上",可实际上真正懂中台、做过中台、了解如何使用中台的人并不多。这就出现了一种情况,很多公司的中台战略都停留在口头上和会议室里,实际落地到业务和系统中却什么也没有。

导致这种现象的原因有两种:第一种,有些公司对自身业务特点不了解,硬上中台,结果水土不服;第二种,有些公司缺少对中台的认知和实操经验,使用方法错误。其实,一家公司在上马中台战略以前,一定要明确:中台是否适合于本公司。为什么这么说呢?因为很多公司其实是不需要中台的。在我看来,只有业务密度和复杂度达到一定量级的公司,才有中台存在的必要。如果只是简单的业务组件化或者系统模块化,就算没有中台,公司也可以实现。所以,支撑复杂业务的业务中台以及支撑海量数据的数据中台才是中台的核心价值所在。

学习中台的最好方式就是通过成功案例和实操经验获取知识,因为这都是最真实可落地的东西，比起一堆的概念或者噱头来说要有用得多。超华对中台有着丰富的实践经验，在大型企业中负责业务中台和数据中台从 0 到 1 搭建的过程，这种实战经验是非常可贵的，能让理论落地。

不管是数据中台，还是业务中台，从概念到落地、从方案到经验，需要经过实践和打磨，非短期突击能实现。超华在这方面有自己独到的经验和方法论。在书中，他对于数据中台的几个核心环节（采集、存储、打通、应用）的概括非常完整，这是构建数据中台的重要方法，凭此可以让数据中台一步一步落地并实现。

如果你未来准备往中台产品经理发展，或者你所在的公司准备构建自己的中台体系项目，那么这本既有方法、也有案例的书会是你不错的实践参考。开卷有益，希望对你有所帮助。

《产品经理必懂的技术那点事儿》作者、

公众号"唐韧"主理人 唐韧

前　　言

亲爱的读者，你好，我是本书作者董超华，行业内都叫我"华仔"。我曾就职于科大讯飞，现任富力环球商品贸易港数据中台产品负责人，是人人都是产品经理社区、PMTalk 社区、产品 100 社区的专栏作者，公众号"改变世界的产品经理"的主理人。

自从 2015 年阿里巴巴提出中台的概念后，中台的概念就迅速传遍整个互联网圈。我知道，很多朋友应该看过朋友圈里流传的相关文章，甚至有人曾经为了听"大厂"职工们讲中台的干货，奔走在各种大小行业会议之间。我也知道，这种碎片化的吸收虽然增加了大家的知识，却也增加了大家的焦虑，因为技术不平等广泛存在于业界。

阿里巴巴早在 2015 年就公布了中台的概念，说明其早已把中台体系做得很成熟，如果你不是阿里巴巴的员工，没有亲身经历中台的搭建，就很难理解中台究竟是干什么的。

2019 年 5 月 13 日，我写了一篇关于数据中台的文章，发表在人人都是产品经理社区中，第二天该文章的阅读量就破了 1 万次。截至 2020 年 6 月，我的数据中台实战系列文章的全网阅读量已经突破 34 万次。为什么我的数据中台实战系列文章这么"火"呢？除了如今中台的概念比较"火"之外，还因为深入了解中台的人少之又少，大多数人都只能讲概念，很少有人能写出关于中台搭建的实战干货。我在富力集团有幸经历了业务中台、数据中台的从 0 到 1 搭建全过程，而与富力集团合作搭建中台的正是阿里系中台搭建工作的直接参与者，这使得我在富力集团搭建中台的过程中吸收了很多关于中台的实战经验。

本书基于我多年搭建数据中台的实战经验，从"采集""存储""打通""应用"的角度，毫无保留地为你解析从 0 到 1 搭建数据中台的全过程。本书的读者范围很广，无论你是正在进行数据化转型的公司高层、一线的产品经理/运营人员/设计师/开发人员，还是对数据领域感兴趣的从业人员或求职学生，都可以从中学到想要的内容。

第 1 章"数据中台入门攻略"让你快速了解中台基础知识。首先，这一章清晰地解答了什么是中台、什么是业务中台、什么是数据中台、为什么要搭建数据中台、什么企业适合搭建数据中台等典型问题。其次，这一章通过双中台实战的案例，进一步加深你对中台的了解。最后，这一章通过数据中台的人员构成、开发流程、如何与其他部门合作等讲解，进一步剖析数据中台究竟是什么。

第 2 章"数据采集"介绍数据中台的数据采集模块。在这一章中，你会学到如何通过数据埋点采集用户行为数据、如何采集产品线业务数据。这一章通过多个实战案例为你介绍为什么要进行数据采集、要采集哪些内容、怎么进行数据采集。

第 3 章"数据存储与计算"介绍数据中台数据存储与计算模块。在这一章中，你会学到如何打造一套高效、没有歧义的指标管理体系。这一章还会为你介绍数据中台的分层建模体系，通过实战案例讲解从 ODS 层到 DWD/DWS 层，再到 ADS 层建模和数据计算的全过程，让你从模型设计和数据计算的角度进一步理解数据中台。

第 4 章"数据打通"介绍数据中台的智能化应用标签平台。标签平台是用户画像和推荐系统的基础，从宽表的定义、标签体系的搭建、标签的生成、用户的圈选开始学习，从 0 到 1 教你搭建标签平台。这一章通过多个实战案例，让你学会如何打通用户的行为数据和用户的业务数据、如何打通公司内部各条产品线的数据，消除数据孤岛，释放数据的最大化价值。

第5章"用户分析"、第6章"商品分析"、第7章"流量分析"、第8章"交易分析"依次讲解数据中台的数据应用模块。用户分析、商品分析、流量分析是我们经常说的"人、货、场分析"，大多数的互联网产品都会用到。交易数据是公司最核心的数据，交易分析部分的内容会介绍如何为领导层设计交易看板、如何为运营人员设计交易分析模块。每章都会有具体实战案例讲解数据中台如何通过数据实现企业的数据化运营、如何提高运营人员的效率、如何用数据赋能业务，从而在搭建数据中台时避开各种陷阱。

第9章"自助分析平台"介绍数据中台的自助分析平台。自助分析平台可以解决数据中台中数据可视化的问题。有了自助分析平台可以帮助数据中台大幅度提升开发效率，让数据中台专注于数据开发和模型设计。业务人员可以通过数据中台配置专属自己的数据看板，形成了看板的千人千面。

第10章"自动化营销平台"介绍数据中台的数据智能应用——全渠道的自动化营销平台。通过全渠道的自动化营销平台，业务人员在做营销活动时只需专注于策略的制定与选择，其他的工作都可以交给机器来完成。这一章还会通过实战案例讲解如何做一场优惠券的营销活动，比如做一次周期性的短信触达营销活动。自动化营销平台能够加深你对数据智能的了解。

第11章"推荐平台"介绍数据中台的数据智能应用——推荐平台。这一章会为你介绍推荐系统的经典架构、几个经典的推荐算法、如何从0到1打造一个离线的推荐系统、如何从0到1搭建一个实时的推荐系统。推荐系统属于AI应用，通过推荐系统可以让你更清楚地知道什么是数据智能。

最后，我要感谢一下长期支持我的人。

感谢我的母亲贾春南和爱人黄淑丽，她们一直陪伴和信任我，在我写作的过程中，给予我极大的肯定和鼓舞。

感谢我在富力集团的领导李照瑜。我的成长和搭建数据中台的实践都是在与领导共事的过程中一点一滴地积累起来的，可以说，没有领导的帮助，本书是不可能完成的。

感谢老曹（曹成明）、BLUES（兰军）、苏杰、唐韧、王伟等圈内好友和行业大咖。各位大咖的作品让我受益匪浅。在他们的身上，我学习到了很多干货，希望日后可以见面交流，进行更深入的讨论。

感谢电子工业出版社博文视点的编辑林瑞和老师，他不厌其烦地修改并提出了很多修改意见，使本书的质量变得更好。

数据中台目前还处于发展初期，限于我自身的知识储备、阅历和格局，本书可能存在不足和偏颇之处，希望各位读者批评指正。大家可以通过微信公众号"改变世界的产品经理"给我留言，和我讨论与数据中台相关的问题，我会认真地思考和回复每条留言。在这个微信公众号上，大家也可以找到我的个人微信号，与我直接进行交流。

董超华

2020 年 6 月

目　　录

第1章　数据中台入门攻略　　1
1.1　什么是中台　　1
1.1.1　业务中台与数据中台有什么关系　　3
1.1.2　什么企业适合搭建中台　　3
1.2　双中台实战案例　　4
1.2.1　业务中台架构　　5
1.2.2　数据中台架构　　7
1.3　数据中台人员构成　　8
1.4　数据中台开发流程　　12
1.5　数据中台内外合作机制　　15
1.5.1　数据中台如何与其他部门合作　　15
1.5.2　数据中台内部项目管理流程　　18

第2章　数据采集　　20
2.1　数据采集的分类　　20
2.2　用户行为数据采集　　21
2.2.1　与第三方移动应用统计公司合作的数据采集方式　　21
2.2.2　前后端埋点结合的数据采集方式　　22
2.2.3　可视化埋点与后端埋点结合的数据采集方式　　31

2.3　数据采集流程　　33
　　2.4　数据埋点实战案例　　34

第3章　数据存储与计算　　38
　　3.1　数据指标的定义　　39
　　　　3.1.1　数据指标的重要性　　39
　　　　3.1.2　如何定义数据指标　　39
　　　　3.1.3　如何识别虚荣指标　　42
　　3.2　数据模型设计　　43
　　　　3.2.1　什么是数据库和数据仓库　　43
　　　　3.2.2　数据仓库的分层建模体系　　45
　　3.3　数据模型设计实战案例　　48
　　　　3.3.1　ODS 层模型设计　　49
　　　　3.3.2　DWD 层/DWS 层模型设计　　54
　　　　3.3.3　ADS 层模型设计　　63
　　3.4　数据计算实战案例　　65
　　　　3.4.1　从 ODS 层到 DWD 层计算过程　　65
　　　　3.4.2　从 DWD 层到 DWS 层计算过程　　68
　　　　3.4.3　从 DWS 层到 ADS 层计算过程　　70

第4章　数据打通　　72
　　4.1　标签平台设计思路　　72
　　4.2　标签平台快速入门　　75
　　　　4.2.1　标签平台主流程介绍　　75
　　　　4.2.2　数据宽表　　76
　　　　4.2.3　标签体系　　77
　　　　4.2.4　标签工厂　　81
　　　　4.2.5　人群圈选　　83
　　4.3　用户画像　　87

4.3.1　个人用户画像　　　　　　　　　　　　88
　　　4.3.2　群体用户画像　　　　　　　　　　　　89
　4.4　标签平台实战案例　　　　　　　　　　　　　91

第5章　用户分析　　　　　　　　　　　　　　　　95
　5.1　用户分析的思路　　　　　　　　　　　　　　95
　5.2　用户拉新分析　　　　　　　　　　　　　　　96
　　　5.2.1　用户拉新渠道注册码管理　　　　　　　96
　　　5.2.2　用户拉新相关指标　　　　　　　　　　98
　　　5.2.3　用户拉新页面转化率　　　　　　　　　98
　　　5.2.4　用户拉新 ROI 模型　　　　　　　　　100
　5.3　用户活跃分析　　　　　　　　　　　　　　　101
　5.4　用户留存分析　　　　　　　　　　　　　　　102
　5.5　用户转化分析　　　　　　　　　　　　　　　103
　5.6　用户裂变分析　　　　　　　　　　　　　　　105
　5.7　用户生命周期分析　　　　　　　　　　　　　106

第6章　商品分析　　　　　　　　　　　　　　　　110
　6.1　商品售前分析　　　　　　　　　　　　　　　111
　　　6.1.1　供应商的选择　　　　　　　　　　　　112
　　　6.1.2　商品定位　　　　　　　　　　　　　　113
　　　6.1.3　商品数量规划　　　　　　　　　　　　114
　　　6.1.4　商品上架分析　　　　　　　　　　　　115
　6.2　商品售中分析　　　　　　　　　　　　　　　116
　6.3　商品售后分析　　　　　　　　　　　　　　　121

第7章　流量分析　　　　　　　　　　　　　　　　123
　7.1　网页分析　　　　　　　　　　　　　　　　　124
　　　7.1.1　推广页　　　　　　　　　　　　　　　125
　　　7.1.2　商品详情页　　　　　　　　　　　　　126

7.2	路径分析	127
7.3	坑位分析	130

第8章 交易分析   134

8.1	针对公司领导层的交易分析设计	134
	8.1.1 领导层移动端交易分析设计	136
	8.1.2 自动化短信推送	137
	8.1.3 数据大屏设计	139
8.2	针对产品/运营人员的交易分析设计	140
	8.2.1 交易分析数据总览	141
	8.2.2 渠道交易分析	141
	8.2.3 交易来源分析	143
	8.2.4 购物频次分析和购物间隔分析	145

第9章 自助分析平台   148

9.1	自助分析平台产品方案	149
9.2	快速入门三种数据自助分析可视化产品	150
	9.2.1 帆软自助看板模块介绍	151
	9.2.2 达芬奇自助看板模块介绍	153
	9.2.3 Superset自助看板模块介绍	155
9.3	自助分析平台技术选型	157
9.4	自助分析平台实战案例	157
	9.4.1 数据中台集成达芬奇	157
	9.4.2 自助分析平台实战案例	162

第10章 自动化营销平台   167

10.1	自动化营销平台的设计思路	168
10.2	自动化营销平台介绍	169
	10.2.1 常规营销活动的内容制作	170
	10.2.2 营销活动人群圈选	176

10.2.3　营销活动触达任务　　　　　　　　　　　　　176
　　　10.2.4　活动效果分析　　　　　　　　　　　　　　180
　10.3　自动化营销平台实战案例　　　　　　　　　　　　182
　　　10.3.1　优惠券营销活动实战案例　　　　　　　　　182
　　　10.3.2　周期性短信触达营销活动实战案例　　　　　184

第 11 章　推荐平台　　　　　　　　　　　　　　　　　　187
　11.1　什么是推荐系统　　　　　　　　　　　　　　　　187
　11.2　推荐系统架构　　　　　　　　　　　　　　　　　189
　　　11.2.1　推荐系统功能架构　　　　　　　　　　　　189
　　　11.2.2　推荐系统技术架构　　　　　　　　　　　　191
　11.3　推荐平台项目实施流程　　　　　　　　　　　　　192
　11.4　两种经典的推荐算法　　　　　　　　　　　　　　193
　　　11.4.1　基于用户的协同过滤算法　　　　　　　　　194
　　　11.4.2　基于物品的协同过滤算法　　　　　　　　　195
　11.5　推荐系统的评测指标　　　　　　　　　　　　　　196
　11.6　推荐系统的冷启动　　　　　　　　　　　　　　　199
　11.7　从 0 到 1 打造一个离线推荐系统　　　　　　　　　201
　　　11.7.1　离线推荐系统设计思路　　　　　　　　　　201
　　　11.7.2　离线推荐系统算法选型　　　　　　　　　　201
　　　11.7.3　离线推荐系统开发过程　　　　　　　　　　204
　　　11.7.4　离线推荐系统测试　　　　　　　　　　　　208
　11.8　从 0 到 1 打造一个实时推荐系统　　　　　　　　　210

读者服务

微信扫码回复：39386

- 获取博文视点学院 20 元付费内容抵扣券
- 获取免费增值资源
- 加入读者交流群，与更多读者互动
- 获取精选书单推荐

第 1 章 数据中台入门攻略

在本章中,笔者通过几个典型的问题让你快速了解数据中台。关于中台,你可能关心以下几个问题。

- 什么是中台?
- 什么是业务中台?
- 什么是数据中台?
- 为什么要搭建数据中台?

本章会针对这些问题进行解答。读完本章你会比别人更加了解数据中台。

1.1 什么是中台

在 2015 年年中的时候,马云参观了一家名为 Supercell 的芬兰游戏公司。这家公司的名字大家可能不熟悉,但是他们开发的游戏却很有名,比如《部落冲突》。这家公司一年的利润就有 15 亿美元,而员工数量非常少,不到 200 人,而且在这家公司里,每一个开发游戏的小团队都只有六七个人而已。这么小规模的公司,怎么做成了这么大的业务呢?其中一个原因是他们在游戏开发过程中,把通用的游戏素材和算法整理出来,作为工具提供给所有的小团队。同一套工具,可以同时支持好几个小团队研发游戏。这就是一个"中台"的模型。

中台分为业务中台和数据中台,关于这二者的比较经典的架构如图 1-1 所示。

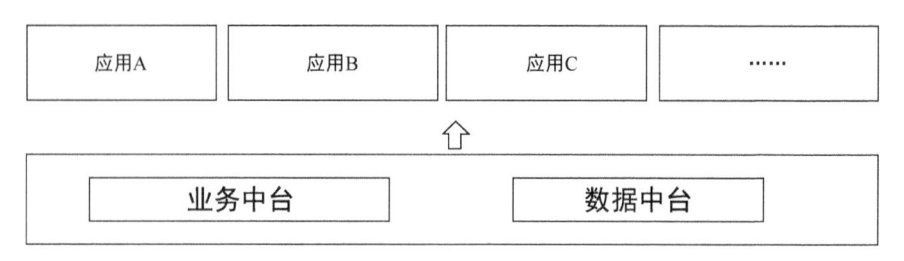

| 应用A | 应用B | 应用C | …… |

⇧

| 业务中台 | 数据中台 |

图 1-1　经典中台架构

业务中台是中心化的能力复用平台。比如阿里巴巴旗下有很多电商产品,有的产品面向 B 端(用企业用户),有的产品面向 C 端(即个人消费者),这些产品基本都会用到账号系统、交易系统、营销系统等,而这些大的模块基本都是通用的,如果每个团队都重新开发一套账号系统、交易系统、营销系统等,就是对资源的严重浪费。因此,由专门的团队负责开发这些通用系统,再将之提供给各条产品线,这样做,既可以最大化重复利用资源,又可以将每条产品线的数据沉淀在一起。

数据中台是什么?几乎每条产品线都需要相关的数据分析工作,这些工作又会涉及数据分析师、数据开发工程师等角色。如果为每条产品线都配备数据分析师、数据开发工程师,不但数据的标准得不到统一,而且也是对人力资源的一种浪费。数据中台可以承担公司所有产品线的数据分析工作,通过数据化的手段为各条产品线赋能。数据中台主要承担以下四个方面的工作,分别是对数据的"采集""存储""打通""使用",本书的章节顺序正是按照这个思路安排的。

"采集"是指采集各条产品线的数据(如业务数据、日志数据、行为数据等),并将这些数据集中处理,存放在数据中心。

"存储"是用更加科学的方式存储数据。业内一般采用分层建模的方式,让采集上来的数据变成公司的数据资产。

"打通"分为两方面。一方面要打通用户的行为数据和用户的业务数据,从而构建更加丰富的用户画像;另一方面要打通产品线之间的数据,比如一个用户既用了 A 产品线的服务,又用了 B 产品线的服务,需要打通产品线才能挖掘出这些数据信息。

"使用"是用打通后的数据赋能业务人员，帮助领导层进行决策，用数据来反哺业务。

为什么要搭建数据中台呢？阿里巴巴的军师曾鸣提出过一个概念叫"数据智能"，我们看一下什么是数据智能。以我们生活中常见的美团外卖为例，美团如何调动千万量级的商户和遍布全国的外卖骑手将外卖安全、快速地送到用户的手上呢？如果靠人力进行调度，以美团如此大的业务量，其需要花费的人力是难以想象的。因此美团一定拥有一套不断迭代的智能调度算法，这套算法可以帮助用户找到合适的餐馆，帮助餐馆找到合适的骑手，从而以最高的效率将外卖送到用户手上，所以美团是一家数据智能的公司。

数据智能的标志就是由机器代替人工去决策，未来数据智能是一个企业的核心竞争力之一。那么怎么实现企业的数据智能呢？答案就是搭建数据中台。搭建数据中台的最终目标就是帮助企业实现数据智能。

1.1.1 业务中台与数据中台有什么关系

业务中台的目的是让一切业务数据化；数据中台的目的是让一切数据业务化。业务中台和数据中台是相辅相成的。如果公司有业务中台，并且由一个专门的团队负责，那么数据中台的搭建会容易很多，因为业务中台已经整合了公司内所有产品线的业务模块，使通用的业务数据都被统一存储到业务中台，这样就不用再对每条产品线单独进行调研，沟通成本会大大降低。如果公司没有业务中台，也可以搭建数据中台，只不过要多做一些工作，要从各条产品线分别采集数据，所以公司搭建业务中台，会让数据中台的搭建工作事半功倍。

1.1.2 什么企业适合搭建中台

从短期来看，中台的建设成本比较高。业务中台要具备支撑公司所有产品线的核心业务能力，数据中台要支撑公司所有产品线的数据分析相关工作，因此一旦开发相关系统，前期的投入比较大。不过公司在搭建好中台并具备核心的业务能力和数据能力之后，再去扩展产品线时，新建产品线所需的成本就没那么高了，新产品线只需接入中台即可，所以从长远来看，中台还是能够降低企业研发成本的。

判断一家公司到底是否适合搭建中台，可以看看该公司的产品线数量。如果公司有多条产品线（至少三条产品线以上），各条产品线之间有很多可以复用的功能，那么该公司就适合搭建中台。初创公司是不适合搭建中台的，因为搭建中台需要投入大量的人力、物力成本，大多数初创公司在前期基本只有一条核心产品线，因此等到公司发展出多元的业务再搭建中台也不迟。

1.2 双中台实战案例

笔者所在公司是一家做服装批发业务的互联网公司，接下来笔者以所在公司搭建的中台项目为实战案例解析一下中台的架构。

如图 1-2 所示，笔者公司主要有三条产品线，分别是打版服务、电商服务、快递/物流服务。

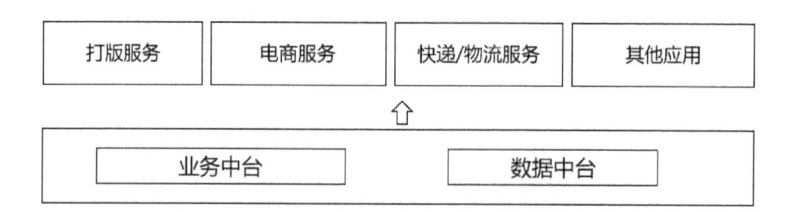

图 1-2 笔者所在公司的中台架构

打版服务主要是给原创设计师提供服装打版、生产的平台。设计师有打版需求则可以在打版平台上选择合适的供应商先进行打版，如果设计师觉得工厂提供的服装样版还可以，就可以把自己设计的服装上架到电商产品线去销售，如果该服装在电商平台上获得市场认可，就可以集单大批量生产，集单生产可以大大降低生产成本。平台的供应商在大批量生产服装后就可以用快递/物流服务把衣服发货给采购商。电商服务的用户和销售数据能直接引导打版平台的业务；在服装被生产出来后，又可以用快递/物流服务运输给采购商。我们公司的角色就是搭建一个产业互联网的平台，从服装的生产到销售，再到运输都无缝地连接起来，从而打通服装产业的上下游。这三条产品线的无缝连接是靠底层的业务中台和数据中台来支撑的。每条产品线都会用到用户、支付、营销活动等模块，业务中台把这些功能进行模块化封装，使各条产品线都能更快地搭建自己的基础功能，做到一切业务数据化；数据中台对各条产品线的核心数据进行回收，通过销售数据反哺生产和供应链，这样就做到了"一切数据业务化，通过数据赋能业务"。

1.2.1 业务中台架构

先来看一下业务中台的架构，如图 1-3 所示。

```
┌─────────────────────────────────────────────────┐
│  [应用A]    [应用B]    [应用C]    [应用……]       │
└─────────────────────────────────────────────────┘
┌─────────────────────────────────────────────────┐
│                    网关层                        │
└─────────────────────────────────────────────────┘
┌─────────────────────────────────────────────────┐
│  [用户中心]  [商品中心]  [交易中心]  [支付中心]   │
│  [营销中心]  [物流中心]  [内容中心]  [……]         │
└─────────────────────────────────────────────────┘
┌─────────────────────────────────────────────────┐
│                   数据存储层                     │
└─────────────────────────────────────────────────┘
```

图 1-3　业务中台架构

业务中台的底层是数据存储层，可以根据公司业务量的大小，选择合适的数据库存储。

再往上一层就是业务中台的核心部分，其包括多个"中心"，是可以扩展的。作为中心化的能力复用平台，业务中台的特点就体现在这里，其把所有的通用模块单独开发和部署好，提供给各条产品线，各条产品线可以插拔式地使用。下面简单介绍一下业务中台的一些通用模块：用户中心、商品中心、交易中心、支付中心、营销中心。

（1）用户中心。用户中心（或称用户模块）是每个互联网产品都会用到的，只是每个互联网产品的用户类型不一样。比如注册、登录、账号的管理、用户基础信息的管理等这些通用功能的数据会被存储于业务中台中，但是那些偏业务的十分个性化的数据则不会，还是会被分散存储在各个应用中。我们可以想一下，以前每条产品线都需要开发登录、注册这些功能，其实是对资源的严重浪费，现在只要让各条产品线与中台对接起来就能实现同样的功能，这样就大大提高了开发效率。

（2）商品中心。笔者公司的三条产品线（打版服务、电商服务、快递/物流服务）都围绕着商品运转。打版服务会记录商品从设计到生产的全部信息；电商服务会记录商品的上架、销售、售后信息；快递/物流服务则会记录商品的运输信息。商品中心汇集了商品生命周期的所有信息。因为商品的数据都汇聚在一起，也就十分有利于数据中台的数据分析工作。

（3）交易中心。交易中心主要与订单的生成和状态管理相关。对于不同的产品线，状态管理是不一样的。在电商服务产品线中，当电商产品用户刚提交订单时，订单状态变为"未支付"；支付完成后，订单状态就要修改成"已经支付"；当供应商发货完毕时，订单状态就变成"已发货"；当用户确认自己收到的商品没有问题时，订单状态最终变为"已完成"。在打版服务产品线中，最开始设计师会提交需求，接下来就会有多家生产厂家报价，此时商品状态就是"已经报价"；在设计师选择一个生产厂家打版后，商品状态就变成"生产中"；直到生产厂家完成打版并把版样发给了设计师，整个流程才结束。

（4）支付中心。支付中心也是几乎所有互联网产品都需要的模块，因为互联网产品要想盈利就必须要有线上支付环节。支付中心需要处理各个支付渠道的对接（比如支持支付宝、微信、银联等支付方式），还要处理支付后的对账——每个订单用户应该支付多少钱、平台方应该抽取多少钱、供应商应该分多少钱，需要一套十分严谨的对账逻辑保证各条产品线的账目是平的。

（5）营销中心。比如公司要做一个发放优惠券的营销活动，那么该活动的发券、领券、用券等环节都可以采用通用的模块。另外，应该选择哪些人做活动、以什么方式（如推送、短信、公众号、电话等）触达，这些环节也都可以采用通用的模块。营销中心和数据中台联系得比较紧密，比如"如何选择用户做活动"

就可以通过数据中台基于规则推算出来，而且在活动完成后，数据中台可以基于活动产生的数据做自动化的活动效果分析。

1.2.2　数据中台架构

接下来我们看一下数据中台的架构，如图 1-4 所示。

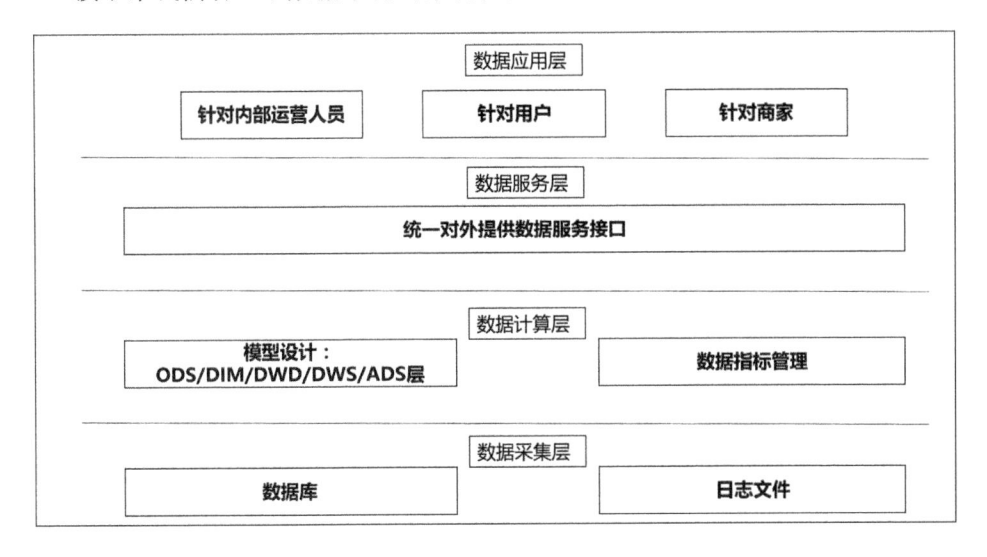

```
                        数据应用层
  ┌─────────────────┬─────────────────┬─────────────────┐
  │ 针对内部运营人员 │   针对用户      │   针对商家      │
  └─────────────────┴─────────────────┴─────────────────┘

                        数据服务层
  ┌───────────────────────────────────────────────────────┐
  │          统一对外提供数据服务接口                      │
  └───────────────────────────────────────────────────────┘

                        数据计算层
  ┌─────────────────────────┬─────────────────────────────┐
  │     模型设计:           │                             │
  │ ODS/DIM/DWD/DWS/ADS层   │       数据指标管理          │
  └─────────────────────────┴─────────────────────────────┘

                        数据采集层
  ┌─────────────────────────┬─────────────────────────────┐
  │         数据库          │          日志文件           │
  └─────────────────────────┴─────────────────────────────┘
```

图 1-4　数据中台架构

从下往上看，第一层是数据采集层。企业内每条产品线都会产生一定数量的业务数据，比如电商服务产品线的用户的加购（即将商品加入购物车）数据、收藏数据、下单数据等随着用户量的增大会越来越多，这些数据大部分被存储于业务数据库中；还有用户的浏览行为、点击行为，这些行为会做相应的埋点，产生的数据一般会以日志文件的形式存储。无论是业务数据库的数据还是日志文件的数据，我们都需要把它们抽取到数据中台中做统一的存放。一般数据工程师会用一些比较成熟的数据同步工具，将业务数据库的数据实时同步到数据中台，同时将离线日志数据以"T-1"的形式抽取过来，整合到一起。

第二层是数据计算层。数据中台要同步企业内多条产品线的数据，数据量相对来说是比较大的。海量的数据采用传统的存储方式是不合理的。业界一般采用分层建模的方式来存储海量数据。数据的分层主要包括操作数据层（Operational

Data Store, ODS)、维度数据层（Dimension, DIM）、明细数据层（Data Warehouse Detail, DWD）、汇总数据层（Data Warehouse Summary, DWS）和应用数据层（Application Data Store, ADS）等，通过分层建模可以令数据获得更高效、更科学的组织和存储。另外，为了保证数据指标的准确性和无歧义性，企业内部的数据指标需要通过一套严格的数据指标规范来管理，包括指标的定义、指标的业务口径、指标的技术口径、指标的计算周期和计算方式等。数据中台的产品人员、开发人员都要参考这套规范来工作，这样就能更大程度地保证数据的准确性和无歧义性。

第三层是数据服务层。数据经过整合计算后，如何被调取和使用呢？数据中台一般以接口的形式对外提供服务，开发人员将计算好的数据根据需求封装成一个个的接口，提供给数据产品和各条产品线调用。

第四层是数据应用层。数据产品分为几种：针对内部的数据产品、针对用户的数据产品、针对商家的数据产品。针对内部的数据产品一般用于服务公司的产品/运营人员和领导层。产品/运营人员更关注明细数据，比如，如果电商产品的活跃用户持续减少，数据中台如何通过数据帮助他们找出原因；领导层更关注大盘数据，比如根据公司近一年各条产品线的运营情况决定是否开发大屏类产品。针对用户的数据产品可以基于数据中台整合后的数据开发一些创新应用，比如个性化商品推荐，让"货找人"而不是"人找货"，提高了人货匹配的概率，同时也提高了用户的下单概率。针对商家的数据产品可以基于数据中台为商家提供数据服务，比如电商产品基于销售数据制作关于流行趋势、行情、店铺的数据报告等。

1.3　数据中台人员构成

中台的搭建工作一般来说是"一把手工程"。业务中台承载公司的所有业务，数据中台承载公司的所有数据。业务中台既然要承载所有的业务，就要把所有产品线的业务搬到业务中台，那就涉及大量的跨部门沟通，只有全公司各条产品线都认可中台模式，业务中台的搭建工作才会更加顺利，因此需要公司的一把手直接领导中台的搭建工作。

在把各条产品线的业务都接入中台后，数据也就沉淀下来了。在没有数据中台时，数据都是由各个部门汇总给公司的 CEO 的，等数据到了 CEO 的层面，信息可能会有一些变化。在拥有了数据中台之后，CEO 可以直接通过数据中台拿到公司各条产品线的核心数据，从这个方面来讲，数据中台也扩大了 CEO 的信息视野。

一个典型的中台组织架构如图 1-5 所示。中台一般会由公司高层直接主管，高层的下面是中台负责人，其充当部门总监的角色，统一管理公司的业务中台和数据中台。

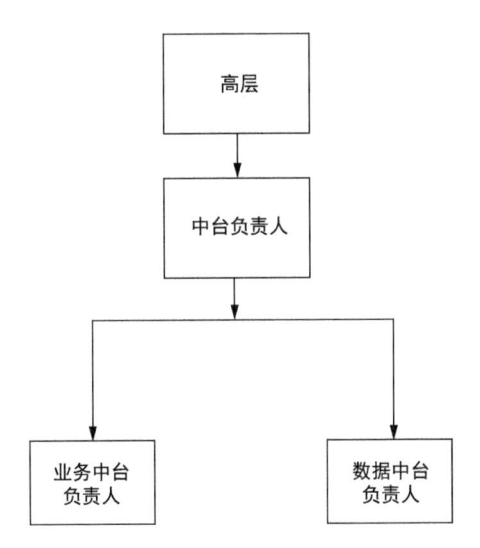

图 1-5 数据中台的组织架构

一般来说，高层不会做一些细节的工作。中台负责人需要负责与其他部门合作，当遇到需要与其他部门沟通的重要工作时，就由中台负责人协调资源来处理。另外，由于业务中台产生数据，而数据中台消费数据，双中台之间也必定会有大量合作和互动，在产生分歧时也需要中台负责人来解决问题。

中台负责人的下面是业务中台的负责人和数据中台的负责人。这两个人分别主导业务中台和数据中台的搭建工作，对业务中台、数据中台的搭建工作好坏负有直接的责任。他们的工作主要包括项目的规划、产品团队的管理、项目管理等。

接下来我们再具体看一下数据中台的人员构成。一个数据中台的项目需要 10 种不同角色（包括数据中台负责人在内）共同参与，如图 1-6 所示。

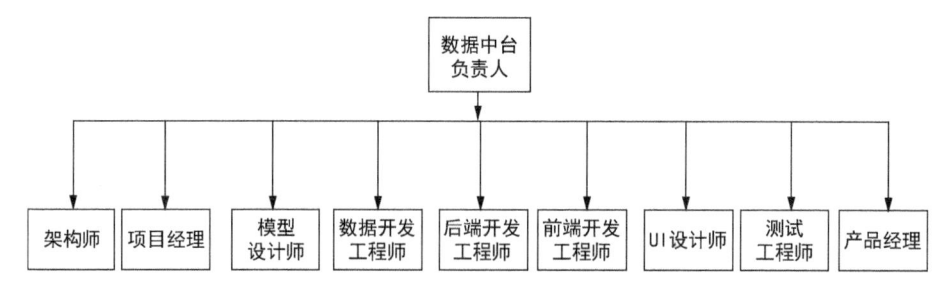

图 1-6　数据中台的人员构成

（1）架构师。其是整个数据中台团队的技术负责人。使用业界比较成熟的架构设计来构建大的模块（比如标签平台、推荐平台），能够避免很多无用的工作。一些需要攻关的技术难题（包括技术选型等）也需要架构师来解决。

（2）项目经理。数据中台团队的项目经理主要管理技术团队，要优化内部合作流程，不断提高团队的效率，保证团队按时、高质量、在成本范围内完成项目建设。数据中台团队内部的沟通机制、对外的沟通机制、研发迭代计划的制订等工作都需要项目经理主导。

（3）模型设计师。模型设计是数据中台搭建过程中比较重要的一环。底层模型直接决定数据中台数据指标的质量和可扩展性。一个好的模型设计师需要熟悉公司内部每条产品线的业务流程，熟悉每条产品线的数据存储情况。模型设计师需要和产品经理配合，一起弄清楚每个指标的来龙去脉，并将模型思路、计算方式清晰地告诉数据开发工程师。全面、多维度的建模是数据中台的基础，相对来说，模型设计师是数据中台团队比较核心的职位。模型设计师需要熟悉数据仓库各类模型的建模理论，了解数据仓库数据分层架构，最好有数据仓库架构设计、模型设计、ETL 设计[①]的经验。

（4）数据开发工程师。其主要和模型设计师打交道。模型设计师会把与产品

---

① 注：ETL 即 Extract-Transform-Load，指数据从来源端经过抽取（extract）、转换（transform）、加载（load）等步骤至目的端的过程。

经理沟通的业务口径转化为技术口径，告诉数据开发工程师每个指标应该从哪里提取数据、指标应该怎么计算。数据开发工程师将计算的结果一层一层汇总，最终要和后端工程师定义数据应用的接口。数据开发工程师需要熟悉大数据工程的基本原理，熟悉流式计算等实时计算，熟悉 Hadoop、Spark 等离线计算，熟悉大数据存储等相关内容。

（5）后端开发工程师。数据中台的后端开发工程师有点与众不同，主要负责与数据指标相关的工作，与数据开发工程师、产品经理、测试工程师打交道。后端开发工程师需要输出对内的数据产品开发接口，还要将一部分数据以接口的形式输出给其他产品线。数据中台的后端开发工程师需要有数据平台系统的开发经验，需要熟悉 J2EE 技术平台及主流框架，熟练掌握关系类型数据库，熟悉 Linux、大数据处理、NoSQL 等相关技术。

（6）前端开发工程师。其主要和后端开发工程师、测试工程师、UI 设计师合作。前端开发工程师需要精通一些前端技术（比如 JavaScript、H5 等），熟悉一些可视化的图表组件（比如 EChart 等）。前端开发工程师需要把数据指标以更通俗易懂的图表形式显示给数据中台的用户。

（7）UI 设计师。其会根据产品经理提供的原型设计效果图，一旦效果图通过，UI 设计师会给出切图（功能的标注），然后由前端开发工程师基于切图完成前端界面的开发。前端开发工程师和 UI 设计师需要有一定的审美水平，因为视觉设计和交互设计直接决定了产品的用户体验。

（8）测试工程师。和一般项目的测试工程师相比，数据中台的测试工程师有点与众不同。数据中台的测试工程师主要测试数据的准确性。数据中台数据的准确性几乎决定了数据中台 80% 的价值。测试工程师需要理解指标的计算逻辑。数据开发工程师会对数据进行自测，自测是保证数据准确性的第一道门槛。测试工程师是保证数据准确性的第二道门槛。产品功能上线初期会让运营的同事先试用，这个步骤是保证数据准确性的第三道门槛。在数据中台的功能运营了一段时间（比如两个月或三个月）后，测试工程师会组织进行功能回测，这就是保证数据准确性的第四道门槛。

（9）产品经理。最后笔者再说一下产品经理。数据中台产品经理的工作包括产品的规划、需求的梳理、功能的设计、功能上线后的跟进等。数据中台是服务B端的产品，一般会在公司内部孵化出数据服务的产品，用来服务一线的产品/运营人员和公司高层，所以数据中台产品经理要了解公司每条产品线的业务流程和未来发展方向，这需要其拥有很强的跨部门沟通能力。数据中台产品经理要为数据中台的总体价值负责。从上文可知，一个指标的开发常常需要多个角色相互配合才能完成，所以数据中台产品经理对指标的价值判断十分重要。

数据中台产品经理如何保证数据中台开发的指标都有价值呢？方法是在设定每个指标前，不妨先确定以下两个问题的答案。

- 这个指标能解决什么业务问题，能帮公司带来多少交易额？
- 如果有了这个指标，产品/运营人员能提高多少工作效率，节省多少时间？

无论是帮公司赚钱，还是帮公司省钱，对于公司来说都是有价值的事情。

1.4 数据中台开发流程

在这一节，笔者讲一下数据中台的开发流程，如图 1-7 所示。一个指标从口径的确认到上线、迭代都要经历图示的这些过程。

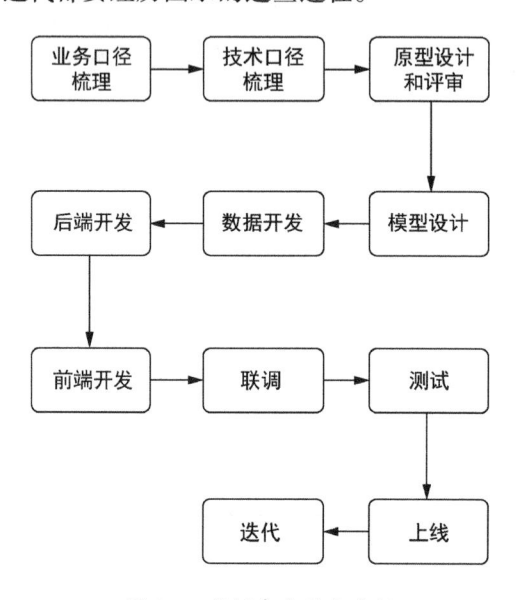

图 1-7 数据中台开发流程

数据中台完成一个指标的开发需要经历 11 个步骤，分别是业务口径梳理、技术口径梳理、原型设计和评审、模型设计、数据开发、后端开发、前端开发、联调、测试、上线、迭代。接下来我们分别看一下这些步骤都是做什么的。

（1）业务口径梳理。这个步骤应该由数据中台产品经理来主导。产品经理需要与提出该指标的产品/运营负责人沟通，要问清楚这个指标有什么用、给谁用、业务流程是什么，还要确定指标定义、统计周期、计算方式等。不是所有的指标都有开发的意义，因为数据中台每做一个指标都会花费大量的人力资源，所以一定要考虑开发这个指标的性价比——投入这么多资源，能够给公司带来什么。

（2）技术口径梳理。这个步骤由模型设计师主导。首先，模型设计师需要理解数据指标涉及的业务逻辑，还需要理解指标定义、统计周期、计算方式等。接着，模型设计师需要与产品线的开发人员一起梳理数据指标涉及的表结构和字段，这个工作比较重要，一定要精确到字段级别，在确定好这些字段后，就能初步判定这个指标在技术层面能不能统计，如果不能统计，模型设计师应该主动告知产品经理：①目前这个阶段还没法计算相关指标，②做了哪些功能后才能计算这些指标。

（3）原型设计和评审。这个步骤还是由产品经理主导的。基于运营的需求设计原型，在原型设计完后，要经过内部评审和外部评审。在内部评审中，产品经理要召集数据中台的架构师、模型设计师、数据开发工程师、后端开发工程师、前端开发工程师、UI 设计师、测试工程师，说明整个功能的价值和详细的业务流程、操作流程，确保大家理解一致。接下来，产品经理和运营人员要针对原型做一次外部评审，把有歧义的地方一并解决。对于比较重要的功能，产品经理需要发邮件让运营人员进一步确认，并同步给所有的产品/运营人员，保证大家的口径一致。

（4）模型设计。这个步骤由数据中台的模型设计师主导。业内一般会采用分层建模的方式对数据进行更加科学的组织与存储。模型一般分为 5 层，分别为 ODS 层（操作数据层）、DIM 层（维度数据层）、DWD 层（明细数据层）、DWS

层（汇总数据层）、ADS 层（应用数据层），这是业界对于数据分层的常用的模型。模型设计工程师要清楚地知道数据来源于哪里、要怎么存储。

（5）数据开发。这个步骤由数据开发工程师主导。首先，数据开发工程师要和模型设计师确定技术口径，明确计算的指标都来自哪些业务系统。接着，数据开发工程师通过数据同步工具将数据同步到 ODS 层，并一层层地汇总，从 ODS 层到 DWD 层，再到 DWS 层，直到最后把可以直接服务应用的数据填充到 ADS 层。另外，大数据开发工程的一个比较重要的工作就是设置调度任务——简单来讲就是配置指标在什么时候计算。数据开发工程师会写好计算脚本（比如按照"T-1"的方式每天凌晨处理前一天的数据等）。随着业务的增长，运营工作对于实时数据的需求越来越大，还有一些实时计算任务的配置也会由数据开发工程师完成。

（6）后端开发。这一步骤由后端开发工程师主导。后端开发工程师基于产品经理对功能的定义，输出相应的接口给数据中台的前端开发工程师或产品线的前端开发工程师。一般来说，最终对外提供服务的数据存储在 ADS 层，后端开发工程师一般是基于 ADS 层的数据将数据封装成对外服务的接口，后端开发工程师一方面要和数据开发工程师沟通好 ADS 层数据的存储结构，另一方面需要和产品经理沟通产品的功能、性能方面的问题，以便为使用者提供更好的用户体验。

（7）前端开发。这个步骤由前端开发工程师主导。在原型设计出来后，产品经理会让 UI 设计师基于产品功能原型设计 UI。在功能界面最终定型后，UI 设计师会给前端开发工程师提供切图。前端开发工程师基于 UI 的切图做前端页面的开发。

（8）联调。数据开发工程师、前端开发工程师、后端开发工程师都要参与这个步骤。一般来说，数据开发工程师要基于历史的数据执行计算任务并承担数据准确性的校验。前端开发工程师和后端开发工程师负责解决用户操作的相关问题，保证不出现低级的错误。

（9）测试。这个步骤由测试工程师主导。在完成原型评审后，测试工程师就要开始写测试用例，哪些是开发人员自测通过后才能交上来测试的内容、哪些是开发人员要再次自测验证的内容，都需要在测试用例文档上写清楚。此时有经验的测试工程师可以向运营人员要一些历史的统计数据来核对数据，不过运营人员的数据不一定准确，只能作为参考。在最终测试没问题后，产品经理可以请运营人员试用，如果在试用中发现数据准确性的问题则需要再进行一轮测试，以验证数据。如果问题都解决了，整个研发过程就结束了。

（10）上线。运维工程师会配合数据中台的前端开发工程师、后端开发工程师将最新的版本更新到服务器中。此时产品经理要找到该指标的负责人，令其长期跟进指标的准确性。对于重要的指标，每过一个周期还要再次进行内部验证，从而保证数据的准确性。

（11）迭代。数据指标上线后，随着公司业务的变化，指标的口径可能也会有所变动，所以也要定期盘点已有的指标，如果指标有变化，需要不断迭代，保证指标的准确性。

1.5 数据中台内外合作机制

在搭建中台的过程中，特别是在数据中台与其他部门合作时，数据中台团队经常被各条产品线问到以下两个问题。

- 为什么要接入业务中台？
- 产品线的数据为什么要提供给数据中台？

中台是一个中心化的组织结构。中心化就意味着你要和其他部门合作才能完成中台的搭建工作。掌握如何与其他部门合作、如何管理数据中台团队的能力是非常重要的。

1.5.1 数据中台如何与其他部门合作

先看下数据中台和其他部门的依赖关系。如图 1-8 所示，数据中台作为一个独立的部门要支撑起公司内部多条产品线的数据化运营。一般来说，各条产品线的运营人员和产品经理常常会和数据中台打交道。产品线的运营人员经常会有一些关于数据指标的需求。产品线的产品经理需要协助数据中台完成数据指标涉及的业务流程，技术口径的确认也需要业务部门的产品经理协调他们的开发人员一起完成，因为产品的功能都是产品线的产品经理开发的，所以他们是最清楚产品线的业务流程和数据流转的。

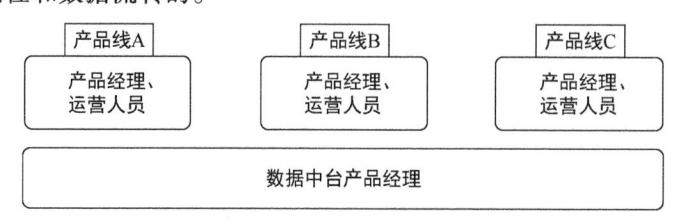

图 1-8　数据中台与其他部门的依赖关系

数据中台与其他业务部门的合作主要包括以下几方面。

1. 业务口径和原型确认

当运营人员有一个新的数据指标要开发时，如何将这些指标清晰地告诉数据中台呢？这就需要有一个规范。

一个指标的开发需求列表如图 1-9 所示。可以用这个表格统一指标的业务口径：是谁需要查看这个指标、这个指标属于哪条产品线、指标的名称是什么、指标的业务口径是什么、统计周期是什么。

部门	姓名	产品线	模块	指标名称	业务口径	统计周期
运营部	张三	电商	用户	新增用户数	每天所有渠道的注册用户	每日

图 1-9　运营人员需求列表

这个表格首先要提交给数据中台产品经理，其应该和需求方再次沟通以确定指标的定义和价值。经数据中台产品经理确定后，就可以将表格提交给数据中台的技术负责人，让技术负责人协调模型设计师、数据开发工程师来初步确定指标的技术口径。在技术口径确认后，数据指标开发就会进入产品设计阶段。

产品经理在输出原型后，第一件事就是和需求方再次确认，保证功能没有问题。此时最好让运营人员回复邮件确认。之后会进入开发阶段。在完成开发后，产品经理可以向运营人员要一些历史手工统计的数据，这个数据对于数据中台团队来说，有一定的参考意义。在功能上线后，运营人员需要对这个指标负责，可以设定一个试用期（比如一周），他们需要在这个周期内反馈数据的问题。之后就是数据指标的迭代阶段。

2. 与各条产品线建立月度沟通机制

数据中台团队与其他业务部门的定期沟通十分重要。在企业内部，业务部门是数据中台的主要使用方，在使用数据中台的过程中一定会遇到比较多的问题，业务方的反馈对数据中台团队不断优化自己的产品十分重要。通过月度沟通机制，数据中台团队一方面可以知道业务部门的运营节奏，保证数据中台和运营部门的节奏是一致的，另一方面可以调研运营人员的数据需求，获得问题反馈，帮助他们进行数据化的运营。数据中台的主要用户就是产品/运营人员，基于这些反馈，数据中台可以更有针对性地优化现有的功能。

3. 建立日常沟通微信群

需要与每条产品线的运营同事、产品同事建立微信群。日常的数据难免会有一些问题，当有问题时运营人员需要十分便捷的反馈渠道。针对微信群里的反馈，数据中台团队要在第一时间内处理，因为正是这些反馈，能令数据中台的功能变得更加有价值。

4. 建立规范的取数流程

一般来说，数据中台研发的相关指标不可能满足产品/运营人员的全部需求。数据中台可能会遇到其他部门的很多特殊的取数需求。针对这些取数需求，数据中台需要制定一套规范的取数流程，制作取数申请表格，如图1-10所示，业务人员要对自己要提取的数据进行详细描述，包括指标的定义、业务口径、统计周期和计算方式，写清楚自己取数的用途。这个表格首先需要经过业务人员所在部门负责人的审核，然后还要经过数据中台产品经理的审核。数据中台产品经理审核该表格主要是为了确定这个数据的意义和目前的系统是否拥有这样的数据。如果确定帮助业务人员取数，则要进一步确认业务口径，尽量让开发人员一看到业务口径就知道该怎么计算相关指标，避免浪费开发人员的时间。

申请人	用户名：		申请日期：
	电话：		岗位名称：
数据描述	（包括指标的定义、业务口径、统计周期、计算方式）		
数据用途			
所在部门负责人审批（签名、日期）：			
数据中台产品经理审批（签名、日期）：			

图 1-10　业务人员取数申请表格

1.5.2　数据中台内部项目管理流程

数据中台的指标开发流程涉及多个角色，花费的时间比较长，因此，如何让运营人员、产品人员、开发人员、测试人员高效地配合来完成数据中台的目标，是一件非常重要的事情。在这里，笔者推荐一个名为"双周迭代计划"的数据中台内部项目管理流程，如图 1-11 所示。

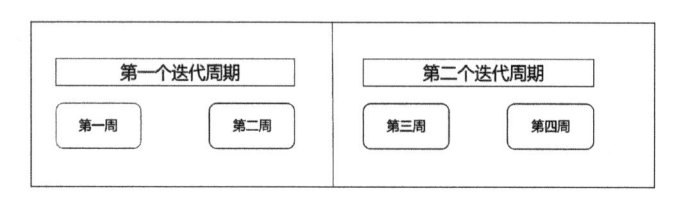

图 1-11　双周迭代计划

数据中台项目在立项时是需要对各条产品线进行大量调研的。这时候，数据中台需要和运营部门一起确定一个总的目标，比如以一年为一个周期，数据中台要将这一年里要做的功能，按照需求的优先级、性价比，把关键任务拆解到各个阶段，从而分阶段完成。我们可以按季度分阶段，每个季度完成一个小目标，当小目标都一一实现时，大目标的实现也不会出现大的纰漏。接下来，这个季度小目标还可以拆解到每个月的计划中，每个月完成相应内容。

如果以一个月作为一个迭代周期，那么迭代周期会显得有些长，因为等到数据中台一个月后把指标开发完成，运营人员的关注点可能就已经改变了，开发的功能可能已经脱离了当前的运营目标。所以笔者所在的公司采用"月度目标、双周计划"的机制——也就是说，每个月都会基于目标设定阶段性任务，再将阶段性任务分为两个迭代周期来完成。

接下来我们具体看看"月度目标、双周计划"怎么运转。

（1）每月制订月度计划，设定月度目标。

每个月数据中台都会组织每条产品线的产品/运营人员做一次常规沟通，一般安排在第三周，主要讨论他们目前使用数据中台所遇到的一些问题，另外弄清楚产品线下个月的计划是什么。基于运营人员的反馈，数据中台可以制订下个月的迭代计划，包括下个月工作的优先级、在什么时间节点完成什么内容，这样就能保证数据中台和产品线的节奏一致、目标一致。

（2）每两周迭代一次，完成月度目标。

数据中台可以将一个月的任务分为两个迭代周期完成。一般来说，第一个迭代周期是上半个月，第二个迭代周期是下半个月。

在第一个迭代周期里主要做一些优化的功能和一些需求已经十分明确的功能。

在第一个迭代周期里，产品经理需要完成第二个迭代周期的需求调研，在需求都明确下来后，会在第一个迭代周期的第二周进行需求评审，在需求评审完成后，技术人员就可以准时在第三周进行第二个迭代周期的开发工作。

到了第三周，需要和运营人员开一次月度会议，从而确定下个月的需求——也就是步骤（1），产品经理就可以继续完成下个月第一个迭代周期的需求调研，并在第四周进行需求评审。这样，产品经理的需求调研工作会比技术同事的开发工作提前两周完成，这就形成了一个良性的迭代循环。

第2章

数据采集

数据是数据中台的燃料。搭建数据中台的一项比较重要的工作就是采集企业内所有产品线的数据。在本章中，笔者将介绍数据中台需要采集哪些数据、如何采集数据，以及数据采集涉及的相关技术。

2.1 数据采集的分类

数据中台要采集的数据分为两种类型，一种是用户行为数据，一种是业务数据。

我们先看一下什么是用户行为数据。用户无论在哪个客户端（iOS端、安卓端、小程序端、H5端）操作，用户产生的行为数据都分为两种：一种是浏览数据，一种是点击数据。这些隐性的行为数据，一般不会存储在产品线的数据库中，而是通过异步传输的方式传输并存储到数据采集服务器中。为什么要花那么多的资源采集这些行为数据呢？因为这些数据对后期数据的挖掘应用是十分有用的。举个例子，对于电商产品，如果没有行为数据的采集，我们无法判断用户对某个商品的感兴趣程度，但是如果有了这些数据，我们就可以定义用户对商品的感兴趣程度，比如用户对某商品的 1 次点击，代表用户对该商品的兴趣度增加 10 分，而用户的 3 次点击代表他对这件商品非常有兴趣。

接下来介绍一下什么是业务数据。业务数据一般存储在业务数据库或者业务中台中，业务数据库一般存放产品线的个性化的业务数据，业务中台一般存放通用的业务逻辑数据。比如对于电商产品来说，对坑位的管理、对活动页的管理属于个性化业务，其他产品线通常不会用到，这种业务的数据会存放在业务数据库中，而用户模块的登录数据、交易模块的订单数据等则会存放在业务中台中。

2.2 用户行为数据采集

本节以电商产品为例，讲一下如何采集用户的行为数据。

用户行为数据的采集有如下三种方式。

（1）与第三方移动应用统计公司合作完成数据采集。

（2）采用前后端埋点结合的方式完成数据采集。

（3）采用可视化埋点与后端埋点结合的方式完成数据采集。

接下来笔者分别介绍这三种用户行为数据的采集方式以及它们各自的优、缺点。

2.2.1 与第三方移动应用统计公司合作的数据采集方式

第一种方式是与第三方移动应用统计公司合作完成数据埋点。

前端开发工程师需要按照第三方移动应用统计公司的对接要求，集成第三方移动应用统计公司提供的数据采集 SDK（Software Development Kit，即软件开发工具包）。一般来说，第三方移动应用统计公司会提供 H5 端、安卓端、iOS 端、小程序端的 SDK。前端开发工程师完成了 SDK 的集成，就能在他们的后台查看自己的应用的数据。市场上比较主流的第三方移动应用统计产品包括百度移动分析、Google Analytics、腾讯移动分析等，接入这些公司的 SDK 就能完成基础数据的采集。

这种方式的优点是开发工作量少，一般每个客户端花费 1~2 天的开发时间就可以完成集成，而且数据分析相关功能都不需要开发，这些第三方移动应用统计公司会直接提供相关功能。采集到的数据相对来说比较准确，因为这些产品都是比较成熟的，有很多公司都在使用，一般不会出现数据质量的问题。

不过，这种数据采集方式也有几个缺点。

（1）产品线的流量相关数据比较丰富，但是因为只做了最基础的页面和按钮埋点，很难采集到产品线的业务数据，比如对于电商产品来说，我们不但要看坑位的流量，更要看坑位的转化率，而转化率这个指标就涉及交易额，但是第三方移动应用统计产品是无法获取我们产品的交易额的。如图 2-1 所示，这是百度移动统计大致的演示页面，我们只能看到流量相关数据，不能看到业务数据。

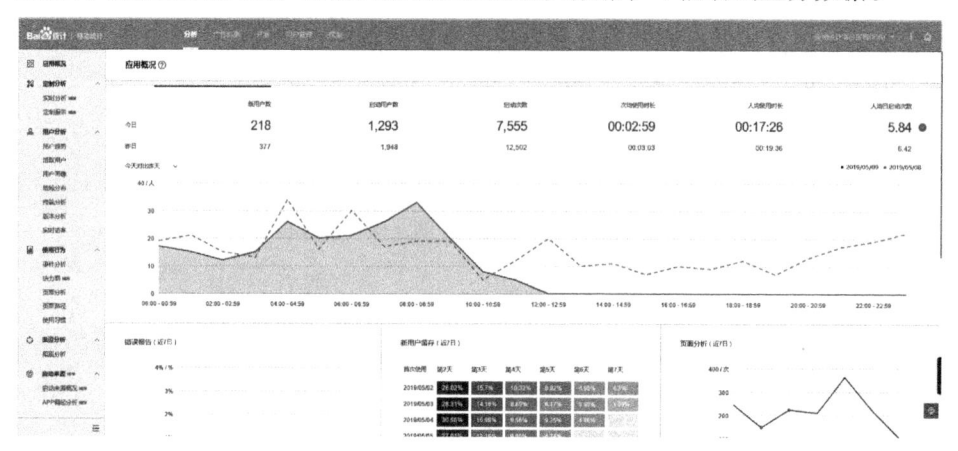

图 2-1　百度移动统计

（2）能看到的数据有限。第三方移动应用统计产品都是标准化的产品，提供的都是标准化的数据，其数据的范围不一定能覆盖公司所有数据方面的需求。

（3）第三方移动应用统计产品提供的数据很难同步到数据中台的数据中心。第三方移动应用统计公司一般不会提供这样的数据同步接口，只有产品用户活跃度很高的大客户才能获得这些分析数据，小型公司则很难获得。

2.2.2　前后端埋点结合的数据采集方式

第一种方式采集到的用户行为数据无法结合用户的业务数据，而通过前后端埋点结合的数据采集方式就可以解决这个问题。所有数据埋点相关的工作都是为了解决实际项目中的问题，接下来笔者以电商产品为例介绍一下如何通过前后端埋点的方式完成产品线的用户行为数据的采集，同时会进一步介绍如何使用采集到的行为数据解决电商产品的实际问题。

（1）如何分析电商产品主路径每天的访问情况

用户访问电商产品的主路径一般为：访问首页→访问商品列表页→访问商品详情页→加购→下单→支付。

有了埋点数据就可以知道访问主路径每个步骤的用户数，从而可以分析出哪两个步骤之间的转化率比较低，接着可以进一步分析转化率低的原因，从而根据原因进一步优化产品。如图2-2所示，这是一个典型的用户访问电商产品主路径示意图。

图2-2 用户访问电商产品主路径示意图

（2）如何解决坑位的转化率问题

电商产品都由一个个坑位组成，每个坑位分布在不同的位置，不同的商品在不同的坑位中售卖。采用与第三方移动应用统计公司合作完成数据采集的方式只能获得坑位的流量数据，比如 PV（页面浏览量）和 UV（独立访客数），但是评价一个坑位的好坏不能仅仅靠流量数据。有些坑位的流量比较高但是却没有产生多少交易额，有些坑位的流量很低，放在十分不显眼的地方，却产生了可观的交易额，因此仅用 PV、UV 两个指标衡量坑位的好坏是不公平的，需要定义一个比较公平的指标——坑位转化率。

坑位转化率即坑位 UV 与支付用户数的比值。

使用坑位转化率可以很好地判定一个坑位的性价比。如果坑位处于很明显的位置，而转化率很低，那就要分析原因，改变运营策略，比如调整图片、调整商品、调整位置等。

（3）如何打通用户的行为数据和用户的业务数据

我们需要清楚地了解用户在什么时候访问我们的产品、访问了哪些商品、什么时候"加购"了我们的商品、"加购"了哪些商品、什么时候买了我们的商品、买了哪些商品。用户访问商品的数据属于行为数据，用户加购、下单、支付商品的数据属于用户的业务数据。

（4）如何弄清楚用户的留存情况

留存的定义分为两种：第一种是访问留存率，在新用户第一次访问后，看他接下来 7 天内、14 天内、一个月内是否再次访问；第二种是购买留存率，在用户第一次支付后，看他接下来 7 天内、14 天内、一个月内是否再次支付。通过访问留存率，我们能清楚地看到用户对平台的黏性；通过购买留存率，我们能检测平台的价值，因为有价值才会产生交易。

接下来我们看一下如何通过前后端埋点的方式解决以上问题。

首先介绍一下技术方案。电商产品一般包含 H5 端、移动端（iOS 端或安卓端）、小程序端。要解决以上问题，首先要针对电商产品的每个客户端做全面的埋点，如果让前端开发工程师采用手工埋点的方式，工作量是比较大的，而且没有统一的数据采集标准会导致后期的数据质量比较差。市场上有很多数据采集的开源软件供选择，选择这些开源的软件一方面能节省大量的开发成本，另一方面各个客户端的开发工程师都采用同一个采集标准，十分有利于后期的数据处理。如果开源的软件不能满足数据采集的需求，前端开发工程师可以使用源代码进行一些定制开发。

市场上还有比较多的开源 SDK，可以从是否开源、SDK 是否支持 H5 端/安卓端/iOS 端、部署方式是私有化还是 SaaS 化（采集的用户数据是公司的重要资源，出于安全考虑，需要本地化部署）这几个方面来考虑。如表 2-1 所示，这是几个比较主流的数据产品公司的 SDK，供大家参考。

表 2-1 数据采集 SDK 对比

维度	维度细项	Sensors Analytics	GrowingIO	诸葛io	TalkingData	Mixpanel	Google Analytics
商业性质	开源	Y	N	N	N	N	N
	免费	Y	N	N	N	Y	Y
	商业/付费版本	Y	Y	Y	Y	Y	Y
支持平台	Android App	Y	Y	Y	Y	Y	Y
	iOS App	Y	Y	Y	Y	Y	Y
	Web/H5	Y	Y	Y	Y	N	Y
	微信小程序	Y	Y	Y	Y	N	N
	unity	Y	N	N	Y	N	Y
前端数据采集方式	代码埋点	Y	Y	Y	N	N	N
	可视化埋点	Y	Y	Y	Y	Y(仅限 App)	N
	无埋点	Y	Y	Y	Y	Y(仅限 App)	N
部署方式	私有化	Y	Y	Y	N	N	N
	SaaS	Y	Y	Y	Y	Y	Y
采集范围	前端采集	Y	Y	Y	Y	Y	Y
	后端采集	Y	N	N	N	N	N
	服务器日志	Y	N	N	N	N	N
	数据库	Y	N	N	N	N	N

在选好 SDK 后，就可以进行下一步的工作，定义埋点的接口文档。让前端开发工程师按照接口文档完成数据埋点。埋点的接口文档主要定义如下这些内容。

- 哪些公共字段需要统一采集？

- 哪些页面和哪些按钮需要埋点？

- 特殊的页面和按钮需要通过埋点获取什么参数？

首先看一下公共字段的定义。这些信息都封装在 SDK 中，只要前端开发工程师基于 SDK 的开发文档进行工程部署即可，当用户浏览某个页面或者点击某个按钮时，SDK 就会自动收集用户的这些基础信息。这样，用户在哪里、用户使用什么设备、用户什么时间访问了我们的产品等基础数据的收集问题就解决了。具体埋点接口公共字段的定义如表 2-2 所示。

表 2-2 埋点接口公共字段的定义

字段归类	字段中文名称	字段英文名[①]	字段类型	说明
设备及浏览器信息	操作系统名称	$OS	String	终端操作系统
	操作系统版本	$OS_VERSION	String	终端操作系统的具体版本号
	屏幕高度	$SCREEN_HEIGHT	Number	屏幕的物理高度
	屏幕宽度	$SCREEN_WIDTH	Number	屏幕的物理宽度
	浏览器名称	$BROWSER	String	访问该系统当前浏览器的名字
	浏览器版本	$BROWSER_VERSION	String	当前浏览器版本
当前 SDK 信息	SDK 名称	$LIB	String	当前埋点采用的 SDK 的类型，如 iOS 端、安卓端
	SDK 版本	$LIB_VERSION	String	当前 SDK 的版本号
网络信息	IP 地址	IP	String	当前用户的公网 IP
	国家	COUNTRY	String	当前用户所在国家
	省份	PROVINCE	String	当前用户所在省份/州
	城市	CITY	String	当前用户所在城市
经纬度	纬度	LATITUDE	String	当前用户所在纬度
	经度	LONGITUDE	String	当前用户所在经度
时间信息	服务器时间	SERVER_TIME	Float	事件发送到服务端处理后的时间
	客户端时间	CLIENTTIME	Float	事件发生时客户端时间
来源渠道	流量来源 ID	TRAFFICSOURCEID	String	识别用户是从哪里来的编码，也就是访问渠道 ID

接下来我们看一下浏览页面事件的采集。针对浏览页面事件，SDK 也会预设公共信息，当用户浏览页面时，我们要获取当前的用户是谁。如果有用户登录信息，我们就可以获取用户手机号，如果用户未登录，可以把浏览设备 ID 设为用户的唯一身份标识，还要获取当前的页面是什么、从哪个页面过来、当前的产品线

[①] 注：如果字段英文名带有"$"前缀，代表其是 SDK 的预设字段，SDK 被部署后，会自动采集该字段信息。

信息等，具体信息如表 2-3 所示。

表 2-3 浏览页面事件的接口定义

事件名	字段中文名	字段英文名	字段类型	说明	举例
页面浏览事件	唯一标识	$DISTINCT_ID	String	用户的唯一标识，如果有登录账号，则填入登录账号，否则填入相应的设备 ID	比如 13900000000
	会员 ID（登录名或者手机号）	$USER_ID	String	用户注册的会员 ID，如果未登录则为空	
	手机号码	$PHONE	String	用户登录的手机号码	
	页面名称	PAGE_NAME	String	用户当前进入的是哪一类页面	比如 HomePage
	页面浏览时长	VIEW_DUR	Float	用户从进入页面到离开页面的时长（单位为毫秒）	
	当前页面 URL	$URL_PATH	String	当前页面的 URL	
	前向 URL	$REFERRER	String	跳转至当前页面的前向页面 URL	
	事件名称	EVENT	String	只有两种时间类型：浏览及点击 浏览：$PAGEVIEW 点击：$PAGECLICK	
	事件类型	EVENT_TYPE	String	仅针对点击事件（$PAGECLICK）的情况才传入。 需要传入按钮的名称，如点击"收藏"按钮则传入 COLLECT，点击"加入购物车"按钮，则传入 ADDSHOP	
	$是否首次访问	$IS_FIRST_TIME	Bool	是否首次访问	
	$是否首日访问	$IS_FIRST_DAY	Bool	是否首日访问	
平台信息	平台名称	PLATFORM	String	产品线信息	比如 1004=产品线 A；1005=产品线 B
	客户端名称	CLIENT	String	用户登录的客户端，需要传回客户端的名称，如微信小程序端等	比如 WXH5=微信公众号； WXAPP=微信小程序； MOBILE=浏览器； ANDROID=安卓端； IOS=iOS 端

为了完成用户浏览事件的数据收集，需要梳理一下当前产品的每个客户端都有哪些关键页面。比如电商产品，其核心页面有推广页、首页、商品列表页、商品详情页、加购页、下单页、支付页等关键页面，需要针对这些页面统一进行数据采集，如表 2-2 所示的字段就会自动收集。对于比较重要的页面，还可以加入自定义的参数，如表 2-4 所示，比如电商产品的商品详情页，我们要收集用户从哪里进入商品详情页。用户有可能是从坑位进入商品详情页的，也有可能是通过搜索方式进入商品详情页的，还有可能是从分类页面进入商品详情页的，那么就要记录用户的访问来源信息，才能具体确定商品是从哪里卖出去的，这里就需要增加坑位 ID、来源类型等关键字段。

表 2-4 商品详情页特殊字段信息定义

页面名称	字段英文名称	字段中文名	字段类型	字段描述
商品详情页	SPM	坑位 ID	String	如果是从坑位过来的，需要返回坑位的 ID，否则为空
	SOURCESTYLE	来源类型	String	1=活动 2=搜索 3=分类 4=推荐
	ACTIVITYID	来源活动 ID	String	如 SOURCESTYLE=1，这里返回相应的来源活动页面 ID，否则为空
	KEYWORD	搜索条件	String	如 SOURCESTYLE=2，这里返回相应的搜索条件，否则为空
	CATEGORY	分类 ID	String	如果 SOURCESTLE=3，需要填入相应的分类 ID，否则为空
	RECSCENEID	推荐场景 ID	String	如 SOURCESTYLE=4，需要填入相应的推荐场景 ID，否则为空

接下来笔者讲一下用户点击事件的数据收集，其和用户浏览事件的数据收集一样，需要整理一下每条产品线都有哪些关键按钮，比如电商产品的关键按钮有注册、登录、收藏、加购、下单、支付等，根据这些关键按钮，我们就可以知道用户使用什么设备、在什么时候、点击了电商产品的哪个按钮。前端开发工程师

需要针对这些关键按钮的点击进行埋点，点击事件的接口定义如表2-5所示。

表2-5 点击事件的接口定义

模块	字段英文名	字段中文名	字段类型
按钮点击 CLICKBUTTON	BUTTONID	按钮ID	String
	BUTTONNAME	按钮名称	String

埋点有两方面作用。一方面，针对前文提到的"弄清主路径"问题，需要监控"加购"事件。电商产品主路径中的"加购"是按钮点击事件而不是页面浏览事件，这就需要通过埋点方式先收集数据，以后将"加购"事件转化为页面浏览事件来处理，才能更加方便地计算每一步的转化率。另一方面，如果我们要看关键按钮的点击次数、关键页面的转化率（如登录页、注册页转化率等），就都需要统计按钮点击事件。

接下来再看一下如何进行后端埋点。

电商的主路径数据采集有个关键问题：用户在"加购"后可能隔几天才会下单，而同样的商品进入购物车后只是令购买数量发生变化，如果出现这种情况，当用户从购物车中进行商品下单时，我们很难通过前端埋点的方式判断这个商品到底是从什么位置上"加购"的，所以在这种情况下就必须进行后端埋点，当用户"加购"时可以将商品的来源信息记录至数据库，这样当用户从购物车中针对商品支付时，再将商品来源信息取出放入订单，那么后端埋点就解决了用户"加购"再下单这个问题。订单来源信息一般通过JSON的形式存储，具体格式如下。

```
{
"CLIENT":"WXH5",//WXH5（微信H5端）、WXAPP（微信小程序端）、MOBILE（浏览器端）、
ANDROID（安卓端）、IOS（iOS端）
"SPM":"201900000036",            //SPMID、SEARCH、CATALOG
"SOURCESTYLE":1,                 //1=活动、2=搜索、3=分类、4=推荐
"WXAPPSCENE":                    //微信场景值ID
"SHARECLIENT: "                  //取CLIENT
"ACTIVITYID":"1333",             //获得活动ID
"RECSCENEID":"10005",            //获得推荐场景ID
```

```
"ALGORITHMID":"11212"                   //获得算法 ID
"KEYWORD":"毛衣"                         //获得搜索关键字"毛衣"}
```

首先需要记录用户是从哪个客户端"加购"的，即使用 CLIENT（客户端）这个参数，接下来要记录"加购"的来源信息。用户可能是从坑位浏览商品并"加购"的，这时需要记录当时坑位的 SPM 值（SPM 是每个坑位的唯一 ID）；用户也可能是从某个活动页面进入的，公共信息中有每个事件的地址（也就是活动页面地址），这个地址可以当成来源信息记录下来；用户也可能是搜索过某个关键字，浏览商品后"加购"的，可以通过 KEYWORD（关键字）这个字段记录用户的搜索关键字是什么；用户还有可能是通过推荐位"加购"的，可以记录推荐场景 ID（RECSCENEID）和算法 ID（ALGORITHMID），这为后续做推荐算法效果的分析做基础。

对于微信小程序端来说还有一个比较重要的场景。小程序产生的购买基本都是通过分享商品信息到微信群或者分享给微信好友实现的，那么在分享商品信息时可以记录当前分享的客户端（SHARECLIENT）、微信的场景值（WXAPPSCENE），微信已经定义了一套计算场景值的规则，其他的参数由分享的客户端以及来源信息来填充，这样我们就知道商品是从哪个客户端、哪个坑位分享出去并产生"加购"和下单的。

前后端埋点结合的优点很明显，采集的数据很全面。前端埋点已经有了一些通用的封装，前端开发工程师只需做少量的开发；后端埋点解决了数据流失的问题，保证了关键指标数据的准确性。但是这个方式的缺点也很明显——依赖前端开发工程师和后端开发工程师开发埋点模块，每新增一个页面就需要增加埋点开发的工作量。

首先，数据中台产品经理要和产品线产品经理沟通需求，在评审需求后，需要每个客户端的开发工程师进行开发、部署。然后，还需要测试工程师的测试。埋点的测试比较麻烦，测试工程师需要测试每个客户端并点击所有的页面和按钮，并在控制台查看参数是否设置正确。最后，如果测试没问题，还需要发布 App 新的版本，等上线后还需要进一步跟踪。

前后端埋点结合的数据采集方式的主要缺点是：工作量比较大，需要依赖多个角色配合才能完成，整个开发过程比较烦琐。

2.2.3 可视化埋点与后端埋点结合的数据采集方式

笔者先讲一下什么是可视化埋点。

上文已经说过，前端埋点会依赖前端开发工程师，而可视化埋点则可以解决这个问题。可视化埋点的主要特点是可以让产品/运营人员通过可视化的界面自行完成页面和按钮埋点配置。可视化埋点目前也有很多比较成熟的开源 SDK，只要前端开发工程师将可视化埋点 SDK 部署完毕，产品/运营人员就可以通过可视化的操作完成普通页面及普通按钮的埋点工作，如图 2-3 所示。

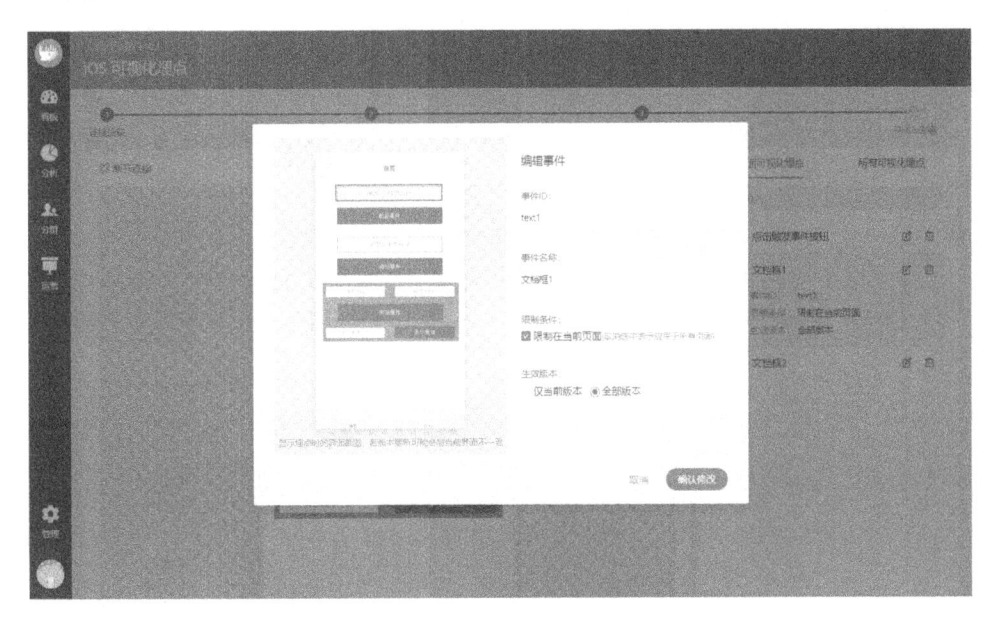

图 2-3 可视化埋点界面

可视化埋点只能针对普通的页面和按钮（如登录页面、注册页面、登录按钮、注册按钮、个人中心的页面）等使用，这些页面和按钮只用于采集公共的信息（如设备信息、地理位置、当前用户等），如图 2-4 所示，这样就可以知道哪个用户在什么时间点击了哪个按钮、浏览了哪个页面。一些重要的页面（比如电商产品的商品详情页）所关联的业务参数比较多，还是建议让前端开发工程师使用代码埋点的方式采集。

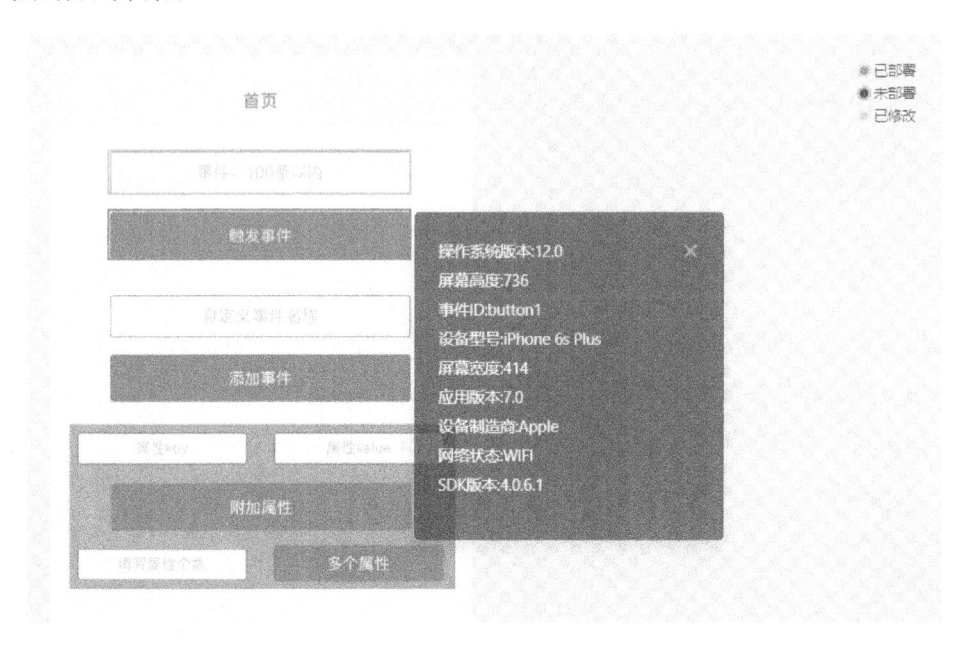

图 2-4　可视化埋点采集的信息

可视化埋点的优点比较明显，这种方式进一步降低了埋点的开发成本。数据中台在和其他产品线进行埋点合作时，只需提供可视化埋点的 SDK 给各条产品线，并且定义好哪些页面和按钮是必须进行埋点的，接下来让产品线自行完成埋点即可。在产品线埋点完成后，数据中台再做一次测试，检查哪些页面或者按钮没有埋点，测试通过后就基本能够采集用户对普通页面或者按钮的行为数据。由于产品的大部分页面和按钮都属于普通的页面和按钮，并不需要十分个性化的参数，故可视化埋点可以解决产品的大部分页面和按钮的埋点数据的收集。可视化的埋点不但统一了数据标准，还进一步降低了埋点的工作量。

可视化埋点的缺点在于，将埋点工作都交给各条产品线完成，就必须定义好合作的机制，讲清楚哪些页面和按钮在上线前是必须完成埋点的。另外，可视化埋点没有解决重要按钮、重要页面的埋点问题，也没有解决后端埋点的问题，这些工作还是依赖产品线前端和后端开发工程师一起完成。

2.3 数据采集流程

数据采集工作一般是由数据开发工程师承担的。本节笔者介绍一下用户行为数据采集、业务数据采集的流程,让大家了解数据开发工程师是如何工作的,这样才能更好地与他们合作。

一个典型的用户行为数据采集流程,如图 2-5 所示。

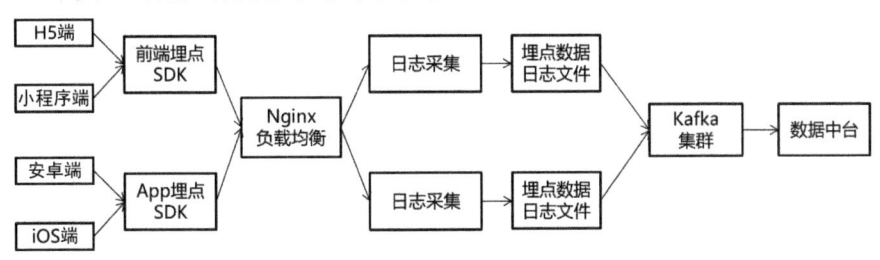

图 2-5 用户行为数据采集流程

第一步,前端工程师通过异步 HTTP 接口的形式将埋点数据发送到 Ngnix 服务器,通过 Nginx 做负载均衡将日志文件采集并存储起来。

第二步,通过如 Flume 之类的日志采集工具将埋点日志文件以消息的形式发送到 Kafka 集群。

第三步,数据中台通过订阅 Kafka 集群的日志消息将日志文件存储在数据中台。

一个典型的业务数据采集流程,如图 2-6 所示。

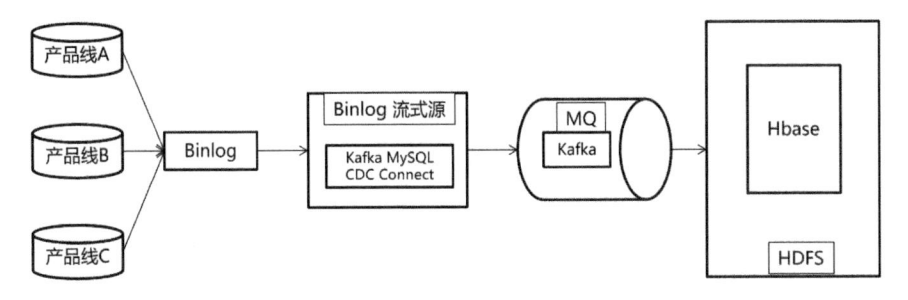

图 2-6 数据中台业务数据采集流程

（1）业务数据库产生的业务数据一般存储在关系型数据库（如 MySQL、Oracle 等）中，存储的过程会产生 Binlog 日志文件。Binlog 是一种二进制格式的文件，用于记录用户对数据库更新的 SQL 语句信息，例如更改数据库表和更改内容的 SQL 语句都会被记录到 Binlog 里，但是对库表等内容的查询不会被记录。

（2）Kafka MySQL CDC Connect 读取了业务数据的 Binlog 文件后，通过 CDC（Change Data Capture，意为"变动数据捕获"，是增量抽取数据解决方案之一，能够帮助识别从上次提取之后发生变化的数据）的方式将业务库变动数据记录到 Kafka 等下游来消费。

（3）可以通过 Python 语言在 Kafka 消费基础上做一个调用，将生产者产生的数据消费到 Hbase。这样当 MySQL 中有相应操作时，Hbase 便会同步。

2.4 数据埋点实战案例

本节我们以电商产品的商品详情页为例，介绍如何做用户浏览和点击行为的数据埋点。案例中包含一个页面（商品详情页）以及该页面上的关键按钮（加购、收藏按钮），具体页面如图 2-7 所示。

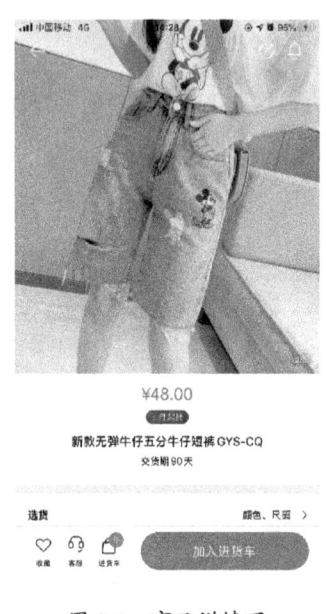

图 2-7 商品详情页

（1）采集通用信息，包括设备及浏览器信息、当前 SDK 信息、网络信息、经纬度、时间信息等。只要集成了数据采集 SDK，数据采集 SDK 就会自动收集这些通用信息。具体字段参考表 2-6。

表 2-6 通用信息字段

字段类型	字段中文名称	字段英文名	字段类型	说明	举例
设备及浏览器信息	操作系统名称	$OS	String	终端操作系统	Windows
	操作系统版本	$OS_VERSION	String	终端操作系统的具体版本号	10
	屏幕高度	$SCREEN_HEIGHT	Number	屏幕的物理高度	1024
	屏幕宽度	$SCREEN_WIDTH	Number	屏幕的物理宽度	768
	浏览器名称	$BROWSER	String	访问该系统当前浏览器的名字	IE
	浏览器版本	$BROWSER_VERSION	String	当前浏览器版本	10.0
当前 SDK 信息	SDK 名称	$LIB	String	当前埋点采用的 SDK 的名称	Jsdk
	SDK 版本	$LIB_VERSION	String	当前 SDK 的版本号	1.6.0
网络信息	IP 地址	IP	String	当前用户的公网 IP	10.190.22.91
	国家	COUNTRY	String	当前用户所在国家	中国
	省份	PROVINCE	String	当前用户所在省份/州	广东
	城市	CITY	String	当前用户所在城市	广州
经纬度	纬度	LATITUDE	String	当前用户所在纬度	
	经度	LONGITUDE	String	当前用户所在经度	
时间信息	服务器时间	SERVER_TIME	Float	事件发送到服务端处理后的时间	
	客户端时间	CLIENTTIME	Float	事件发生时客户端时间	
来源渠道	流量来源 ID	TRAFFICSOURCEID	String	识别用户是从哪里来的编码，也就是访问渠道 ID	如 BaiduSEM 等

（2）采集应用的公共信息，主要包含平台信息和页面信息。具体字段参考表 2-7。

表 2-7 应用公共信息字段

字段类型	字段中文名	字段英文名	字段类型	说明	举例
页面信息	唯一标识	$DISTINCT_ID	String	用户的唯一标识，如果登录，则传入登录账号；否则传入相应的设备 ID	13900000000
	会员 ID(登录名或者手机号)	$USER_ID	String	用户注册的会员 ID，如果未登录则为空	
	手机号码	$PHONE	String	用户登录的手机号码	
	页面名称	PAGE_NAME	String	用户当前进入的是哪一个页面	比如 Home 主页
	页面浏览时长	VIEW_DUR	Float	用户从进入页面到离开页面的时长（单位毫秒）	
	当前页面 URL	$URL_PATH	String	当前页面的路径	如 A/B/C
	前向 URL	$REFERRER	String	跳转至当前页面的前向页面 URL	如 A/B/C
	事件名称	EVENT	String	只有两种时间类型：浏览和点击 浏览：$PAGEVIEW 点击：$PAGECLICK	
	事件类型	EVENT_TYPE	String	仅针对点击事件（$PAGECLICK）的情况才传入。 需要传入按钮的名称，如点击"收藏"按钮，则传入 COLLECT；点击"加入进货车"按钮，则传入 ADDSHOP	
	$是否首次访问	$IS_FIRST_TIME	Bool	是否首次访问	
	$是否首日访问	$IS_FIRST_DAY	Bool	是否首日访问	
平台信息	平台名称	PLATFORM	String	当前平台 ID	

（3）制作埋点的页面列表，这里只列举商品详情页涉及的相关业务参数。当用户进入商品详情页时，系统要记录两个关键信息：第一个信息是当前商品 ID（COMMODITYID），有了商品 ID，就可以通过数据库查询商品的所有信息；第二个信息是用户从哪个位置进入商品详情页，可以通过坑位 ID（SPMID）来记录流量的来源，有了流量的来源，我们就可以更加清楚用户访问的来龙去脉。具体字段参考表 2-8。

表 2-8 埋点页面列表

序号	页面名称	字段英文名称	字段中文名	字段类型	字段描述
1	ProductDetail	COMMODITYID	商品 ID	String	用户浏览商品详情页传回来的相应商品 ID
		SPMID	坑位 ID	String	用来记录从哪个流量位进入商品详情页

（4）制作当前页面需要埋点的按钮列表。在本案例中，商品详情页包含两个关键按钮：第一个是"收藏"按钮；第二个是"加入进货车"按钮（即"加购"按钮）。"收藏"按钮需要记录用户收藏商品的 ID（COMMODITYID）、商品当时的末级分类（LASTCOMMODITY）。"加入进货车"按钮需要记录当前加购商品的 ID（COMMODITYID）、SKUID（Stock keeping Unit ID，即库存单位 ID，比如一件衣服有白色、黑色两种颜色，那么每种颜色对应一个库存单位 ID）、商品单价（PRICEPERCOMMODITY）、商品加购数量（COMMODITYNUMBER）。有了这些埋点信息，我们就可以更加清楚地知道用户加购或者收藏了哪个商品、加购的是哪个颜色的商品、加购的金额等用户行为信息。具体字段参考表 2-9。

表 2-9 按钮埋点列表

事件名	字段英文名	字段中文名	字段类型	说明
收藏	COMMODITYID	商品 ID	String	用户点击"收藏"按钮传回来的商品 ID
	LASTCOMMODITY	末级分类	String	用户点击"收藏"按钮传回来的末级分类
加入进货车（列表商品清单）	COMMODITYID	商品 ID	String	用户点击"加入进货车"按钮传回来的商品 ID
	SKUID	库存单位 ID	String	用户点击"加入进货车"按钮传回来的库存单位 ID
	PRICEPERCOMMODITY	商品单价	Number	用户点击"加入进货车"按钮传回来的商品单价
	COMMODITYNUMBER	商品加购数量	Number	用户点击"加入进货车"按钮传回来的商品数量

第3章

数据存储与计算

数据资产是大数据领域经常被提到的一个概念，数据中台的目标就是将公司的数据沉淀为数据资产。数据能成为数据资产就说明它一定是有价值的数据，没有价值的数据不能成为数据资产。

什么样的数据能成为数据资产呢？比如，阿里巴巴基于用户行为数据、用户业务数据、商品数据做出推荐系统，这个推荐系统极大地提升了用户体验，一定程度上提升了用户的下单概率，这些整合后的用户行为数据、用户业务数据、商品数据就是数据资产。但是，现在一些企业没有统一的定义数据的标准，没有统一的数据存储规范，只是粗放地收集数据，把数据散乱地存放在服务器里，这些数据不能被组织和利用，就不能成为数据资产，这种情况是对数据资源的严重浪费，因此我们需要一套标准的指标定义体系和模型设计体系来定义和存储我们的数据，标准化输出数据，让数据成为数据资产。

在本章中，笔者首先介绍数据中台数据的指标定义规范和模型设计规范，了解了这些规范，就可以为企业打造一套高效、没有歧义的数据指标体系；其次，笔者以电商产品为例介绍数据中台的模型设计和数据计算模块，让大家了解一个数据指标在数据中台里是怎么存储和计算的。

3.1 数据指标的定义

本节介绍如何通过指标的拆解定义一套没有歧义、标准一致的数据指标体系，以及如何识别虚荣指标。如何分辨增长指标和虚荣指标是一个重要能力。只有增长指标才能指导我们如何行动，从而实现增长。

3.1.1 数据指标的重要性

要想实现数据中台项目，我们要做的第一件事就是梳理公司的数据指标体系。在实际项目中，当梳理公司的指标时，你会发现每个部门对同一个指标的定义有可能是不一致的，甚至一个部门内的人员对一个指标的定义都有可能不同，因为每个部门都有不同的职责，他们通常只会站在自己的角度上定义指标，而每个人看待和理解这个世界的角度也是不同的，他们也只会站在自己的角度上定义指标。

比如指标"交易额"，适用于没有线上交易的传统企业——企业的账户收到一笔钱，便以这笔钱的金额和交易时间来定义交易额这个指标。但是在互联网产品中，交易额就是一个比较模糊的指标。我们以电商产品为例，电商交易的流程是包含下单环节和支付环节的，那么交易额到底是指下单金额、还是指支付金额（减去优惠金额）？如果指下单金额要绑定下单时间，如果指支付金额就要绑定支付时间。另外要不要考虑订单状态，要不要考虑退款？在这种情况下，如果没有一个统一的标准，公司内部沟通的效率就会变得极低，因为每个人的理解都不同。

另外，如果标准不统一，就很难进行部门间的横向对比，比如部门 A 提交的某年交易额是 1000 万元，部门 B 提交的该年交易额是 1 亿元，如果没有统一的标准，我们怎么确定这 1 亿元的交易额就比 1000 万元的交易额的含金量高。前文提到过，一个指标的开发过程涉及运营人员、产品人员、技术人员等，沟通成本很高，只要一个环节有人理解得不对，指标的计算结果就会不准确。因此，为公司建立一套清晰、没有歧义的指标体系是数据中台需要承担的一项十分重要的工作。

3.1.2 如何定义数据指标

那如何让指标定义清晰且没有歧义呢？解决这个问题的核心方法就是拆解：

将一个数据指标拆解到不能再继续拆解为止，这样就能够最大限度地保证大家的理解无误。如图 3-1 所示，这是一套指标拆解的方法。

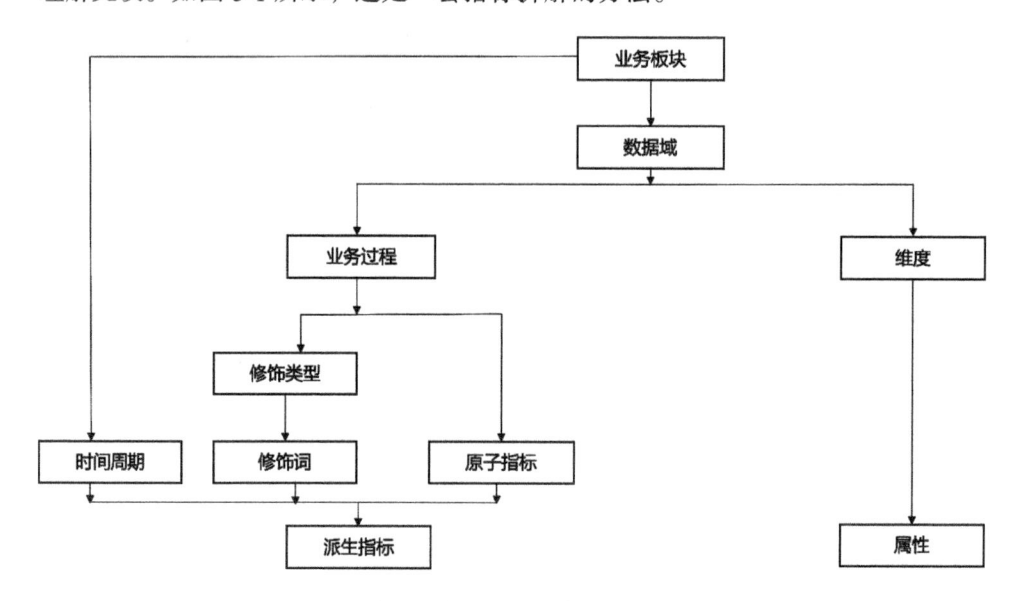

图 3-1　数据指标的拆解方法

首先定义出这个指标所属的业务板块和数据域，接下来定义这个指标的业务过程（如电商领域的加购、下单、支付等）。接着要判断这个指标是一个原子指标还是一个派生指标？如果是一个派生指标，这个指标的时间周期、修饰词分别是什么，通过什么衡量这个指标？最后要定义这个指标的统计维度是什么，这些维度的属性有哪些？经过这样一层一层的拆解，每个指标会归入不同的类别，因为每个指标都有各个维度清晰的定义，只要公司内所有人都以这份定义为准，歧义就不会产生。

接下来我们看一下图 3-1 中这些概念的含义。

（1）业务板块：即面向业务的大的模块，就是公司的产品线，不会经常变。比如一个公司有三条产品线分别是产品线 A、产品线 B、产品线 C，那么这三条产品线分别属于不同的业务板块。

（2）数据域：数据所属的领域。例如，电商产品中的用户、商品、交易等大的功能模块都属于数据域。

（3）业务过程：完成某个业务所涉及的全部过程。如电商业务中的下单、支付、退款等环节都属于业务过程。

（4）时间周期：就是统计的时间范围，如"近30天""自然周""截止到当天"等。

（5）修饰类型：对修饰词的描述。如电商中的支付方式、终端类型等。

（6）修饰词：除了维度以外的限定词，如电商支付中的微信支付、支付宝支付、网银支付等。

（7）原子指标：即不可再拆分的指标，比如支付金额、支付件数等指标。

（8）维度：是指度量单位，用来反映业务的一类属性。常见的维度有地理维度（国家、地区等）、时间维度（年、月、周、日等）、订单的维度等。

（9）属性：隶属于维度。如地理维度中的国家名称、省份名称等都属于属性。

（10）派生指标：一组对应的原子指标、修饰词、时间周期就组成了一个派生指标，如图3-2所示。

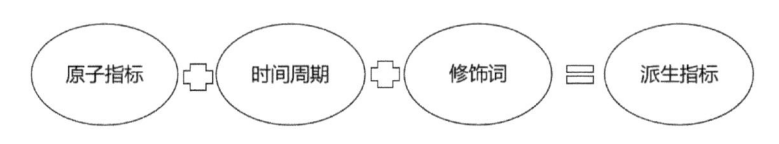

图3-2 派生指标

接下来我们通过一个实际的案例来拆解一个指标。以电商产品为例，假设我们要计算电商产品最近三个月的iOS端的下单金额。

这个指标属于电商产品业务板块，那么它的业务板块就可以定义为某电商产品线，下单金额在电商产品中属于交易模块，这个指标的数据域就属于交易数据域。下单金额是从订单中获得的，要基于订单的金额和下单的时间去统计下单金额，那么这个指标的维度就是订单。原子指标是不可继续拆解的下单金额，由于加上了时间周期和修饰词（iOS端），那么这个指标就成为一个派生指标。这样我们就把一个比较复杂的指标进行拆解和归类，如图3-3所示。

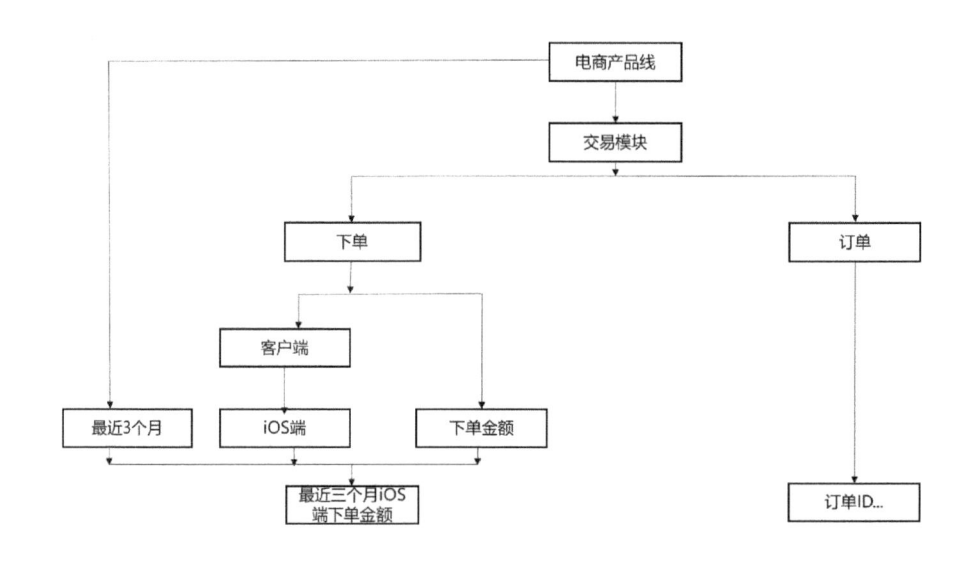

图 3-3 最近三个月 iOS 端下单金额

最后为了保证数据指标的一致性，公司的数据指标应该交由数据中台统一管理，公司内所有部门应该以这套指标体系为准，如果有对指标的新增或者修改，首先要通知数据中台，然后再同步给公司的其他部门。这套指标体系的定义如同公司的法律，人人必须遵守，这样就能最大程度地保证指标的一致性和数据的合理性。

3.1.3 如何识别虚荣指标

我们先介绍一下什么是虚荣指标。

数据中台的大部分工作是开发数据指标，并能够识别出哪些指标是虚荣指标，哪些指标是可以促进增长的指标，后者显然比较重要。比如常见的 PV、UV、月活（即月活跃用户数）、总用户数、总商品数等指标都是虚荣指标，因为这些指标无法直接促进交易额增长，只起到对产品线监控的作用。虚荣指标只能作为我们定的目标，并不能帮助我们增长，如果用户不下单，再多的 UV、月活也没什么用。好的指标应该是帮助我们增长的指标，比如电商行业的主路径转化率（包括从首页到商品列表页的转化率、从商品列表页到商品详情页的转化率、从商品详情页到加购页的转化率、从加购页到下单页的转化率等），这些指标不但能够帮助我们监控每个环节的转化率，还可以指导我们怎么样降低每个环节的流失率，基于这些数据指标，可以看到哪个环节的转化率比较低，然后在这个环节找问题，然后去解决问题，如果提高了该环节的转化率就提高了公司的交易额。还有用户的次日留存、7日留存率（即新用户7日后是否再次访问）、30日留存率等指标，能直接反应用户的黏性如何、运营最近对用户的激活做得如何；商品的动销率（销售款数与上架款数之比），能直接反映出这批商品的好坏。

总而言之，那些和公司的增长无关且从中很难看出公司问题的指标一般都是虚荣指标，而那些能直接促进交易额的指标（比如上文提到的各个转换率）一般都是增长指标。区分两者的关键，就是看该指标能不能让我们采取相应的行动来促进公司的增长。

3.2 数据模型设计

要想了解为什么要进行数据模型设计，首先我们要了解一些概念，比如什么是数据库、什么是数据仓库、数据仓库和数据库的区别是什么、数据仓库为什么要分层存储。本节会针对以上问题给出清晰明确的解释。

3.2.1 什么是数据库和数据仓库

假设公司领导让你统计公司当月的总交易额，如果你的公司只有一条产品线，那么这项工作就十分简单。

首先，你可以从业务系统中提取产品线的全部订单，订单的格式类似表3-1。

表3-1 数据库订单数据格式

订单ID	用户ID	商品ID	金额（元）	时间
1344412	244	555	500	2020/04/19
1344413	245	556	1500	2020/04/19

接着，你可以提取当月的订单，并针对下单金额做汇总。最后，你就可以将汇总计算出的交易额数据准确无误地提交给领导。

但是如果你所在的公司是一家大型上市公司，公司内部有多条产品线，你的领导要求你汇总各条产品线当月的总交易额，你应该怎么做？在没有数据仓库的情况下，你会这样处理：首先统计公司有多少条产品线；然后找到每条产品线的业务负责人，索要当月该产品线的订单；接着将所有订单汇总到 Excel 中，这时候你会发现，因为业务形态的不同，各条产品线给你的订单数据没有一个统一的标准，比如订单状态，每条产品线都会有自己的标准。你应该以怎么样的口径统计每条产品线的交易额呢？因为标准不统一，会导致你的工作效率很低，而且统计的数据不一定准确。

而如果有了数据仓库，你就可以提前对每条产品线做调研，统一交易额的口径（包括业务口径、技术口径、计算方式、统计周期等）。因为交易额属于交易模块，你可以针对交易模块进行主题建模，比如你需要统计 3 月份公司旗下所有产品线的交易额，那么统计维度就是时间，指标就是交易额。在建模完成后，数据开发工程师可以将业务数据库中的数据定时同步到数据仓库，格式如表 3-2 所示。

表 3-2　数据仓库订单数据格式

产品线	订单 ID	用户 ID	商品 ID	金额（元）	时间
A	1344412	244	555	500	2020/04/19
B	1344413	245	556	1500	2020/04/19
……	……	……	……	……	……

接着数据开发工程师可以针对已经汇总好的订单数据按照月份的维度做进一步汇总统计并存储下来，具体格式如表 3-3 所示。

表 3-3　数据仓库订单汇总数据

月份	总交易额（元）
202003	457688
202004	667778
……	……

因为提前做了汇总，那么下次你就可以直接从数据仓库中取出当月公司的任何产品线的交易额，很快就能解决任务。

通过以上案例我们可以看出数据库与数据仓库的用途是完全不同的。数据库和数据仓库虽然都是用来存储数据的，但数据库是用来存储业务数据的，而数据仓库是用来存储汇总后的报表数据的。

什么是业务数据呢？业务数据就是对现实业务的数据虚拟，比如表 3-1 中的订单业务数据就是记录某人在什么时间买了什么商品，其中的用户 ID 就是用户的唯一标识；还有另外一个用户数据库，用于记录用户的数据比如手机号、姓名、年龄等信息，商品 ID 就是商品的唯一标识；还有商品数据库，用于记录商品的相关信息如品类、颜色、尺码等。

数据仓库的主要作用是存储汇总统计的数据，以支撑公司的决策分析。一般来说，数据仓库的数据量是比较大的，而且其汇总统计的数据一般是不会再有变化的，比如上文提到的公司 3 月份的交易额，这个汇总的数据不会因为新增的订单而变化，而业务数据库的数据量会随着用户的交易次数增多而增多。如果公司只有一条产品线，那么完全没有必要搭建数据仓库，基于数据库已经足够做统计分析了，但是当公司有多条产品线，而且要做大量的数据分析工作时，那就适合搭建数据仓库。

3.2.2　数据仓库的分层建模体系

针对数据中台数据模型的分层，业界比较通用的分层方式是将数据模型分为 5 层：①ODS 层（Operate Data Store，操作数据层）、②DIM 层（Dimension，维度数据层）、③DWD 层（Data Warehouse Detail，明细数据层）、④DWS 层（Data Warehouse Service，汇总数据层）、⑤ADS 层（Application Data Store，应用数据层）。

各层数据模型之间的关系如图 3-4 所示。

基于原始数据向上看，第一层是 ODS 层和 DIM 层。ODS 层数据是数据仓库的第一层数据，是业务数据库的原始数据的复制，例如，每条产品线的用户信息、订单信息等数据一般都是原封不动地同步到数据中台的 ODS 层中的。ODS 层的作用是在业务系统和数据仓库之间形成一个隔离层，在数据中台进行计算任务时，可以以 ODS 层的数据为基础进行计算，从而不给业务数据库增加负担。DIM 层存储的是维度数据，如城市、省份、客户端等维度的数据。

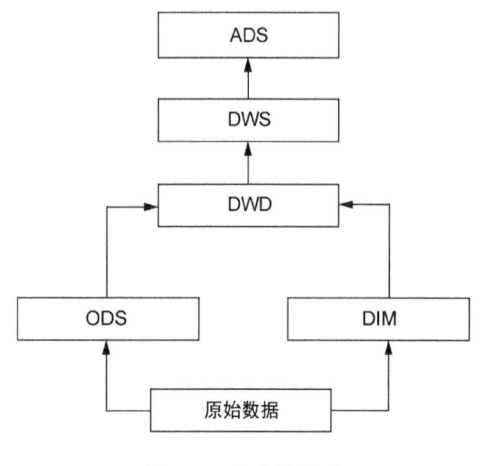

图 3-4　分层模体系

第二层是 DWD 层。DWD 层数据是数据仓库的第二层数据，一般基于 ODS 层和 DIM 层的数据做轻度汇总。DWD 层存储经过处理后的标准数据，需要对 ODS 层数据进行再次清洗（如去空/脏数据、去超过极限的数据等操作）。DWD 层的结构和粒度一般与 ODS 层保持一致，但是 DWD 层汇总了 DIM 层的维度数据，比如在 ODS 层只能看到客户端的 ID 字段，但是在 DWD 层不但能看到客户端的 ID 字段，还能看到客户端的名称字段。

第三层是 DWS 层。DWS 层数据是数据仓库的第三层数据，是以 DWD 层的数据为基础进行汇总计算的数据。DWS 层数据都是各个维度的汇总数据，比如某日某产品线的访问用户数、收藏用户数、加购用户数、下单用户数、支付用户数等。

第四层是 ADS 层。ADS 层数据是数据仓库的最后一层数据，以 DWS 层数据为基础进行数据处理。设计 ADS 层的最主要目的就是给数据可视化应用提供最终的数据。后端开发工程师基于 ADS 层的数据将最终数据结果以接口的形式展示给数据中台的应用层。

数据仓库为什么要分层建模呢？我们还是通过实际案例来理解。假设还是要统计某条产品线 A 当月的交易额，如果没有采用分层建模，那么数据统计就是以结果为导向的，直接提取业务数据库中的产品线 A 的订单时间、订单金额，然后筛选时间为当月的订单，并基于订单金额做汇总计算，最后通过接口的方式将数据输出到应用层。

如果采用分层建模，第一步是将业务数据库的数据同步到 ODS 层中，将维度数据存储在 DIM 层中，第二步是通过 DWD 层丰富统计指标的维度，目前案例中的需求是时间维度，可以预先增加其他常用的维度如产品线、客户端的维度，第三步是在 DWD 层中汇总各个维度的交易额，第四步是基于现在的需求，计算出产品线 A 的当月交易额，在 ADS 层提供要显示的数据。

在实际数据中台项目中针对数据指标的开发，有以下两种情况比较常见。

（1）数据指标口径发生变化。随着业务的变化，数据指标的统计口径不是一成不变的，数据指标经常会基于业务目标的变化而变化，相应的统计逻辑也会变化。

（2）增加数据指标的统计维度。单个维度的数据指标统计随着业务的发展有可能不再满足需求，此时很有可能遇到给数据指标增加统计维度的情况，数据指标的统计维度越丰富，就越有利于数据分析。

针对这两种情况我们分别看一下没有分层建模和分层建模的区别。

首先是第一种情况。

数据指标的统计口径发生了变化，比如统计口径由之前的统计产品线 A 的当月全部订单的交易额变为统计产品线 A 当月的订单状态为"已支付"的订单的交易额。此时其实数据指标并没有发生变化，仍然叫"交易额"，但是统计口径发生了变化。

如果没有进行分层建模，那么对外的接口要增加订单状态筛选的逻辑，再进行测试、核对数据、发布新版本接口才能完成针对交易额统计的优化。

如果进行了分层建模，ADS 层、DWD 层的数据是不用变化的，因为业务数据库的原始数据没有变化。此外，因为数据指标的显示没有变化，所以只需针对 DWS 层增加筛选订单状态为"已支付"的统计逻辑，然后由数据开发工程师、测试工程师测试 DWS 层并统计数据即可，不用发布新版本的对外接口，所以应用层并不用再针对接口做对接。

再看第二种情况。

给数据指标增加统计维度，比如不但要查看产品线 A 的当月交易额，还要查看产品线 A 的当月安卓端、iOS 端的交易额。如果没有进行分层建模，每增加一个维度就增加一倍的工作量，要重新修改计算逻辑、重新定义对外接口、重新测试、重新发布新的版本才能完成数据指标的新的维度统计。如果进行了分层建模，由于 DWD 层和 DWS 层已经丰富了交易额的维度如产品线、客户端等，那么只需后端开发工程师在通过接口提取 ADS 层数据时新增维度"安卓端"和"iOS 端"的统计结果，然后重新发布对外的接口即可，由于新的数据指标统计不需要数据开发工程师的参与，所以大大减少了数据中台开发的工作量。

3.3 数据模型设计实战案例

本节我们以电商产品主路径相关指标为例介绍一下分层建模的全过程。

如图 3-5 所示，我们要分客户端统计电商产品每天的访问首页用户数、访问商品列表页用户数、访问商品详情页用户数、收藏用户数、加购用户数、下单用户数、支付用户数，这样就可以看到每一步的转化率及流失率。基于这个功能，我们看一下如何通过分层建模，完成这些数据指标的统计。

图 3-5 电商产品主路径相关指标

数据模型设计的第一步就是要了解产品功能涉及的业务流程及数据存储情况。本案例中的这个功能的业务流程比较简单，大家都比较熟悉：新用户一般会先进入首页，发现了首页中感兴趣的坑位后就会点击并进入商品列表页，接下来用户会进入商品详情页然后"加购"商品，如果用户真对商品感兴趣，就会进行提交订单和支付的操作。用户行为数据（如用户浏览了商品详情页）一般存储在埋点日志采集服务器中，而下单和支付数据存储在业务数据库或者业务中台中。

3.3.1 ODS 层模型设计

ODS 层一般都是把业务数据原封不动地同步到数据中台的。我们先看一下案例中各个数据指标和数据源的分布情况。访问首页用户数、访问商品列表页用户数、访问商品详情页用户数这几个指标属于用户行为数据范畴，要统计这几个指标，我们需要记录哪个用户在什么时间在什么端浏览了哪个页面。在前面第 2 章笔者已经讲过，用户浏览和点击的行为数据，可以通过数据埋点收集起来，我们只需从埋点采集日志文件中抽取用户的行为数据到数据中台即可。用户行为数据 ODS 层模型设计如表 3-4 所示。

表 3-4 用户行为数据 ODS 层模型设计

表名	字段英文名	字段中文名	数据类型	映射方式	映射描述
ODS_LOG_PAGE_VIEW_D	DS	统计日期	Bigint	数据转换	SERVER_TIME 转换为 YYYYMMDDHH
ODS_LOG_PAGE_VIEW_D	OS	终端操作系统	String	直接映射	
ODS_LOG_PAGE_VIEW_D	OS_VERSION	终端操作系统的具体版本号	String	直接映射	
ODS_LOG_PAGE_VIEW_D	SCREEN_HEIGHT	屏幕的物理高度	Int	直接映射	
ODS_LOG_PAGE_VIEW_D	SCREEN_WIDTH	屏幕的物理宽度	Int	直接映射	

续表

表名	字段英文名	字段中文名	数据类型	映射方式	映射描述
ODS_LOG_PAGE_VIEW_D	TITLE	页面标题	String	直接映射	
ODS_LOG_PAGE_VIEW_D	BROWSER	访问该系统当前浏览器的名字	String	直接映射	
ODS_LOG_PAGE_VIEW_D	BROWSER_VERSION	当前浏览器版本	String	直接映射	
ODS_LOG_PAGE_VIEW_D	SDK_LIB	当前埋点采用的SDK的类型	String	直接映射	
ODS_LOG_PAGE_VIEW_D	LIB_VERSION	当前SDK的版本号	String	直接映射	
ODS_LOG_PAGE_VIEW_D	IP	当前用户的公网IP	String	直接映射	
ODS_LOG_PAGE_VIEW_D	COUNTRY	当前用户所在国家	String	直接映射	
ODS_LOG_PAGE_VIEW_D	PROVINCE	当前用户所在省份/州	String	直接映射	
ODS_LOG_PAGE_VIEW_D	CITY	当前用户所在城市	String	直接映射	
ODS_LOG_PAGE_VIEW_D	PHONE	手机号码	String	直接映射	
ODS_LOG_PAGE_VIEW_D	SERVER_TIME	事件发送到服务端处理后的时间	Bigint	直接映射	
ODS_LOG_PAGE_VIEW_D	CLIENT_TIME	事件发生时客户端时间	Bigint	直接映射	
ODS_LOG_PAGE_VIEW_D	TRAFFIC_SOURCE_ID	流量来源ID	String	直接映射	
ODS_LOG_PAGE_VIEW_D	DISTINCT_ID	唯一标识	String	直接映射	
ODS_LOG_PAGE_VIEW_D	USER_ID	用户ID	String	直接映射	
ODS_LOG_PAGE_VIEW_D	PAGE_NAME	页面名称	String	直接映射	

续表

表名	字段英文名	字段中文名	数据类型	映射方式	映射描述
ODS_LOG_PAGE_VIEW_D	VIEW_DUR	页面浏览时长	Bigint	直接映射	
ODS_LOG_PAGE_VIEW_D	URL_PATH	URL 地址	String	直接映射	
ODS_LOG_PAGE_VIEW_D	RFRR_URL	前向 URL	String	直接映射	
ODS_LOG_PAGE_VIEW_D	PLATFMT_CODE	所在平台代码	Bigint	直接映射	
ODS_LOG_PAGE_VIEW_D	CLIENT_CODE	客户端代码	String	直接映射	
ODS_LOG_PAGE_VIEW_D	BUSS_ARGS	业务信息	String	直接映射	
ODS_LOG_PAGE_VIEW_D	EVENT_TYPE	事件类型	String	直接映射	页面浏览事件为 0，按钮点击事件为 1
ODS_LOG_PAGE_VIEW_D	LONGITUDE	用户当前所在的地理位置经度	String	直接映射	
ODS_LOG_PAGE_VIEW_D	LATITUDE	用户当前所在的地理位置纬度	String	直接映射	
ODS_LOG_PAGE_VIEW_D	IS_FST_DAY	是否首日访问	String	枚举映射	True 转为 1，False 转为 0
ODS_LOG_PAGE_VIEW_D	IS_FST_TIME	是否首次访问	String	枚举映射	True 转为 1，False 转为 0
ODS_LOG_PAGE_VIEW_D	BANNER_ID	坑位 ID	String	直接映射	进入页面的坑位 ID
ODS_LOG_PAGE_VIEW_D	VIEW_TIME	进入页面时间戳	Bigint	直接映射	以时间戳的形式传值

在采集用户行为数据时，还能够采集很多其他维度的数据，比如当前用户所在的省份、城市等地理位置数据。针对电商产品主路径这个案例，采集其他维度数据需要用到的字段如下。

（1）DS：统计日期。这个日期为数据同步到数据中台的日期。

（2）PHONE：手机号码。登录的用户会记录该字段。

（3）DISTINCT_ID：用户唯一标识，提取自浏览器产生的CookieID，能够确定用户的唯一性。

（4）PAGE_NAME：页面名称。其记录用户访问了哪个页面。

（5）CLIENT_CODE：客户端代码。其用于通过客户端维度保存用户的访问记录。

（6）VIEW_TIME：访问页面的时间。

通过上述这些字段就可以知道用户在什么时候用哪个客户端访问了哪个页面，本案例中的访问首页用户数、访问商品列表页/详情页的用户数的明细数据就可以统计出来了。

接下来我们再看一下收藏用户数、加购用户数、下单用户数、支付用户数这几个数据指标，这些指标都存储在电商产品的业务系统或者业务中台中，都属于用户与商品之间的关系范畴。收藏数据存储在收藏表中，加购数据存储在加购表中，下单、支付数据存储在订单表中。如表3-5所示，这是交易模块的ODS层模型设计。

表 3-5 交易模块的 ODS 层模型设计

表名	字段英文名	字段中文名	数据类型	备注	源表	映射方式
ODS_TRADE_ORDER_ITEM_D	ORDER_ITEM_ID	主键	Bigint	主键	ORDER_ITEM	直接映射
ODS_TRADE_ORDER_ITEM_D	CHANNEL_ID	渠道ID	Bigint	渠道ID	ORDER_ITEM	直接映射
ODS_TRADE_ORDER_ITEM_D	SELLER_ID	商户ID	Bigint	商户ID	ORDER_ITEM	直接映射
ODS_TRADE_ORDER_ITEM_D	SHOP_ID	店铺ID	Bigint	店铺ID	ORDER_ITEM	直接映射
ODS_TRADE_ORDER_ITEM_D	MEMBER_ID	用户ID	Bigint	会员ID	ORDER_ITEM	直接映射

续表

表名	字段英文名	字段中文名	数据类型	备注	源表	映射方式
ODS_TRADE_ORDER_ITEM_D	ORDER_ID	订单ID	Bigint	订单ID	ORDER_ITEM	直接映射
ODS_TRADE_ORDER_ITEM_D	CATALOG_ID	类目ID	Bigint	类目ID	ORDER_ITEM	直接映射
ODS_TRADE_ORDER_ITEM_D	BRAND_ID	品牌ID	Bigint	品牌ID	ORDER_ITEM	直接映射
ODS_TRADE_ORDER_ITEM_D	ITEM_ID	商品ID	Bigint	商品ID	ORDER_ITEM	直接映射
ODS_TRADE_ORDER_ITEM_D	ITEM_TYPE	商品类型	Int	商品类型	ORDER_ITEM	直接映射
ODS_TRADE_ORDER_ITEM_D	ITEM_CODE	商品Code	String	商品Code	ORDER_ITEM	直接映射
ODS_TRADE_ORDER_ITEM_D	ITEM_NAME	商品名称	String	商品名称	ORDER_ITEM	直接映射
ODS_TRADE_ORDER_ITEM_D	ITEM_NUM	商品数量	Int	商品数量	ORDER_ITEM	直接映射
ODS_TRADE_ORDER_ITEM_D	SKU_KEY	规格Key	String	用于标识唯一商品	ORDER_ITEM	直接映射
ODS_TRADE_ORDER_ITEM_D	SKU_ID	规格ID	Bigint	规格ID	ORDER_ITEM	直接映射
ODS_TRADE_ORDER_ITEM_D	SKU_DESC	规格描述	String	规格描述	ORDER_ITEM	直接映射
ODS_TRADE_ORDER_ITEM_D	ITEM_PRICE	商品单价	Decimal(10,2)	商品单价	ORDER_ITEM	直接映射
ODS_TRADE_ORDER_ITEM_D	ITEM_DISCOUNTED_PRICE	优惠后商品单价	Decimal(10,2)	优惠后商品单价	ORDER_ITEM	直接映射
ODS_TRADE_ORDER_ITEM_D	SUBTOTAL_AMOUNT	金额小计	Decimal(10,2)	金额小计	ORDER_ITEM	直接映射

续表

表名	字段英文名	字段中文名	数据类型	备注	源表	映射方式
ODS_TRADE_ORDER_ITEM_D	ACTUAL_SUBTOTAL_AMOUNT	优惠后商品小计	Decimal(10,2)	优惠后商品小计	ORDER_ITEM	直接映射
ODS_TRADE_ORDER_ITEM_D	IS_NOT_CONDITION	是否无理由退货	Int	是否无理由退货	ORDER_ITEM	直接映射
ODS_TRADE_ORDER_ITEM_D	IS_DISCOUNT	是否参与优惠	Int	是否参与优惠	ORDER_ITEM	直接映射
ODS_TRADE_ORDER_ITEM_D	CREATE_TIME	创建时间	String	创建时间	ORDER_ITEM	直接映射

交易模块主要记录用户买了什么商品，表 3-5 详细记录了一个订单的各种信息，包括用户的信息、商品各种维度的信息、优惠的信息、发货的信息等，这些数据都需要同步到 ODS 层，后期如果涉及相关指标的开发，就不用再次建模。针对电商产品主路径这个案例，会用到的字段如下。

（1）MEMBER_ID：用户 ID，用于记录用户是谁。

（2）ITEM_ID：商品 ID，用于记录用户购买的商品。

（3）CREATE_TIME：记录下单时间。

（4）SUBTOTAL_AMOUNT：记录下单金额。

3.3.2　DWD 层/DWS 层模型设计

DWD 层数据的粒度和 ODS 层数据是一样的，都属于明细数据。不过 DWD 层会结合 DIM 层的数据做一次轻度汇总。DIM 层中存放的是一个一个的维度数据，比如电商产品存储在 DIM 层的客户端信息如表 3-6 所示。

表 3-6　存储在 DIM 层的客户端信息

目标表信息（DIM_USER_CLIENT）			
序号	字段英文名	字段中文名	字段类型
1	CLIENT_CODE	客户端代码	String
2	CLIENT_NAME	客户端名称	String

续表

目标表信息（DIM_USER_CLIENT）			
序号	字段英文名	字段中文名	字段类型
3	CREATE_PERSON	创建人	String
4	CREATE_TIME	创建时间	String
5	UPDATE_PERSON	修改人	String
6	UPDATE_TIME	修改时间	String
7	DR	逻辑删除标志	Int

ODS层只会存储客户端代码，而DWD层则会关联DIM层的维度表，把客户端的名称也存储下来。针对电商产品主路径案例中的访问首页用户数、访问商品列表页用户数、访问商品详情页用户数这几个数据指标，DWD层就合并了DIM层的来源渠道名称，比如CLIENT_NAME（客户端名称）、REGIST_CHANNEL_NAME（平台名称）、BANNER_NAME（坑位名称）等维度的明细信息。详细设计如表3-7所示。

表3-7 访问相关指标的DWD层模型设计

表名	字段英文名	字段中文名	数据类型	备注	源表	映射方式	映射描述
DWD_LOG_VIEW_PAGE_DI	ONE_ID	统一ID	String		ODS_LOG_PAGE_VIEW_D	其他	默认-1
DWD_LOG_VIEW_PAGE_DI	USER_ID	用户ID	String		ODS_LOG_PAGE_VIEW_D	直接映射	
DWD_LOG_VIEW_PAGE_DI	VISITOR_TYPE	访问者类型	Int	0访客，1用户	ODS_LOG_PAGE_VIEW_D	数据转换	
DWD_LOG_VIEW_PAGE_DI	OS	终端操作系统	String		ODS_LOG_PAGE_VIEW_D	直接映射	
DWD_LOG_VIEW_PAGE_DI	OS_VERSION	终端操作系统的具体版本号	String		ODS_LOG_PAGE_VIEW_D	直接映射	
DWD_LOG_VIEW_PAGE_DI	SCREEN_HEIGHT	屏幕的物理高度	Int		ODS_LOG_PAGE_VIEW_D	直接映射	

续表

表名	字段英文名	字段中文名	数据类型	备注	源表	映射方式	映射描述
DWD_LOG_VIEW_PAGE_DI	SCREEN_WIDTH	屏幕的物理宽度	Int		ODS_LOG_PAGE_VIEW_D	直接映射	
DWD_LOG_VIEW_PAGE_DI	BROWSER	访问该系统当前浏览器的名字	String		ODS_LOG_PAGE_VIEW_D	直接映射	
DWD_LOG_VIEW_PAGE_DI	BROWSER_VERSION	当前浏览器版本	String		ODS_LOG_PAGE_VIEW_D	直接映射	
DWD_LOG_VIEW_PAGE_DI	USER_AGENT	用户代理	String		ODS_LOG_PAGE_VIEW_D	直接映射	
DWD_LOG_VIEW_PAGE_DI	SDK_LIB	当前埋点采用的SDK的类型	String		ODS_LOG_PAGE_VIEW_D	直接映射	
DWD_LOG_VIEW_PAGE_DI	LIB_VERSION	当前SDK的版本号	String		ODS_LOG_PAGE_VIEW_D	直接映射	
DWD_LOG_VIEW_PAGE_DI	IP	当前用户的公网IP	String		ODS_LOG_PAGE_VIEW_D	直接映射	
DWD_LOG_VIEW_PAGE_DI	COUNTRY	当前用户所在国家	String		ODS_LOG_PAGE_VIEW_D	直接映射	COUNTRY字段
DWD_LOG_VIEW_PAGE_DI	PROVINCE_CODE	省份代码	String		ODS_LOG_PAGE_VIEW_D	数据转换	
DWD_LOG_VIEW_PAGE_DI	PROVINCE_NAME	省份名称	String		ODS_LOG_PAGE_VIEW_D	直接映射	PROVINCE字段
DWD_LOG_VIEW_PAGE_DI	CITY_CODE	城市代码	String		ODS_LOG_PAGE_VIEW_D	数据转换	
DWD_LOG_VIEW_PAGE_DI	CITY_NAME	城市名称	String		ODS_LOG_PAGE_VIEW_D	直接映射	CITY字段
DWD_LOG_VIEW_PAGE_DI	SERVER_TIME	事件发送到服务端处理后的时间	Bigint		ODS_LOG_PAGE_VIEW_D	直接映射	
DWD_LOG_VIEW_PAGE_DI	CLIENT_TIME	事件发生时客户端时间	Bigint		ODS_LOG_PAGE_VIEW_D	直接映射	

续表

表名	字段英文名	字段中文名	数据类型	备注	源表	映射方式	映射描述
DWD_LOG_VIEW_PAGE_DI	TRAFFIC_SOURCE_ID	流量来源ID	String		ODS_LOG_PAGE_VIEW_D	直接映射	
DWD_LOG_VIEW_PAGE_DI	REGIST_CHANNEL_ID	来源渠道ID	String		DIM_REGIST_CHANNEL	其他	VI.TRAFFIC_SOURCE_ID = REG.channel_num
DWD_LOG_VIEW_PAGE_DI	REGIST_CHANNEL_NAME	来源渠道名称	String		DIM_REGIST_CHANNEL	其他	
DWD_LOG_VIEW_PAGE_DI	DISTINCT_ID	唯一标识	String		ODS_LOG_PAGE_VIEW_D	直接映射	
DWD_LOG_VIEW_PAGE_DI	PAGE_NAME	页面名称	String		ODS_LOG_PAGE_VIEW_D	直接映射	
DWD_LOG_VIEW_PAGE_DI	VIEW_DUR	页面浏览时长	Bigint		ODS_LOG_PAGE_VIEW_D	直接映射	
DWD_LOG_VIEW_PAGE_DI	URL_PATH	URL 地址	String		ODS_LOG_PAGE_VIEW_D	直接映射	
DWD_LOG_VIEW_PAGE_DI	RFRR_URL	前向 URL	String		ODS_LOG_PAGE_VIEW_D	直接映射	
DWD_LOG_VIEW_PAGE_DI	PLATFMT_CODE	所在平台代码	String		ODS_LOG_PAGE_VIEW_D	直接映射	
DWD_LOG_VIEW_PAGE_DI	PLATFMT_NAME	平台名称	String		DIM_FLATFORM_CHANNEL	其他	VI.PLATFMT_CODE = PLT.channel_id
DWD_LOG_VIEW_PAGE_DI	CLIENT_CODE	客户端代码	String		ODS_LOG_PAGE_VIEW_D	直接映射	
DWD_LOG_VIEW_PAGE_DI	CLIENT_NAME	客户端名称	String		DIM_USER_CLIENT	其他	VI.CLIENT_CODE = CLI.client_code

续表

表名	字段英文名	字段中文名	数据类型	备注	源表	映射方式	映射描述
DWD_LOG_VIEW_PAGE_DI	BUSS_ARGS	业务信息	String		ODS_LOG_PAGE_VIEW_D	直接映射	
DWD_LOG_VIEW_PAGE_DI	EVENT_TYPE	事件类型	String		ODS_LOG_PAGE_VIEW_D	直接映射	
DWD_LOG_VIEW_PAGE_DI	LONGITUDE	用户当前所在的地理位置经度	String		ODS_LOG_PAGE_VIEW_D	直接映射	
DWD_LOG_VIEW_PAGE_DI	LATITUDE	用户当前所在的地理位置纬度	String		ODS_LOG_PAGE_VIEW_D	直接映射	
DWD_LOG_VIEW_PAGE_DI	IS_FST_DAY	是否首日访问	Int	1：是，0：否	ODS_LOG_PAGE_VIEW_D	直接映射	
DWD_LOG_VIEW_PAGE_DI	IS_FST_TIME	是否首次访问	Int	1：是，0：否	ODS_LOG_PAGE_VIEW_D	直接映射	
DWD_LOG_VIEW_PAGE_DI	PHONE	手机号码	String		ODS_LOG_PAGE_VIEW_D	直接映射	
DWD_LOG_VIEW_PAGE_DI	BANNER_ID	坑位 ID	String		ODS_LOG_PAGE_VIEW_D	直接映射	
DWD_LOG_VIEW_PAGE_DI	BANNER_NAME	坑位名称	String		DIM_FLUX_BANNER_INFO.TITLE	直接映射	ON BANNER_ID = BANNER_ID
DWD_LOG_VIEW_PAGE_DI	DS	统计日期	Bigint		ODS_LOG_PAGE_VIEW_D	直接映射	

同样，针对电商产品主路径案例中的收藏用户数、加购用户数、下单用户数、支付用户数这几个数据指标，DWD 层也会基于 DIM 层与 ODS 层的数据做轻度汇总，加入用户名称、省份名称、城市名称、商品名称、类目名称、品牌名称、店铺名称等信息。详细设计如表 3-8 所示。

表 3-8 与交易相关的 DWD 层模型设计

表名	字段英文名	字段中文名	数据类型	备注	源表	映射方式	映射描述
DWD_TRADE_ORDER_PAID_DI	ONE_ID	统一 ID	String		ODS_TRADE_ORDR_D	直接映射	
DWD_TRADE_ORDER_PAID_DI	ORDER_ID	订单 ID	String		ODS_TRADE_ORDR_D	直接映射	
DWD_TRADE_ORDER_PAID_DI	ORDER_STATUS	订单状态	String		ODS_TRADE_ORDR_D	直接映射	
DWD_TRADE_ORDER_PAID_DI	CHANNEL_ID	渠道 ID	Bigint		ODS_TRADE_ORDR_D	直接映射	
DWD_TRADE_ORDER_PAID_DI	CHANNEL_NAME	渠道名称	String		ODS_TRADE_ORDR_D	直接映射	
DWD_TRADE_ORDER_PAID_DI	SELLER_ID	商户 ID	Bigint		ODS_TRADE_ORDR_D	直接映射	
DWD_TRADE_ORDER_PAID_DI	SELLER_NAME	商户名称	String		ODS_TRADE_ORDR_D	直接映射	
DWD_TRADE_ORDER_PAID_DI	SHOP_ID	店铺 ID	Bigint		ODS_TRADE_ORDR_D	直接映射	
DWD_TRADE_ORDER_PAID_DI	SHOP_NAME	店铺名称	String		ODS_TRADE_ORDR_D	直接映射	
DWD_TRADE_ORDER_PAID_DI	USER_ID	用户 ID	STRING		ODS_TRADE_ORDR_D	直接映射	
DWD_TRADE_ORDER_PAID_DI	REAL_NAME	会员姓名	String		DIM_MC_MEMBER_INFO	直接映射	
DWD_TRADE_ORDER_PAID_DI	GENDER	性别	Bigint	1 男 2 女 3 保密	DIM_MC_MEMBER_INFO	直接映射	
DWD_TRADE_ORDER_PAID_DI	REGIST_CHANNEL_ID	注册渠道编码	String		DWD_LOG_USER_RGST_DI	其他	MEMBER_ID = USER_ID
DWD_TRADE_ORDER_PAID_DI	REGIST_CHANNEL_NAME	注册渠道名称	STRING String		DWD_LOG_USER_RGST_DI	直接映射	

续表

表名	字段英文名	字段中文名	数据类型	备注	源表	映射方式	映射描述
DWD_TRADE_ORDER_PAID_DI	ITEM_ID	商品ID	Bigint		ODS_TRADE_ORDER_ITEM_D	直接映射	
DWD_TRADE_ORDER_PAID_DI	ITEM_NAME	商品名称	String		ODS_TRADE_ORDER_ITEM_D	直接映射	
DWD_TRADE_ORDER_PAID_DI	ITEM_PRICE	商品单价	Decimal(10,2)		ODS_TRADE_ORDER_ITEM_D	直接映射	
DWD_TRADE_ORDER_PAID_DI	ITEM_NUM	商品数量	Bigint		ODS_TRADE_ORDER_ITEM_D	直接映射	
DWD_TRADE_ORDER_PAID_DI	SUBTOTAL_AMOUNT	金额小计	Decimal(10,2)		ODS_TRADE_ORDER_ITEM_D	直接映射	
DWD_TRADE_ORDER_PAID_DI	SKU_ID	规格ID	Bigint		ODS_TRADE_ORDER_ITEM_D	直接映射	
DWD_TRADE_ORDER_PAID_DI	SKU_DESC	规格描述	String		ODS_TRADE_ORDER_ITEM_D	直接映射	
DWD_TRADE_ORDER_PAID_DI	BRAND_ID	品牌ID	Bigint		ODS_TRADE_ORDER_ITEM_D	直接映射	
DWD_TRADE_ORDER_PAID_DI	BRAND_NAME	品牌名称	String		DIM_IT_BRAND	其他	BRAND_ID = BRAND_ID
DWD_TRADE_ORDER_PAID_DI	CATALOG_ID	类目ID	Bigint		ODS_TRADE_ORDER_ITEM_D	直接映射	
DWD_TRADE_ORDER_PAID_DI	CATALOG_NAME	类目名称	String		DIM_CATALOG_INFO	其他	CATALOG_ID = CATALOG_ID
DWD_TRADE_ORDER_PAID_DI	TRANSACTION_TYPE	交易类型	Bigint		ODS_TRADE_ORDR_D	直接映射	
DWD_TRADE_ORDER_PAID_DI	CREATE_TIME	下单时间	String		ODS_TRADE_ORDR_D	直接映射	

续表

表名	字段英文名	字段中文名	数据类型	备注	源表	映射方式	映射描述
DWD_TRADE_ORDER_PAID_DI	CREATE_AMT	下单金额	Decimal(16,2)		ODS_TRADE_ORDR_D	直接映射	
DWD_TRADE_ORDER_PAID_DI	PAID_TIME	付款时间	String		ODS_TRADE_ORDR_D	直接映射	
DWD_TRADE_ORDER_PAID_DI	PAID_AMT	支付金额	Decimal(16,2)		ODS_TRADE_ORDR_D	直接映射	
DWD_TRADE_ORDER_PAID_DI	COMMISSION_AMT	佣金	Decimal(10,2)	佣金	ODS_TRADE_ORDR_D	直接映射	
DWD_TRADE_ORDER_PAID_DI	PAID_METHOD	支付方式	String		ODS_TRADE_ORDR_D	直接映射	
DWD_TRADE_ORDER_PAID_DI	ORDER_NO	订单号	String	订单号	ODS_TRADE_ORDR_D	直接映射	
DWD_TRADE_ORDER_PAID_DI	REAL_FREIGHT_AMOUNT	实付运费金额	Decimal(10,2)	实付运费金额	ODS_TRADE_ORDR_D	直接映射	
DWD_TRADE_ORDER_PAID_DI	ITEM_AMOUNT	商品总金额	Decimal(10,2)	商品总金额	ODS_TRADE_ORDR_D	直接映射	
DWD_TRADE_ORDER_PAID_DI	CLIENT_CODE	客户端代码	String	客户端代码	ODS_TRADE_ORDER_ITEM_D.SOURCETYPE.CLIENT	其他	
DWD_TRADE_ORDER_PAID_DI	CLIENT_NAME	客户端名称	String	客户端名称	DIM_USER_CLIENT.CLIENT_NAME	其他	CLIENT = DIM_USER_CLIENT.CLIENT_CODE

DWS层采用分主题面向服务形式的设计,针对DWD层的数据做了进一步汇总,比如电商产品主路径案例涉及用户主题下的相关数据指标,则DWS层的表说明如表3-9所示。

表3-9 DWS层表说明

主题域	类型	表英文名	表中文名	存储系统	备注	修改记录
用户	DWS	DWS_USER_TYPE_CUST_1D	客户数汇总-客户数类型粒度-天	Hive	按天分区	

针对电商产品主路径案例的相关指标功能的DWS层详细设计如表3-10所示,这里已经分日期、平台、客户端记录了每天的访问首页用户数、访问商品详情页用户数、下单用户数、支付用户数等。DWS层将这些数据以竖表的形式存储,通过一条记录就可以查出本案例中的所有指标的数据,这样的设计比较节约存储资源。

表3-10 DWS层详细设计

表名	字段英文名	字段中文名	数据类型	备注	源表	映射描述
DWS_USER_TYPE_CUST_1D	DS	日期	Bigint			直接映射
DWS_USER_TYPE_CUST_1D	CHANNEL_ID	渠道ID	Int			直接映射
DWS_USER_TYPE_CUST_1D	CHANNEL_NAME	渠道名称	String			直接映射
DWS_USER_TYPE_CUST_1D	CLIENT_CODE	客户端ID	Int			直接映射
DWS_USER_TYPE_CUST_1D	CLIENT_NAME	客户端名称	String			直接映射

续表

表名	字段英文名	字段中文名	数据类型	备注	源表	映射描述
DWS_USER_TYPE_CUST_1D	CUST_DATA_TYPE	客户数类型	Int	1：访问首页用户数 2：浏览商品用户数 3：收藏用户数 4：试款用户数 5：领券用户数 6：加购用户数 7：下单用户数 8：支付用户数 9：分享用户数 10：退货用户数 11：提交结算用户数 12：完成订单用户数 13：有效订单用户数 14：复购用户数 15：访问首页用户数 16：访问商品列表页用户数	DWD_LOG_VIEW_PAGE_DI、 DWD_LOG_VIEW_ITEM_DI、 DWD_ITEM_COLLECT_DI、 DWD_ITEM_SHOPCART_DI、 DWD_LOG_BUTTON_CLICK_DI、 DWD_TRADE_ORDER_PAID_DI、 DWD_TRADE_ORDER_FLOW_DI、 DWD_TRADE_FYTORDER_DI、	数据转换
DWS_USER_TYPE_CUST_1D	CUST_CNT_1D	最近一天客户数	Bigint			计数

3.3.3 ADS层模型设计

最后我们再看一下 ADS 层模型设计。ADS 层是面向应用的，其基于 DWS 层的汇总数据做最终的计算。ADS 层会基于功能需求汇总数据，后端开发工程师只要通过接口的形式提取相应的数据进行展示即可。针对电商产品主路径案例，我们需要每天、每个客户端的访问首页用户数、访问商品列表页用户数、访问商品详情页用户数、收藏用户数、加购用户数、下单用户数、支付用户数等数据指标，ADS 层的表结构基本和该案例所需数据结构相同，详细设计如表 3-11 所示。

表 3-11 ADS 层的详细设计

表名	字段英文名	字段中文名	数据类型	备注	源表	映射描述
ADS_USER_ACTIVE_1D	DS	统计日期	Bigint	格式为 yyyymmdd	DWS_USER_TYPE_CUST_1D	直接映射
ADS_USER_ACTIVE_1D	CHANNEL_ID	渠道 ID	Int		DWS_USER_TYPE_CUST_1D	直接映射
ADS_USER_ACTIVE_1D	CHANNEL_NAME	渠道名称	String		DWS_USER_TYPE_CUST_1D	直接映射
ADS_USER_ACTIVE_1D	VISIT_CUST_CNT	访问用户数	Bigint		DWS_USER_TYPE_CUST_1D	直接映射
ADS_USER_ACTIVE_1D	VISIT_ITEM_CUST_CNT	访问商品详情页用户数	Bigint		DWS_USER_TYPE_CUST_1D	直接映射
ADS_USER_ACTIVE_1D	COLLECT_ITEM_CUST_CNT	收藏用户数	Bigint		DWS_USER_TYPE_CUST_1D	直接映射
ADS_USER_ACTIVE_1D	CLAIM_COUPON_CUST_CNT	领券用户数	Bigint		DWS_USER_TYPE_CUST_1D	直接映射
ADS_USER_ACTIVE_1D	SHOPCART_CUST_CNT	加购用户数	Bigint		DWS_USER_TYPE_CUST_1D	直接映射
ADS_USER_ACTIVE_1D	ORDER_CUST_CNT	下单用户数	Bigint		DWS_USER_TYPE_CUST_1D	直接映射
ADS_USER_ACTIVE_1D	PAID_ORDER_CUST_CNT	支付用户数	Bigint		DWS_USER_TYPE_CUST_1D	直接映射
ADS_USER_ACTIVE_1D	SHARE_CUST_CNT	分享用户数	Bigint		DWS_USER_TYPE_CUST_1D	直接映射
ADS_USER_ACTIVE_1D	COMMIT_ORDER_CUST_CNT	下单用户数	Bigint		DWS_USER_TYPE_CUST_1D	直接映射
ADS_USER_ACTIVE_1D	ETL_TIME	处理时间	String		from_unixtime(unix_timestamp(),'yyyy-mmdd hh:mm:ss')	数据转换
ADS_USER_ACTIVE_1D	VISIT_HOMEPAGE_CUST_CNT	访问首页用户数	Bigint		DWS_USER_TYPE_CUST_1D	直接映射

续表

表名	字段英文名	字段中文名	数据类型	备注	源表	映射描述
ADS_USER_ACTIVE_1D	VISIT_ITEM_LIST_CUST_CNT	访问商品列表页用户数	Bigint		DWS_USER_TYPE_CUST_1D	
ADS_USER_ACTIVE_1D	CLIENT_CODE	客户端代码	String			
ADS_USER_ACTIVE_1D	CLIENT_NAME	客户端名称	String			

3.4 数据计算实战案例

上一节针对电商产品主路径案例完成数据的分层建模。分层建模的目的是存储数据，那么如何将业务数据库中的数据汇总并存储到一层一层的模型中呢？数据开发工程师需要完成两项工作。第一是完成每个数据指标计算逻辑的开发，包括从 ODS 层汇总数据到 DWD 层的计算逻辑、从 DWD 层汇总数据到 DWS 层的计算逻辑、从 DWS 层汇总数据到 ADS 层的计算逻辑。第二是配置调度任务，也就是配置写好的计算任务脚本在什么时候执行、每个任务之间的依赖关系是怎么样的。

本节主要通过电商产品主路径案例介绍数据开发最核心的内容：数据指标的计算。读完本节，你可以站在数据开发者的角度更加深入地了解数据中台。

3.4.1 从 ODS 层到 DWD 层计算过程

访问用户数是用户行为数据，前文已经介绍过用户访问行为的相关数据会存储在日志文件中，数据开发工程师通过数据同步工具将用户行为数据同步到数据仓库的 ODS 层，存储在 ODS_LOG_PAGE_VIEW_D 表中。ODS 层存储的数据是原始数据，接下来是将 ODS 层的原始数据与 DIM 层的维度信息进行轻度汇总，将数据汇总在 DWD 层 DWD_LOG_VIEW_PAGE_DI 表中。本节介绍从 ODS 层抽取数据到 DWD 层的过程。

（1）对 Spark 进行配置。Spark Application 的运行单元是 Task，资源分配单元是 Executor。整个 Application 的并行度是"Executor 的数量 × Task 的数量"，在生产环境中最常用的部署模式就是 ON YARN 和 Standalone 两种模式。我们需要设置任务的名称、运行模式、执行器的数量、所有执行器的总核数、每个执行器的内存，具体配置的核心代码如下。

```
spark {
    spark.app.name = "xxx"                  //设置任务名称
    spark.master = "yarn-cluster"           //设置运行模式
    spark.executor.instances = 3            //设置 Executor 的个数
    spark.executor.cores = 1                //所有 Executor 的总核数
    spark.executor.memory = "2048m"         //每个 Executor 的内存,默认是 1GB
}
```

spark.executor.instances 用于设置 Application 的 Executor 数量，该选项的默认值是 3。

spark.executor.cores 用于设置每个 Executor 使用的 CPU 资源。在 ON YARN 模式下，其值默认是 1，而在 Standalone 模式下，其是 Worker 节点上所有可用的 CPU 的资源，显然在实际生产环境中，这样做也不合理，因此需要设置 spark.executor.cores 的配置项，用于设置在 Standalone 模式下每个 Executor 使用的 CPU 核数。

spark.executor.memory 可以指定每个 Executor 的内存，默认是 1GB。

（2）配置数据源的信息，也就是"从哪里提取数据"。访问首页用户数、访问商品列表页用户数、访问商品详情页用户数等数据先要从 ODS_LOG_PAGE_VIEW_D 表（即 ODS 层用来存放用户访问明细数据的表）中提取。对于电商产品主路径案例来说，还需要分客户端去查看这些数据指标，而客户端的数据存储在维度表 DIM_USER_CLIENT 中，所以还要通过 ODS 层存放的客户端代码从 DIM_USER_CLIENT 表中提取到客户端名称。具体配置如下。

```
input {
    hdfs {
        format = "parquet"//存储方式为列式存储
        path = "hdfs:///xxx/ods_page_view_log.parquet/ds=${ds}*"
        table_name = "ods_log_page_view_d"
```

```
    }//从hdfs中提取ODS层的ODS_LOG_PAGE_VIEW_D表的访问日志数据
    hive {
      table_name = "dim_user_client"
      pre_sql = "select * from dtplatform.dim_user_client"
  }//要从客户端的维度计算访问用户数，所以要提取DIM层的DIM_USER_CLIENT表中的
客户端的数据
}
```

（3）配置核心的计算逻辑，要从用户访问明细数据表 ODS_LOG_PAGE_VIEW_D 中，提取 DISTINCT_ID（唯一 ID）、USER_ID（用户 ID）、PHONE（手机号）、CLIENT_CODE（客户端代码）、CLIENT_NAME（客户端名称）、PAGE_NAME（页面名称）、VIEW_TIME（访问时间）等这些计算指标相关字段，核心代码如下。

```
filter {
  sql {
    select
        distinct_id              //COOKIEID，未登录用户以DISTINCT_ID去重
        user_id                  //登录用户的用户ID
        client_code              //客户端代码
        client_name              //客户端名称
        phone                    //登录用户的手机号
        event_type               //事件类型，浏览为0，点击为1
        page_name                //页面名称
        view_time                //访问时间
    from
        ods_log_page_view_d      //从ODS层提取数据
        left join                //关联DIM层中的客户端维度表
    dim_user_client
    on
    ods_log_page_view_d.client_code = dim_user_client.client_code//通
过 ODS_LOG_PAGE_VIEW_D 表的 CLIENT_CODE 字段关联 DIM_USER_CLIENT 表的
CLIENT_CODE字段
  }
```

（4）完成数据输出表的相关配置。我们要将计算好的数据汇总到 DWD 层的表 DWD_LOG_VIEW_PAGE_DI 中。具体配置如下。

```
output {
  hive {
    raw.param.spark.sql.crossjoin.enabled = true//是否支持Join的操作
    raw.param.hive.exec.dynamic.partition = true//Hive支持动态分区
    raw.param.hive.exec.dynamic.partition.mode = "nonstrict"
                        //非严格的动态分区方式
    table = "dwd_log_view_page_di"
                        //将数据输出到DWD层的DWD_LOG_VIEW_PAGE_DI表中
    partition_by = "ds" //通过日期分割数据
  }
```

3.4.2 从DWD层到DWS层计算过程

（1）配置Spark。可以基于实际项目情况完成配置，该案例的具体配置如下。

```
spark {
    spark.app.name = "dws_user_type_cust_1d"    //设置任务名称
    spark.master = "yarn-cluster"               //设置运行模式
    spark.executor.instances = 2                //设置Executor的个数
    spark.executor.cores = 1                    //所有Executor总核数
    spark.executor.memory = "512m"              //设置每个Executor的内存
}
```

（2）配置数据源的信息，也就是"从哪里取数据"。从DWD层到DWS层进行数据指标的计算，要以DWD层的表DWD_LOG_VIEW_PAGE_DI经过轻度汇总的数据为基础，具体配置如下。

```
input {
  hive {
    table_name = "dwd_log_view_page_di"         //设置数据源表名
    pre_sql = "select * from dwd_log_view_page_di where ds=${date}"
    }
  }
```

（3）配置核心的计算逻辑。DWS层需要以DWD层的表DWD_LOG_VIEW_PAGE_DI中的数据为基础计算出相关数据指标，比如要以CLIENT_CODE（客户端代码）、CLIENT_NAME（客户端名称）和时间为维度，计算页面名称为"Home"（主页）的用户数是多少。核心计算代码如下。

```
filter {
  sql {
    table_name = "dwd_log_view_page_di" //DWD层的表名
WITH  all_uv AS
(
  select
    client_code,                        //客户端代码
    client_name,                        //客户端名称
    count(distinct case when page_name = 'home' then distinct_id end)
    as cust_cnt_home,                   //提取访问"Home"页面的用户数
from
    dwd_log_view_page_di.table
                    //从DWD层的DWD_LOG_VIEW_PAGE_DI表中提取数据
where
    ds = ${date}
group by
    client_code, client_name           //以客户端代码和名称分组统计
}
```

（4）完成数据输出表的相关配置，需要将计算好的数据汇总到 DWS 层的表 **DWS_USER_TYPE_CUST_1D** 中。核心代码如下。

```
output {
  hive {
raw.param.spark.sql.crossjoin.enabled = true//是否支持Join的操作
    raw.param.hive.exec.dynamic.partition = true//Hive支持动态分区
raw.param.hive.exec.dynamic.partition.mode = "nonstrict"//设置非严格的
动态分区方式
table = "dws_user_type_cust_1d"//将数据输出到 DWD 层的 DWS_USER_TYPE_
CUST_1D 表中
    partition_by = "ds"//通过日期分割数据
  }
```

3.4.3 从 DWS 层到 ADS 层计算过程

（1）配置 Spark，可以基于实际项目情况完成配置，具体配置如下。

```
spark {
    spark.app.name = "xx"                    //设置任务名称
    spark.master = "yarn-cluster"            //设置运行模式
    spark.executor.instances = 2             //设置 Executor 的个数
    spark.executor.cores = 1                 //所有 Executor 总共的核数
    spark.executor.memory = "512m"           //每个 Executor 的内存，默认是 1GB
}
```

（2）配置数据源的信息，也就是"从哪里取数据"。从 DWS 层到 ADS 层要完成数据指标最终显示结果的计算，要以 DWS 层的表 DWS_USER_TYPE_CUST_1D 中汇总好的数据为基础，具体配置如下。

```
input {
  hive {
     table_name = "dws_user_type_cust_1d"
            //输入的数据源为 DWS 层的表 DWS_USER_TYPE_CUST_1D 中汇总的数据
     pre_sql = "select * from dws_user_type_cust_1d where ds=${ds}"
    }
}
```

（3）配置核心的计算逻辑。ADS 层要以 DWS 层的表 DWS_USER_TYPE_CUST_1D 中的数据为基础计算出相关数据指标，要以日期、CLIENT_ID（客户端代码）、CLIENT_NAME（客户端名称）为维度汇总计算好所有的数据指标，包括访问首页用户数、访问商品详情页用户数等。核心计算代码如下。

```
filter {
  sql {
    table_name = "dws_user_type_cust_1d"
select
        ds                                   //日期
        client_id  as client_id,             //客户端 ID
        client_name  as client_name,         //客户端名称
        max(case when cust_data_type = 1 then cust_cnt_1d else 0 end)  as
visit_cust_cnt ,                             //计算好的访问首页用户数
```

```
      max(case when cust_data_type = 2 then cust_cnt_1d else 0 end)   as
visit_item_cust_cnt                    //计算好的访问商品详情页用户数
from
    dws_user_type_cust_1d//从 DWS 层的 DWS_USER_TYPE_CUST_1D 表中提取数据
group by
       client_id  ,
       client_name,
  }
}
```

（4）完成数据输出表的相关配置，需要将计算好的数据汇总到 ADS 层的表 ADS_USER_ACTIVE_1D 中。ADS 层的数据是面向应用的，一般存储在关系型数据库（如 MySQL 等）中。核心代码如下。

```
output {
  mysql {
    url =     "jdbc:mysql://xx/xx"        //将数据输出到 MySQL 数据库
    table_name = "ads_user_active_1d"     //设置 ADS 层的表名
    user = "xx"                           //链接 MySQL 数据库的账号
    password = "xx"                       //链接 MySQL 数据库的密码
    save_mode = "append"                  //存储方式为增量
  }
}
```

第4章

数据打通

数据中台有一项很重要的工作是打通企业数据。本章主要介绍如何通过标签平台打通产品线的用户行为数据和用户业务数据，以及如何通过标签平台打通产品线之间的数据。企业只有打通各条产品线的数据，才能消除企业内部的数据孤岛，释放数据的所有价值。

4.1 标签平台设计思路

亚马逊公司的创始人 Jeff Bezos 曾说过他的梦想："如果我有一百万个用户，我就会做一百万个不同的网站！"现在的大型电商公司如亚马逊、淘宝等已经实现了他的这个梦想，就是我们常说的电商网站的"千人千面"。实现"千人千面"效果的底层技术就是用户个性化推荐系统。

电商网站实现"千人千面"的基础是给用户打标签。给用户打标签的最主要原因就是让我们更加了解我们的用户，弄清楚他是谁、他在哪里、他用的什么设备、他用了我们的什么服务、他的使用习惯是什么、他的偏好是什么。当我们更加了解用户时，才有可能知道他的需求，才会知道应该向他推荐什么样的商品，用户购买推荐商品的概率才会更高一些。

那么什么样的公司适合建设标签平台呢？一些小的创业公司是不适合的。现在的产品/运营人员经常提用户画像、用户标签，其实搭建一个真正实用的标签平台是一个非常浩大的工程，它需要投入很多的开发资源，仅仅其中一个标签体系的建立工作都需要多个角色（数据开发工程师、数据挖掘工程师、前端开发工程师、后端开发工程师、产品经理、模型设计师）参与，加上需求调研时间，最少也得花费 2~3 个月。项目后期的一些比较复杂的功能如标签圈选、人群画像等，实现起来也是相当大的工程。总而言之，建立标签平台需要投入很大的工作量，还要投入很多资源，前期也不能很快得到回报，是一个研发成本较高的功能。所以笔者建议创业公司、成立初期的小型公司、用户量较少的公司最好别做标签平台，当公司有了一定规模，有了一定的用户数量，有了一定的数据积累时，再投入资源做标签平台也是不晚的。

当公司有了一定的用户基础、数据积累，发展到适合搭建标签平台的阶段时，一定处于多条产品线、多种角色、数据分散度很高的状况。那么如何统一多条产品线的标签呢？例如笔者所在的公司，就有多条产品线，想要打通服装批发产业的上下游，运营业务包括服装生产端的打版服务、线上的销售平台，以及供应链服务平台等，在搭建标签平台时就遇到了如下挑战。

（1）每个系统都会产生大量的用户数据，如何自动化地给这些用户打上标签？

（2）打版服务、电商服务、供应链服务的客户群体是完全不同的，如何给这些不同的角色都打上标签？

（3）作为电商产品，只有用户标签是不够的。商品作为电商系统十分重要的部分，也需要分门别类地打上各种各样的标签。那么我们怎么区分用户标签和商品标签呢？

（4）公司所有的产品线运营都会使用一个 CRM 系统，所有客户都会先进入 CRM 系统作为潜客（即潜在用户），潜客完成转化后再成为各个业务系统的会员，统一进入业务系统。这就带来一个问题：怎么区分潜客和注册用户呢？

针对第一个问题，如何基于各条产品线的数据自动化地给各条产品线的用户都打上标签。公司每条产品线都有自己的专属编码，用户注册后，会统一进入用户中心，同时都会打上注册平台的标识，从而基于注册渠道编码做一层区分。后来我们发现这样做无法解决一个用户同时使用两个平台服务的问题，因为用户中心的数据是基于手机号去重的，如果只提取某个平台的用户数据，就无法给使用多个平台服务的用户（比如同时使用我们的电商产品和我们的物流产品的用户）同时打上标签。在这种情况下，我们加大每条产品线打标签的用户范围，举个例子，比如电商产品的用户是指注册平台为电商产品或用户的注册平台为非电商产品但是又登录了电商产品的用户。这样当我们查看用户的标签时，就可以看到这些用户同时拥有两条产品线的标签。至于每条产品线的数据怎么实现标签化，解决思路是实现标签的可配置化，每条产品线的产品/运营人员都可以在他们的产品线下建立各种各样的标签，来丰富用户的信息。

针对第二个问题，如何给不同的用户角色打上标签。首先针对不同的客户群体，我们做了一层抽象化处理，本质上他们都是人，可以统一称为需求端和供应端。比如电商产品的采购商为需求端，供应商为供应端；使用快递物流服务的商户（需要发快递或者物流的人）我们称之为需求端，快递物流的提供方如顺丰、德邦等我们称之为供应端；打版产品的设计师为需求端，生产衣服的工厂为供应端。这样就完成了一次抽象化处理。接下来要做的就是让各条产品线的运营人员来确定：他们的产品线到底有哪些角色，怎么给产品线的人打上角色的标签？这样也同时倒逼公司内部的产品线统一划分目标用户的标准。很多公司都有这种情况：每个人都大概知道自己的目标用户的大致样子，但是当描述目标用户的样子时，彼此又完全不同。这就是因为大家没有一套统一的标准。比如对于电商产品，我们就让运营人员制定了一套标准。电商产品线的目标用户包括一批采购商、二批采购商、普通终端门店、C端消费者等，可以把目标用户的类型做进一步描述，比如根据用户的拿货价位、开店数量等维度进行描述。基于收集到的用户信息，系统会自动给这些采购商打上一个身份标识的标签。当将各种角色抽象成一个人时，埋点的数据也能用上了，这些埋点收集到用户潜在的信息，如地理位置、设备信息等，都可以作为基础属性放在标签体系中。

针对第三个问题，如何区分用户标签和商品标签。在生成标签时，我们预先定义了用户标签、商品标签，每个标签都要选择一个类型。商品标签和用户标签类似，也有一些基础属性，如颜色、尺码、面料等属性，这些基础属性我们称之为"基础标签"。用户的基础标签可以直接从用户属性字段和埋点数据中取得，商品的基础标签直接从商品的属性字段中取得。

针对第四个问题，如何区分潜客和注册会员。我们可以增加一个标签"是否是潜客"。在 CRM 系统中录入的用户，且不在业务中台或者业务系统的用户中心的用户都可以当成潜客处理。CRM 系统针对潜客有一套类型区分，是一个漏斗形的区分体系，如图 4-1 所示，包括销售线索、商机鉴别、商务谈判、签约下单等类型。这些潜客的类型可以从 CRM 系统中直接同步过来，就可以针对潜客打上状态标签。

CRM系统潜客类型

- 销售线索
- 商机鉴别
- 商务谈判
- 签约下单

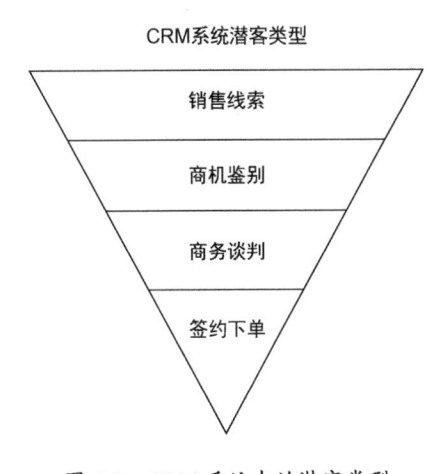

图 4-1　CRM 系统中的潜客类型

4.2　标签平台快速入门

本节介绍如何从 0 到 1 打造一个标签平台。该过程主要包括数据宽表的准备、标签工厂的建立、标签体系的生成以及如何通过标签体系圈选目标人群等步骤。

4.2.1　标签平台主流程介绍

基于以上的思路，标签平台的建设目标也比较清晰了，具体如下。

（1）数据中台的标签平台需要能够为多条产品线、多种角色打标签。

（2）一个用户如果在多条产品线中产生了行为数据，都要通过标签记录下来，且标签可以被看到。

（3）公司内每条产品线都可以定义自己产品线的个性化标签，但产品线之间互不受影响。

（4）标签平台不但能给注册用户打标签，还能给潜客打标签。

基于这四个目标，我们的标签平台规划了以下这四个功能。

（1）数据宽表功能。用来存储用户、商品等所有的指标。

（2）标签体系功能。将各条产品线共用的标签和非共用的标签，按照统一的层级结构组织起来。

（3）标签工厂功能。可以基于规则选择指标生成标签。

（4）人群圈选功能。通过不同标签组合形成人群。该功能一般与推送、营销系统对接。

从标签的生成到人群的圈选，整个流程如图 4-2 所示。

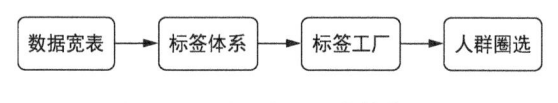

数据宽表 → 标签体系 → 标签工厂 → 人群圈选

图 4-2　标签平台的功能搭建流程

4.2.2　数据宽表

搭建标签平台的第一步是制作数据宽表。我们以电商产品为例，对于电商产品来说，需要制作采购商宽表、供应商宽表、商品宽表。宽表其实就是单个用户（采购商或供应商）的商品的所有指标以及基础信息的合集。制作宽表的主要目的就是尽量把所有的指标都汇聚到一张表中，这样生成标签时可以统一利用宽表的数据。

比如电商产品用户的宽表就包含用户的基础信息、行为信息、业务信息等。用户的基础信息包括用户的手机号、平台信息等。用户的行为信息包括用户的设备信息（如终端、运营商）、地理位置（如所在国家、省份、城市）等通过埋点得到的信息。用户的业务信息包括用户的 R（最近一次支付天数）、F（支付频次）、M（累计支付金额）属性等信息。用户宽表的例子如表 4-1 所示。

表 4-1 用户宽表的例子

平台名称	手机号	国家	省份	城市	运营商	终端	R（最近一次支付天数）	F（支付频次）	M（累计支付金额）	……
产品线1	138x	中国	xx	xx	移动	安卓	12	16	5673元	
产品线1	138x	中国	xx	xx	联通	iOS	9	7	721元	
产品线1	138x	中国	xx	xx	移动	安卓	8	3	64元	
产品线1	138x	中国	xx	xx	联通	iOS	1	22	8999元	
产品线1	138x	中国	xx	xx	移动	安卓	12	16	5673元	
产品线1	138x	中国	xx	xx	联通	iOS	9	7	721元	
产品线1	138x	中国	xx	xx	移动	安卓	8	3	64元	
产品线1	138x	中国	xx	xx	联通	iOS	1	22	8999元	

在电商产品中，商品的宽表包括商品的基础信息和业务信息。商品的基础信息包含商品名称、上架状态、价格、店铺、品牌等信息。商品的业务信息包括商品的下单金额、支付金额、加购金额、加购次数、销售热度等业务指标。商品宽表的例子如表 4-2 所示。

表 4-2 商品宽表例子

商品名称	上架状态	面料	价格	风格	店铺	品牌	销售热度	……
商品1	上架	xx	56元	甜美	xx	xx	7884	
商品2	上架	xx	78元	甜美	xx	xx	674	
商品3	上架	xx	77元	甜美	xx	xx	889	
商品4	上架	xx	169元	甜美	xx	xx	622	
商品5	上架	xx	56元	甜美	xx	xx	7884	
商品6	上架	xx	78元	甜美	xx	xx	674	
商品7	上架	xx	77元	甜美	xx	xx	889	
商品8	上架	xx	169元	甜美	xx	xx	622	

4.2.3 标签体系

有了数据宽表，接下来就可以创建标签体系，后续可以将标签工厂制作的标签归入标签体系。为什么要建立标签体系呢？一方面是让公司所有的产品线都用一个标签体系，这样采用统一的标准，可以大大降低沟通成本；另一方面是通过这个标签体系可以全局查看公司都用哪些标签、哪些用户用了哪些服务、某个用户都有哪些角色，这个也是数据中台打通公司数据的一个体现。

标签体系的基础标签例子如表 4-3 所示。

表 4-3 标签体系的基础标签例子

一级标签	二级标签	三级标签	四级标签	标签规则	标签类型
基础信息	平台信息	平台类型	产品线 A		事实标签
			产品线 B		事实标签
			产品线 C		事实标签
			产品线 D		事实标签
			产品线 E		事实标签
			产品线 F		事实标签
			……		事实标签
	用户类型	采购端	角色 A		事实标签
			角色 B		事实标签
		供应端	角色 A		事实标签
	潜客	是否潜客	是	只存在于 CRM 库中	事实标签
			已入库	同时存在于业务库中和 CRM 库中	事实标签
		潜客类型	销售线索		模型标签
			商机鉴别		模型标签
			商务谈判		模型标签
			签约下单		模型标签
	地理位置	国家	中国		事实标签
			美国		事实标签
		省市	广东省		事实标签
			北京市		事实标签
			……		事实标签

续表

一级标签	二级标签	三级标签	四级标签	标签规则	标签类型
基础信息	设备信息	城市	广州		事实标签
			深圳		事实标签
			……		事实标签
		运营商	电信		事实标签
			移动		事实标签
			联通		事实标签
			未知		事实标签
		终端类型	安卓		事实标签
			iOS		事实标签
			Windows		事实标签
			未知		事实标签
		浏览器版本	IE		事实标签
			Google		事实标签
			……		事实标签

标签体系一般是多层结构的，一般来说四层结构就可以基本满足一个公司的标签体系的搭建。每条产品线的第一级标签一般由数据中台管理，这样全公司上下就有一个统一的标准。如果由各条产品线自己定义一级标签，没有统一的标准，就会令标签体系变得混乱。

我们拿电商产品的用户端的标签举个例子。无论用户是需求端还是供应端，用户首先是一个人，那么我们就可以抽取出来关于人的基础信息，包括如下。

（1）平台信息：用过哪条产品线的服务就会打上哪个平台的标签。

（2）用户类型：是需求端还是供应端？如果是需求端，是什么样的角色；如果是供应端，是什么样的角色。

（3）潜客：是否是潜客。如果是潜客，目前的类型是什么。

（4）地理位置：通过埋点采集到的信息，包括用户所在的城市、省份等。

（5）设备信息：通过埋点采集到的用户使用的设备信息，包括浏览器的版本、设备版本、系统版本等。

有了以上信息就大致知道用户的基本身份、在哪里、用的是什么设备、用了我们什么服务。

接下来是设计各条产品线的业务标签。第一级标签一般也是由数据中台提前定义好的，比如笔者公司有电商产品线、打版产品线、供应链产品线，那么第一级标签就是电商服务、打版服务、供应链服务。

接下来就可以由各条产品线自己定义专属的业务标签，例子如表4-4所示。

表4-4 标签体系的业务标签例子

一级标签	二级标签	三级标签	四级标签	标签规则	标签类型
产品线A	用户价值	距上次支付天数（R）	R<15		模型标签
			15≤R≤45		模型标签
			R>45		模型标签
			空值		模型标签
		支付次数（F）	F>2		模型标签
			F=2		模型标签
			F=1		模型标签
			F=0		模型标签
		支付金额（M）元	M<2000		模型标签
			2000≤M≤6000		模型标签
			M>6000		模型标签
			空值		模型标签
产品线B	用户价值	距上次支付天数（R）	R<15		模型标签
			15≤R≤45		模型标签
			R>45		模型标签
			空值		模型标签
		支付次数（F）	F>2		模型标签
			F=2		模型标签
			F=1		模型标签
			F=0		模型标签

续表

一级标签	二级标签	三级标签	四级标签	标签规则	标签类型
产品线C	用户价值	支付金额（M）元	M<2000		模型标签
			2000≤M≤6000		模型标签
			M>6000		模型标签
			空值		模型标签
		距上次支付天数（R）	R<15		模型标签
			15≤R≤45		模型标签
			R>45		模型标签
			空值		模型标签
		支付次数（F）	F>2		模型标签
			F=2		模型标签
			F=1		模型标签
			F=0		模型标签
		支付金额（M）元	M<2000		模型标签
			2000≤M≤6000		模型标签
			M>6000		模型标签
			空值		模型标签

参考表 4-4 所示的案例，每条产品线可以基于自己用户的特点定制属于自己产品线的 RFM 标签。标签的第一层是产品线的名称。第二层是标签的定位，因为 RFM 是基于用户价值来给用户打标签的，所以标签称为用户价值。第三层是更详细定义的标签，如 RFM 分为距离上次支付天数（R）、支付次数（F）、支付金额（M）。标签的最后一层就是打在用户上的标签，比如产品线 A 中的"R<15"这个标签，如果用户宽表中的"距离上次支付天数（R）"这个指标满足"R<15"这个条件，就会给用户打上这个标签。

4.2.4　标签工厂

本节介绍一下标签体系中的标签是怎么生成的。生成标签的功能，我们定义其为"标签工厂"，具体如图 4-3 所示。

图 4-3 标签工厂

生成标签的步骤如下。

（1）选择平台。平台给标签划分了一个大类，同时也可以解决权限问题。因为在这里提前选择了平台，当产品线 A 的运营人员查看自己产品线的标签时，就不能看见产品线 B 的标签。

（2）选择维度。标签是属于用户维度还是属于商品维度？维度进一步对标签做了分类，同时也决定生成标签时的数据源的选择，也就是上文讲到的宽表的选择。

（3）选择一级标签和二级标签。把新的标签归入标签体系，这样所有的标签都可以在我们标签体系中看到。

（4）定义标签。比如我们要给产品线 A 的新用户打上标签，新用户是根据他的注册天数这个指标来定义的，我们就可以用这条规则来选择应该给哪些用户打上新用户的标签。

（5）设定标签的计算规则。可以选择用户宽表或者商品宽表的指标进行等于、大于、小于等简单的运算。

完成了以上步骤，一个标签就生成了。在标签生成后，在标签体系中就可以看到定义过的标签。

4.2.5 人群圈选

一般来说，做营销活动会针对特定的人群，而人群其实就是标签的组合。本小节介绍标签平台的人群圈选功能。人群圈选分为三种方式：第一种是基于用户属性客观标签的人群圈选；第二种是基于用户行为的人群圈选；第三种是基于用户主观标签的圈选。

首先看一下基于用户客观标签的人群圈选。比如我们要针对广州市的新用户做一个派发优惠券活动刺激用户下单，在派发完优惠券后可以做一个触达任务，告诉用户来领券。在这个案例中，位于广州市的新用户就是由两个标签组成的一个用户群体。

（1）在标签工厂定义好"广州市的用户"这个标签，也就是说用户的所在城市是广州。

（2）定义"新用户"标签，比如定义注册 7 天内的用户为新用户。

（3）做一个"且"操作，圈选城市为广州且注册时间在 7 天内的用户，如图 4-4 所示。用户圈选功能支持"且""或"等简单操作。

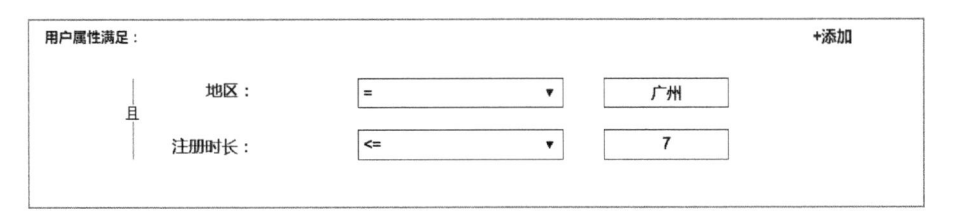

图 4-4 用户客观标签圈选

（4）需要选择计算频率，是只计算一次还是每天计算一次。计算频率可以根据活动的流程来选择。如果这个活动需要的人群圈选规则比较固定，比如活动针对所有广州市注册的新用户每天都发一个短信提醒用户领取优惠券，那么我们可以选择每天计算一次。如果我们的推送平台能够支持通过定时任务的方式针对这批用户人群发送触达任务，那么这场活动的整个流程就能够完全做到自动化，这个知识点会在本书第 10 章"自动化营销平台"中详细讲解。如果选择只计算一次，那么这个计算任务就只会执行一次，这个人群在计算一次后就固定了，选择这种方式便于追踪活动的效果，比如 7 天前圈出一批人做了一场活动，7 天后就可以提取出这批人的数据，看下这批人的各项指标的变化情况。

其次看第二种，基于用户行为的人群圈选，这种方式要结合埋点的数据。用户的行为分为浏览和点击，我们可以基于每天收集到的埋点数据去重，计算出当天有哪些页面被浏览、哪些按钮被点击。举个电商产品的例子，电商产品的关键页面主要有首页、商品列表页、商品详情页、加购页、下单页、支付页等，关键的按钮主要有收藏、加购、下单、支付等。因为埋点数据是分端采集的，那么基于用户行为的圈选也可以分端筛选出浏览和点击事件。比如我们要做一个基于 H5 页面的营销活动，在这个活动中，我们要实时监控访问 H5 页面的人都有哪些、H5 页面上的关键按钮有哪些人点击。这种活动一般都比较短暂，所以对时效性的要求比较高，我们可以准实时地圈出访问该活动页、点击加购按钮却没有下单的人并做触达任务。

在上面的案例中，第一个条件是访问了 H5 页面的人，第二个条件是点击了加购按钮的人，第三个条件是没有下单的人。这三个条件之间是"且"的关系。这样我们就圈出了参加这个活动、加购了商品但是没有下单的人，具体如图 4-5 所示。

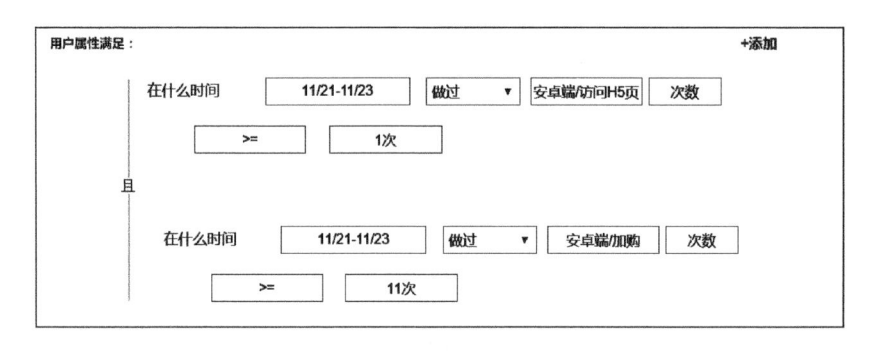

图 4-5 用户行为圈选案例

以上两种圈选方式可以结合使用以圈出目标用户，比如我们要圈出性别为男、累计花销为 3000 元或 3000 元以上、在 2019 年 11 月 21 日至 11 月 23 日登录并且点击过某个按钮的用户。这个案例有三个条件。第一，用户是男性。第二，用户消费金额大于或等于 3000 元。前两个条件都属于客观标签。第三，2019 年 11 月 21 日至 11 月 23 日登录并点击过某个按钮的用户。可以基于用户的行为数据圈出满足第三个条件的用户。三个条件之间属于"且"的关系，具体怎么圈选，如图 4-6 所示。

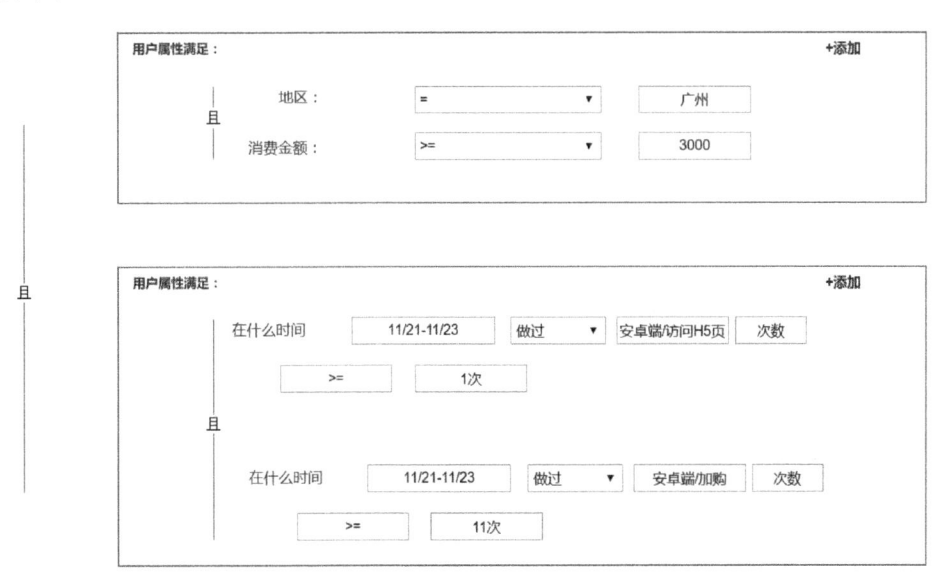

图 4-6　基于客观标签与用户行为结合圈选

接着看第三种，基于主观标签的圈选。这个功能一般提供给运营人员或者一线销售人员使用，当他们做电话回访或者上门拜访得到的一些关键信息时，都可以用标签的形式记录到这个用户身上。运营人员一般会有大批量操作用户或者商品的情况，比如派发优惠券时可以基于标签去发而不用一个一个用户去选择，这样就可以给要发优惠券的用户打上一个主观标签，在发券系统中选择这个主观标签来实现发券。

基于主观标签的圈选主要有两个功能。其一，可以任意选择单个用户打上主观人群标签，这个功能一般要对外提供接口，对接其他一线业务人员使用的业务系统，让他们通过接口直接到数据中台的标签平台上打标签。其二，针对大批量用户，可以通过导入手机号的方式批量给用户打上主观人群标签，具体如图 4-7 所示。

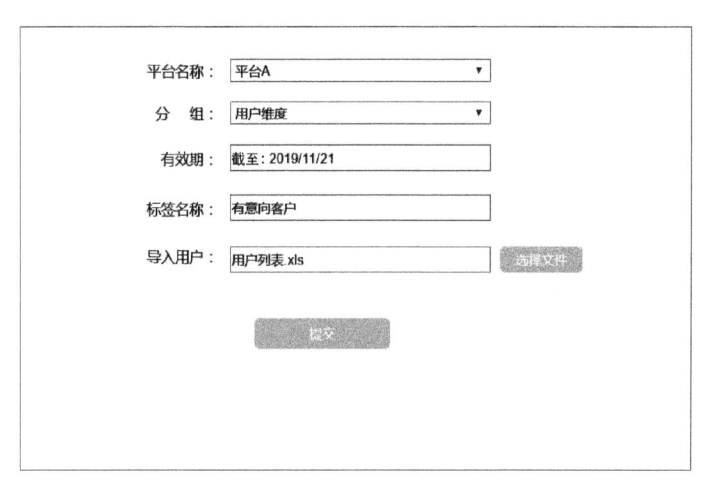

```
平台名称：  平台A
分    组：  用户维度
有 效 期：  截至：2019/11/21
标签名称：  有意向客户
导入用户：  用户列表.xls        选择文件

              提交
```

图 4-7　基于主观标签的用户圈选

无论通过以上三种人群圈选方式的哪一种，都可以圈出来一批人。我们可以查看每个用户人群每天计算出的用户数量，也可以查看具体的用户有哪些、标签是否有效、标签是否停用等信息，如表 4-5 所示。人群圈选的功能一般要和其他平台对接，提供如下三个接口。

（1）通过群组名称查看用户或者商品列表。

（2）通过单个用户或者商品查询所属人群。

（3）主观的标签一般要对外提供打标签、删标签等接口。

表 4-5　用户圈选人群列表

用户群名称	用户群人数	计算时间	是否停用	标签类型	有效期至	操作
产品线 A 的新用户	4677	2019/11/21 00:00:00	是	客观标签	2019/12/21 00:00:00	编辑、查看画像、查看用户
登录过 App 的用户	333	2019/11/21 00:00:00	否	客观标签	2019/12/21 00:00:00	编辑、查看画像、查看用户

最后我们看一下标签有效性的问题。基于主观标签、客观标签圈出来的人群，随着时间的增加，会产生越来越多的标签，会显得十分混乱，另外也增加很多存储成本。有些标签可能是多年前打上的，到现在已经没有任何用处。举个例子，笔者公司常用到的一类标签是"复购意向高的用户"，比如半年前我们圈出了这批用户，那么这个标签就打在了这批用户的身上，但经过半年后，说不定这个用户已经流失，或者现在已经不是复购意向高的用户了，我们就要想办法对以前打的旧标签进行处理。笔者在这里提供如下三种方案。

第一种方案是在新建标签时增加一个有效性的属性，这就需要新增一个定时计算任务，每天检查用户标签的有效性。如果在检查时这个标签还有效，那么就打上有效的标识；反之，就打上无效的标识。产品前端在进行数据展示时只展示有效的标签。这个方案的问题是无法判定主观标签的有效性，因为主观标签是没有什么规则的。

第二种方案是给每个标签增加一个属性：是否停用。当产品/运营人员觉得这个标签没用时就设置该属性为停用。展示用户标签时仅显示未停用的标签，不显示停用的标签。这样，产品/运营人员看到的都是自己觉得有效的标签。这个方案的问题就是增加了产品/运营人员的工作量，当后期有很多标签时，工作量会比较大。

第三种方案是在运营人员创建人群时，选择一个有效期，比如45天，则这个标签在经过45天后就会自动失效，产品前端只展示未失效的标签。这种方式对于数据量比较大的公司来说是有必要的，比如一些大型互联网公司，每天都有几十万人甚至几百万人使用他们的标签平台进行人群圈选，那么每天就会产生大量的数据，如果设定了标签的有效期，就会减少大量的计算和存储成本。

4.3 用户画像

在标签平台搭建完成后，就可以做用户画像相关的应用。用户画像可以全方位地展示用户的所有信息。用户画像分为个人用户画像和群体用户画像。个人用户画像的作用是帮助客服人员、销售人员或者运营人员全方面透视单个用户的信息；群体用户画像的作用是通过透视用户群的信息来挖掘用户群的特征，主要用在用户研究层面。

4.3.1 个人用户画像

个人用户画像需要汇聚用户所有信息，通过对用户全方位地信息透视，可以让我们更加了解用户，这样才能通过更加合适的手段令用户产生购买行为。个人用户画像示例如图 4-8 所示。

图 4-8　个人用户画像示例

第一部分是用户的基础信息，包括这个用户是谁、在哪里、用了什么设备等。

第二部分是用户的关键指标比如电商产品用户的加购信息、收藏信息、领券信息、下单信息等。这部分信息可以给出用户的明细数据，比如什么时候加购、加购了几件商品、加购了哪些商品等，当然信息越详细越好。

第三部分是用户标签信息。用户标签分为主观标签和客观标签，可以分产品线展示每条产品线的标签。如果一个用户用了产品线 A 同时又用产品线 B，那么我们可以一眼看出，用户在产品线 A 和产品线 B 都有标签。如果用户只用了产品线 A，那么在产品线 B 的功能区域就看不见产品线 A 的标签。这样就可以快速查看用户用了公司的哪些服务。

第四部分是用户的访问路径信息，这里用到埋点数据，可以把采集到用户的埋点信息以会话的形式做一个拆分，按照时间轴的方式显示。通过时间轴可以清晰看到，用户在什么时候产生了什么行为。用户行为数据主要包括浏览和点击，可以把用户浏览的明细数据也输出。比如用户浏览了商品详情页，明细数据可以输出用户浏览了哪个商品的商品详情页；比如用户点击了加购按钮，明细数据可以输出用户针对哪个商品产生的加购动作。数据越细，运营人员使用起来就越方便。

第五部分是用户的偏好信息。这里可以展示很多内容，比如可以根据推荐算法算出用户偏好的品类、未来可能买的单品。还可以基于埋点数据看出用户的访问偏好，比如用户总是在哪个时间段过来使用我们的产品。还可以显示用户搜索的内容都有哪些，对关键字做一层汇总，通过关键字也可以推测出用户的偏好。

4.3.2 群体用户画像

本小节介绍标签平台的群体用户画像功能。群体用户画像的作用是通过数据挖掘群体的特征，当知道各条产品线有哪几类的用户时，运营目标才会更加清晰。举一个例子，比如我们经常看到的朋友圈广告，不同的人看到的广告是不同的，也就是广告的千人千面。在这里笔者可以大概讲一下原理，假如一个做汽车内容平台的公司要在微信朋友圈投放一个奔驰新车的广告，他们应该怎么投放广告的呢？首先会利用自己平台的数据圈出有奔驰车的人群或者经常浏览奔驰车广告的人群，然后基于这个人群的其他特征设计广告的内容，然后在腾讯的广告平台上提交这批用户和广告内容，最后腾讯就会在这批用户的朋友圈中显示该公司的广告。同样道理，同一家公司在微信朋友圈投放广告，可以让一部分用户看到的是奔驰、宝马等名车广告，让另一部分用户看到档次相对较低的汽车广告。这是典型的群体用户画像的作用。公司通过群体用户画像，可以定期对自己的用户群体做研究，输出数据报告，然后根据用户的特点再做更精准的运营。

利用标签平台的用户圈选功能将用户圈出来，可以基于用户群的基础信息做一个透视，就形成群体用户画像。可以从用户类型（如采购商、供应商、未知身份等）、性别、年龄、设备信息（iOS端、安卓端、Windows端）、地理位置（省份、城市）等基础信息做一个透视。这样你就大概知道这群用户是什么类型、哪些类型的用户所占的比重比较高、他们使用什么设备、哪些设备占的比重更高、在哪里使用本公司的服务等。具体界面案例如图4-9所示。

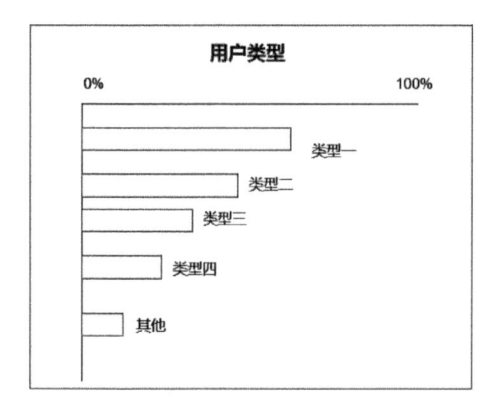

排名	省份	占比
1	省份一	28%
2	省份二	19%
3	省份三	12%
4	省份四	12%
5	省份五	7%
6	省份六	6%
7	省份七	5%
8	省份八	7%
9	省份九	6%
10	省份十	5%

排名	城市	占比
1	城市一	28%
2	城市二	19%
3	城市三	12%
4	城市四	12%
5	城市无	7%
6	城市六	6%
7	城市七	5%
8	城市八	7%
9	城市九	6%
10	城市十	5%

图 4-9　群体用户画像功能

通过群体用户画像功能，还可以选择两个人群，做对比分析。可以通过标签如性别、年龄段、城市等级的三维交叉细分，借助算法模型，找到目标人群的典型特征。典型特征是指在一定占比基础上，和基准人群相比，TGI（Target Group Index，即目标群体指数）最高的特征，具体如图4-10所示。

某平台用户年龄TGI示意图

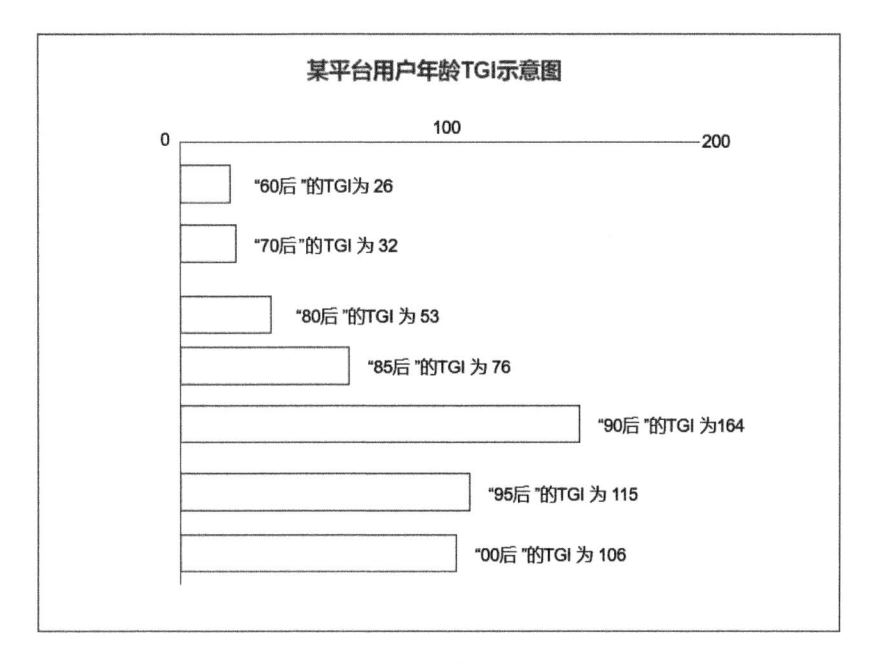

- "60后"的TGI为26
- "70后"的TGI为32
- "80后"的TGI为53
- "85后"的TGI为76
- "90后"的TGI为164
- "95后"的TGI为115
- "00后"的TGI为106

图 4-10 群体画像的对比分析

注意，TGI即"目标群体中具有某一特征的群体所占比例/总体中具有相同特征的群体所占比例×100"。比如将某地区 15～24 岁的人群作为目标群体，将去电影网站 A 看电影作为相同特征，若该地区 15～24 岁的人群中，有 8.9% 的人曾经去电影网站 A 看过电影，而在该地区总体人群中，有 6.6% 的人曾经去电影网站 A 看过电影，则电影网站 A 在 15～24 岁人群中的 TGI 为 134.8（即 8.9%/6.6%×100），其数值越大，就表明目标群体吻合度就越高。

4.4 标签平台实战案例

接下来我们以运营人员经常用到的 RFM 模型为例来介绍一下标签平台该怎么使用。

我们之前在表 4-4 中简单提到 RFM 模型，此处详细说明下：R（Recency），即用户最近一次交易时间的间隔，R 值越高，表示客户交易发生的日期越久，反之则交易发生的日期越近；F（Frequency），即用户在一段时间内交易的次数，F 值越高，表示客户交易越频繁，反之则表示客户交易不够活跃；M（Monetary），即用户在一段时间内交易的金额，M值越高，表示客户价值越高，反之则表示客户价值越低。

如表4-6所示，可以根据这些数据指标将用户分成8类。公司的资源是有限的，因此一定要倾斜更多的资源给高价值的用户，一定要先满足他们的需求，再考虑其他用户。低价值的用户不要占用公司太多的资源。差异化运营就体现于此。

表4-6 基于RFM的用户分群

类型	R（越低越好）	F（越高越好）	M（越高越好）	运营策略
重要价值用户	低	高	高	保持现状
重要保持用户	高	高	高	最近未购买，需要做触达，以防流失
重要发展用户	低	低	高	挖掘用户特征，提高购买率
重要挽留用户	高	低	高	潜在有价值客户，需要重点挽留
潜力用户	低	高	低	有潜力发展成优质客户，消费升级
新用户	低	低	低	新客，有推广价值
一般维持用户	高	低	低	流失召回
流失用户	高	高	低	放弃治疗

RFM模型基于用户的消费频次、金额、距离上次消费的天数将用户分为8类。比如我们可以定义"重要价值客户"满足以下条件：R<10天（最近一次消费距离今天小于10天）、F>5次（消费频次大于5次）、M>20000元（累计消费金额大于20000元）。因为每条产品线的重要价值用户需要满足的条件是不一样的，所以要通过数据分析才能确定最终的阈值（划分的标准一般采用二八原则或者均值原则）。

那怎么圈选出每个平台的重要价值用户呢？其实你会发现设置这些条件有一定规律：R是用户的一个指标，最近一次消费距离今天的天数，这个是可以计算的，"R<10天"属于一个标签，有很多用户会满足这个条件，假设重要价值用户的条件是"R<10天且F>5次且M>20000元"，这属于人群的概念。

（1）首先要准备数据源。将R、F、M三个指标计算好并存入宽表中，这个工作可以交给数据开发工程师来完成，以后每新增一个用户的指标，都要存入宽表中。这里可以增加一个申请的流程，运营人员每次想增加新的标签时都需要提交标签的业务口径，产品经理梳理好业务口径和技术口径后，数据开发工程师基于技术口径来计算指标。用户宽表中的 R、F、M 指标示例如表 4-7 所示。

表 4-7 用户宽表中的 R、F、M 指标示例

手机号	注册渠道	省份	城市	操作系统	R	F	M
138xxx	官网	上海	上海	安卓	5	6	3453
138xxx	公众号	广东	广州	iOS	15	10	44

（2）接着要生成"R<10 天"等标签。考虑到每条产品线的 RFM 标签都不一样，需要做成可以配置的模式。

第一步，选择平台，选择所属标签体系中的一级标签产品线 A 和二级标签产品价值，三级标签可以自定义名称，比如"距离上一次访问天数"。

第二步，选择宽表中的字段 R，选完字段后可以进行一些常规的运算。标签平台的运算符支持简单的大于、小于、等于、不等于这些操作。重要价值客户需要的标签是"R<10 天"，这样就完成了标签的生成。点击"确定"按钮，你就会发现标签体系多了一个标签"产品线 A→用户价值→R（距离上一次访问天数）→R<10 天"，如图 4-11 所示。

（3）生成标签后，标签平台就会启动底层的计算逻辑。用户属性的标签一般采用离线计算方式，每天晚上计算一次。每天晚上系统会找到符合该条件的用户，并打上"R<10 天"的标签，这样在统计人数时，只需查询有多少人有"R<10 天"这个标签，即可得到数据。

（4）仅仅有"R<10 天"标签还不够，需要几个标签的组合才能筛选出重要价值客户，这时就用到了人群圈选功能。按照同样的流程配置出"F>5 次""M>20000 元"这两个标签，就可以进入标签平台人群圈选模块，选择平台和维度。维度包括用户、商品供应商。R、F、M 都是针对用户的指标，所以我们选择用户维度。接下来就可以选择标签体系中的"R<10 天"这个标签，人群圈选支持简单的"且"运算与"或"运算。重要价值客户的表达式是"R<10 天且 F>5 次且 M>20000 元"，通过这个表达式可以设置我们的人群圈选条件，如图 4-12 所示。

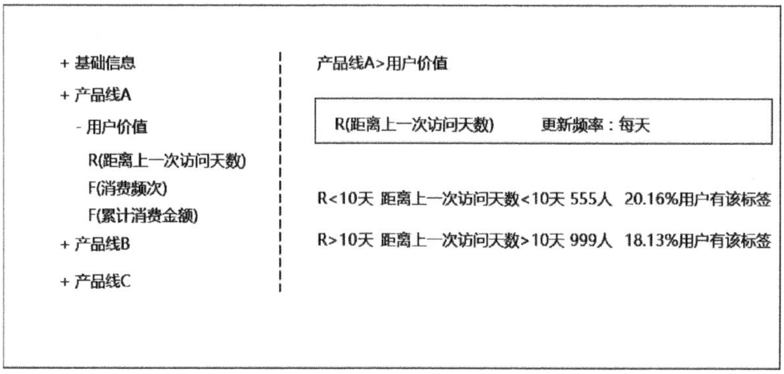

```
+ 基础信息                    产品线A>用户价值
+ 产品线A
  - 用户价值                  R(距离上一次访问天数)    更新频率：每天
    R(距离上一次访问天数)
    F(消费频次)               R<10天  距离上一次访问天数<10天  555人  20.16%用户有该标签
    F(累计消费金额)
+ 产品线B                     R>10天  距离上一次访问天数>10天  999人  18.13%用户有该标签
+ 产品线C
```

图 4-11　R<10 标签的生成

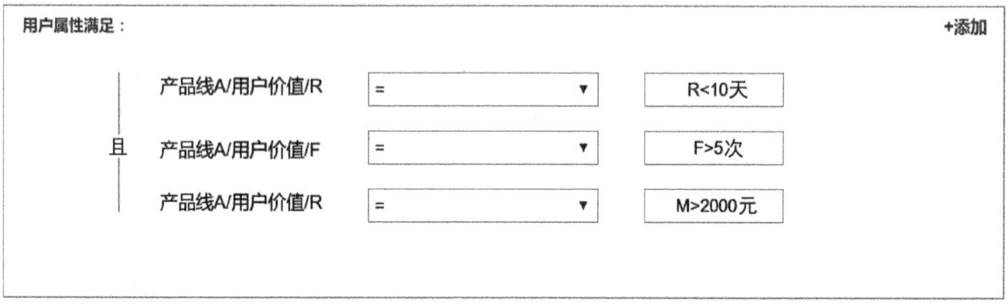

```
用户属性满足：                                                        +添加

      产品线A/用户价值/R      =     ▼      R<10天

  且  产品线A/用户价值/F      =     ▼      F>5次

      产品线A/用户价值/R      =     ▼      M>2000元
```

图 4-12　重要价值客户圈选

标签平台通过标签体系打通了单一产品线的用户行为数据和用户业务数据，同时也打通了各条产品线之间的数据，可以更清晰地看到用户到底在使用公司的哪些服务。

标签平台的用户人群圈选功能一般对接公司内的营销平台。营销活动一般分为三个步骤：圈人、做活动、看效果。标签平台主要承担圈人的功能。自动化营销平台也是公司内部必不可少的一种功能，本书将在后文中介绍如何打造全渠道、自动化运营的营销平台。

第5章

用户分析

本章将讲解互联网产品都会涉及的用户分析模块，通过AARRR（海盗模型）介绍与用户的拉新、活跃、留存、转化、裂变相关的核心数据指标，通过这些核心数据指标的监控让运营人员了解用户，让用户增长更加有效率。本章也会从用户生命周期的角度讲解如何识别新用户、活跃用户、留存用户、流失用户，通过对用户生命周期的分析，你会更加清楚用户当前的状态，这样就更有利于我们采取措施，提升产品的价值。

5.1 用户分析的思路

先介绍一下笔者亲历的数据中台项目的背景。笔者所在公司有三条产品线，每条产品线配备产品负责人和运营负责人。按照人货场的理念，每条产品线的运营人员又分为用户运营人员、商品运营人员、平台运营人员。用户运营人员的主要工作就包括用户的拉新、首单、复购等。用户分析主要解决用户运营人员日常工作的相关需求。

当笔者所在公司的数据中台项目组成立时，公司已经拥有一定的用户数量，用户运营人员每天需要做大量的数据分析工作，比如今天拉新多少人、首单用户有多少、复购用户有多少等。在没有数据中台之前，用户运营人员每天花费大约2~3个小时来处理数据。因此，数据中台的目标就很清晰，所有用户运营人员需要的基础数据都要自动化输出，让产品线运营人员的精力放在数据分析和策略的制定上面。

笔者在第 1 章已经讲过，中台产品的设计讲究通用性，那么用户模块也需要选择一个比较通用的模型来设计功能，尽量使设计出来的功能适用于大部分的产品线。用户模块的功能设计可以参考 AARRR 这个理论，如图 5-1 所示，从用户的拉新（获取）、活跃（激活）、留存、转化（收入）、裂变（推荐）五个方面来设计功能。这个模型是比较抽象和通用的，适用于每个互联网产品，因为每个互联网产品的用户生命周期都会经过这几个过程。

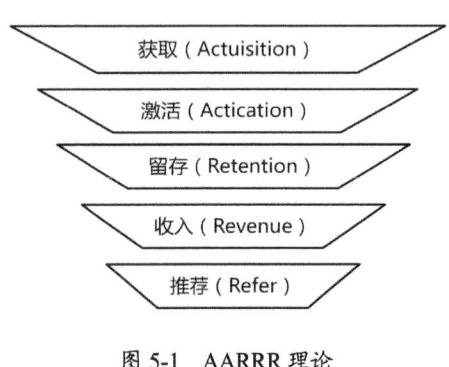

图 5-1　AARRR 理论

5.2　用户拉新分析

用户拉新是用户运营模块中比较重要的一环。产品首先要有用户，才能发挥出价值。本节介绍在用户拉新过程中我们需要关注的一些核心指标。一般来说，用户拉新需要消耗比较高的人力、物力资源，需要精细化运营。通过对这些核心指标的关注，可以让运营人员降低成本，提高效率，找到性价比最高的拉新渠道。

5.2.1　用户拉新渠道注册码管理

渠道的注册量是用户拉新模块比较关注的重点指标。做用户拉新相关数据统计，需要做一个前置工作，就是要规范公司内部各个部门的渠道注册码。每条产品线一般都有对应的负责人去做用户拉新工作，如果每条产品线都有一套自己独立的标准，那么数据中台需要针对每条产品线的拉新统计单独做一套功能。没有统一的标准，数据质量就会出问题，并且浪费开发资源。

我们在做用户拉新这个功能之前，可以对各条产品线做拉新的运营人员做调研，看一下每个部门的渠道注册码是不是管理起来了，如果没有管理起来可以建议业务系统或者业务中台开发渠道注册码管理功能，让公司内部所有部门都用起来，保证渠道注册码的数据都规范地存储在业务中台。

接下来我们看一下实际案例，看看笔者所在公司的电商产品线是怎么做渠道注册码的管理的。这条电商产品线的目标用户是分散在全国各地的服装销售终端门店，需要大量的地推人员做地推工作，介绍电商产品的价值。通过渠道注册码管理，每个部门可以定义本部门的专属渠道注册码，每个渠道注册码都可以绑定相应的负责人，并且可以通过渠道注册码生成包含渠道注册码的专属注册页。这样每个地推人员都可以在注册二维码中添加自己的专属渠道注册码，用户注册时系统就知道其是哪位地推人员拉过来的，这样负责拉新的地推人员的核心绩效数据就可以轻松计算出来，其所属部门的核心 KPI 数据也可以计算出来。当公司内部所有产品线都使用这套渠道注册码管理的功能时，数据中台只需基于渠道注册码管理的功能统计各条产品线以及各个渠道的注册量，就能支持公司所有产品线的拉新统计相关的指标计算。渠道注册码管理的功能如图 5-2 所示，一级渠道一般设置为部门；二级渠道可以设置为拉新渠道的大类如 SEM（搜索引擎营销）、地推等；三级渠道是渠道拉新中更加明细的类别如 SEM 中的百度推广等；公司可以制定一套统一的渠道注册码编码规则；落地页是注册页的地址，需要把渠道注册码以参数的形式附到注册 URL 后面；最后是负责人，通过负责人可以关联负责人所属部门。

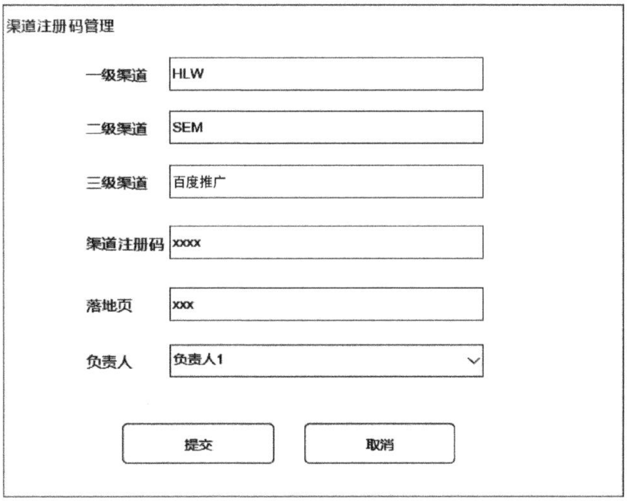

图 5-2 渠道注册码管理功能

5.2.2 用户拉新相关指标

在这个小节中，笔者介绍一下与用户拉新相关的指标。用户拉新的原子指标是注册量，此外可以基于统计的目的增加一些维度，比如对于一线的地推人员来说，需要判断每个渠道注册码的注册量趋势，那就可以加上渠道注册码的维度，就产生了新的衍生指标——每个渠道注册码每天的注册量；拉新工作的负责人要查看所有拉新工作人员的注册趋势，那就需要加上拉新工作人员的维度，这样就产生了新的衍生指标——拉新工作人员每天的注册量；公司领导要查看每个部门的拉新情况，那么就可以通过负责人关联其所属的部门进行统计，这样也产生了新的衍生指标——每个部门每天的注册量。以上所有维度的统计，都能通过渠道注册码管理这个功能解决。基于渠道码的拉新统计功能如图 5-3 所示。

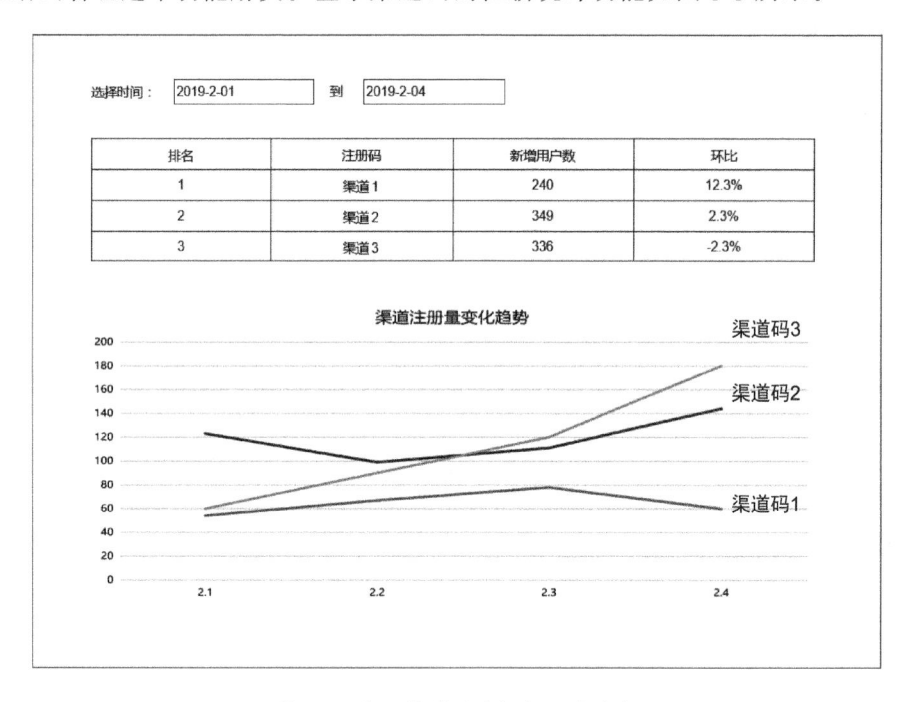

图 5-3 基于渠道码的拉新统计功能

5.2.3 用户拉新页面转化率

注册量是一个虚荣指标，只能起到监控数据的作用，并不能定位问题，因此在开发拉新模块时还需要看下用户注册过程中的注册转化率。注册转化率是考核各条产品线产品经理的关键指标。

注册转化率的计算公式是：注册转化率=注册成功人数/访问注册页的人数。

比如在百度上投放 SEM 广告，每天要花费大量的金钱。在百度上投放关键字广告，如果关键字设置合理，每天都能拉来一批用户，而注册转化率每提高一个百分点，就相当于每天为公司增加很多用户，特别是在大面积投广告的情况下，注册转化率越高，带来的用户就越多。如表 5-1 所示，可以十分清楚地看出来哪个渠道的注册转化率比较高。

表 5-1 注册渠道转化率

注册码	访问人数（人）	注册用户数（人）	注册渠道转化率
渠道注册码 1	14567	4354	29.89%
渠道注册码 2	999	454	45.25%
渠道注册码 3	6787	111	1.64%

产品线产品经理不但需要看注册页面的总的注册转化率，还需要单独看每个渠道注册页面每一步的注册转化率，这样就很快找到注册转化率低的渠道。每个渠道注册页面每一步的注册转化率涉及以下几个指标：访问人数、发送验证码人数、成功接收人数、注册成功人数。这样就可以发现更细节的问题，比如验证码会不会受到网络问题的影响，用户接收不到是不是因为功能层面有 BUG 等，从而进行更精细化的运营，注册转化率功能如图 5-4 所示。

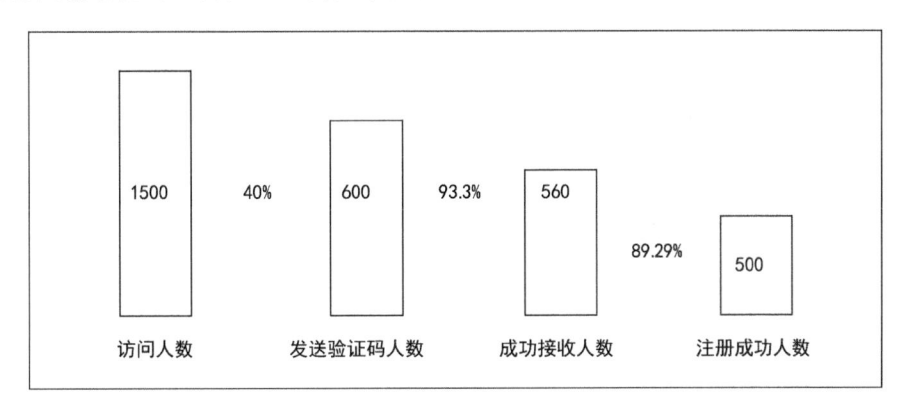

图 5-4 注册转化率

5.2.4 用户拉新 ROI 模型

拉新模块还有一个问题比较关键：我们如何判断一个拉新渠道是否值得投入？换言之，我们如何判断把钱花在这个渠道上值不值。比如地推渠道，需要雇佣大量地推人员做地推工作，就会产生很高的人力成本；还有百度的 SEM 渠道，每投放一次关键字就是一笔不小的开支。如何判断这些渠道是否值得投入，这个问题比较重要。

实际上，某个渠道是否值得投入是可以计算出来的。在我们在进行大范围推广前要进行小规模的灰度测试来证明渠道的可持续性。比如地推人员拉来了一批新用户，就要看下接下来这批用户在平台上实际带来了多少收入，如果周期内带来的收入与周期内地推成本之比是大于 1 的，那么这个渠道就是可持续的。如果两者之比小于 1，一方面可以判断地推人员带来的用户质量是不合格的，另一方面可以采取一些手段，看看能否促进地推人员的拉新质量。如果采取了很多的手段，收入都无法覆盖成本，那就应该果断放弃这条拉新渠道，寻找其他更合适的拉新渠道。同样道理，百度 SEM 渠道的拉新工作，甚至需要做到能统计到投放的关键字性价比的程度，通过关键字周期的拉新成本和拉来用户所带来的收入的比值，来评判投放关键字的性价比。

如图 5-5 所示，假如渠道注册码 1 从 2019 年 2 月 1 日到 2 月 4 日带来的注册用户数为 4354 人，共花费成本约 7900 元（成本数据可以让运营的同事做估算），而这 4354 人在这四天带来的收入总额为 15899 元，那么渠道注册码 1 的 ROI（投资回报率）就是 2.01，也就是说，在这个渠道上投入 1 元钱可以带来大约 2 元钱的收入，再通过收入算出利润，就可以初步判定这个拉新的渠道是否值得长期投入。

选择时间：2019-2-01 到 2019-2-04

注册渠道	注册用户数（人）	收入（元）	成本（元）	ROI
渠道注册码1	4354	15899	7900	2.01
渠道注册码2	454	45656	59000	0.77
渠道注册码3	1111	6667	1500	4.44

图 5-5 注册渠道的 ROI 计算

5.3 用户活跃分析

用户活跃模块中比较通用的指标是日活、周活、月活等，但是这些指标都是虚荣指标，只能起到监控作用。举个简单的例子，日活就是某日活跃用户数，就算日活再多，用户如果只是过来看看却不下单还是无法证明产品的价值。

针对日活这个指标进行拆解，可以区分新老用户的日活指标，比如老用户的日活、新用户的日活。新用户就是当天注册且当天访问的用户，老用户是非当天注册而当天访问的用户。另外，可以看下每天日活中新老用户的占比，从而决定我们是应该向新用户投入更多的资源还是向老用户投入更多的资源。

除了这些通用的指标外，每条产品线针对用户活跃模块也有自己比较关键的数据指标。如图 5-6 所示，电商产品主路径的相关数据指标，比如访问人数、访问商品列表页用户数、访问商品详情页用户数、加购用户数、下单用户数、支付用户数等数据之间的转化率都直接和电商的交易额相关。

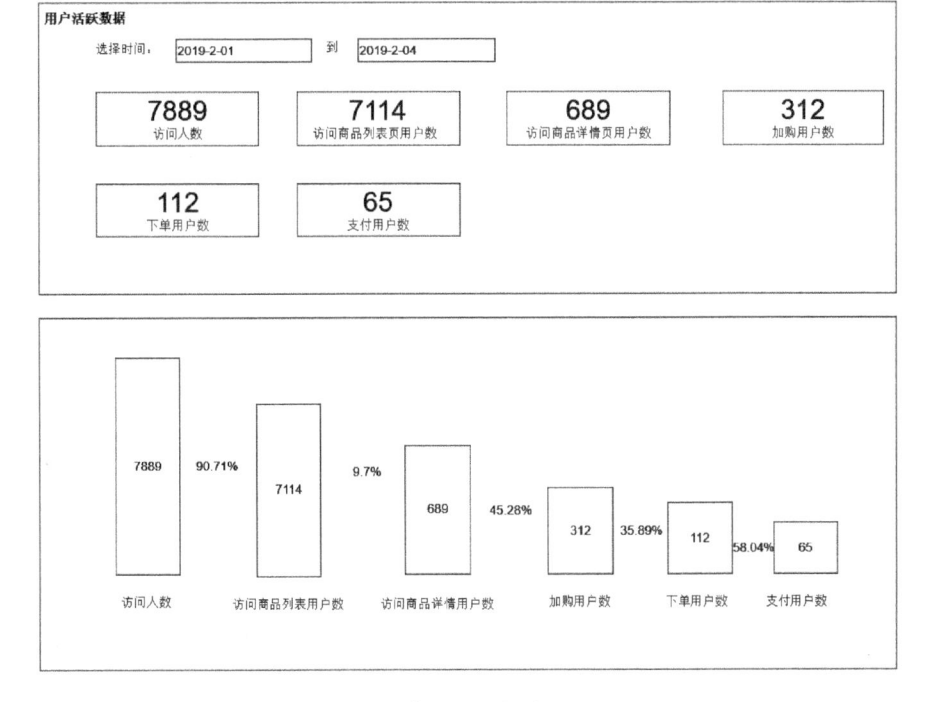

图 5-6 电商主路径相关数据指标

笔者所在公司考核电商产品经理和运营人员的关键指标就是用户从访问商品详情页环节到加购环节的转化率、从加购环节到下单环节的转化率、从下单环节到支付环节的转化率。

第一个考核产品经理的关键指标是用户从访问商品详情页环节到加购环节的转化率。产品经理和运营人员应该同时为用户从访问商品详情页环节到加购环节的转化率负责，因为商品详情页一般都是由负责商品运营的人员管理的，商品详情页的图片的清晰度、文案的描述等直接影响用户的加购，另外用户从访问商品详情页环节到加购环节涉及很多步骤如选尺码、颜色、件数等，这些功能的设计是否合理和流畅，也会直接影响用户的加购。

第二个考核产品经理的关键指标是用户从加购环节到下单环节的转化率。用户加购商品却没有下单的原因，可能是用户由于某些因素（如价格等）犹豫不决而没下单，这时产品经理和运营人员可以在合适的时间对这些用户发送催单的推送或短信，此外，这项转化率也考验产品经理的功能设计是否流畅，操作是否简单。

第三个考核产品经理的关键指标是用户从下单环节到支付环节的转化率。这个指标可以衡量公司的支付渠道的稳定性。大部分的用户在下单后会立即支付，对于下单后没有立即支付的用户，产品经理和运营人员可以发送一些催支付的信息/短信。如果从下单环节到支付环节的转化率一直维持在很低的水平，那就要考虑功能设计是否合理或者支付渠道是否稳定。

5.4 用户留存分析

针对留存率有一个"40 - 20 - 10"的法则，指的是：社交产品若要达到 100 万人的日活，那么产品的次日留存率要达到 40%，7 日留存率要达到 20%，30 日留存率要达到 10%。通过这组数据可见留存率有多么重要。留存率是监测我们产品的用户规模和用户黏性的很有价值的指标。当然上面那组数据只供大家参考，其只是针对社交产品，其他领域的产品应该根据自己的产品特性来计算留存率。留存率是一个比较通用的指标，几乎任何产品线都能用到。

留存率分为访问留存率和购买留存率。访问留存率是指新注册用户次日、7日、14日、30日后再次访问我们的产品的数量百分比；购买留存率是指首次购买用户在接下来的7日、14日、30日再次购买我们的商品的数量百分比。如表5-2所示，可以根据数据计算出我们产品的新用户次日、7日、14日、30日的平均访问留存率，基于平均留存率就可以判断我们的用户规模能否达到100万人。

表 5-2 访问留存率

时间	新增用户	1天后	2天后	3天后	4天后	5天后	6天后	7天后	14天后	30天后
06-19	87	34.48%	20.69%	16.09%	14.94%	11.49%	13.79%			
06-20	103	29.13%	17.48%	16.5%	18.45%	18.45%				
06-21	103	24.27%	22.33%	27.18%	17.48%					
06-22	62	38.71%	29.03%	20.97%						
06-23	45	33.33%	35.56%							

通过表5-2的数据只能看到每日用户总体留存率，如6月19日当天注册了87个新用户，到次日仅有34.48%的用户再次访问的产品。那么当发现平均留存率低时应该如何定位问题呢？举个例子，比如我们发现某日新注册用户的访问留存率特别低，这时就需要将数据拆解查看：是不是某个注册渠道的访问留存率比较低或者是某个客户端（比如H5端、iOS端或安卓端）的用户的留存率比较低。拆解的维度越多，越能方便产品/运营人员定位问题。通过数据，我们发现新注册用户如果在第一周内产生2~3次购买行为，那么这批用户的留存率就会明显高于其他用户的留存率，也就是说我们必须在用户注册的一周内让用户完成首单和复购，这时用户运营的效率是最高的。因此，一周内购买2~3次的新用户数是我们考核用户运营的重要指标。

5.5 用户转化分析

用户转化模块要用一切合理的策略让用户下单。这里关注的指标有：首单人数、复购人数、首单率、复购率。首单人数、复购人数可以加上统计周期维度，比如每日首单人数、每日复购人数。首单人数与用户数的比值就是首单率，复购人数与支付人数的比值就是复购率。首单率反映产品是否有足够的吸引力、围绕用户的运营手段是否有效。复购率则反映商品的价值，和购买留存率一样。衡量商品好坏的一个标准就是：用户会不会花费金钱来买我们的商品。

首单人数这个指标非常重要，电商产品的北极星指标就是让新注册用户在第一周内购买首单并复购 1～2 次，这类用户的留存率相对来说会比较高。运营人员需要使用各种合理手段拉用户注册，还要使用各种合理手段促使用户下单，为了使用户下单，就必须保证提供的产品或者服务对用户是有价值的。以笔者公司的电商产品为例，当用户第一次下单时，我们会要求供应商针对用户购买的商品做全面的质检，保证商品没有任何问题；针对第一次下单的用户，我们会使用最优秀的快递公司或物流供应商，把商品快速、安全地送到用户手上；如果用户接到商品后发现商品不是自己想要的，我们还会提供最好的售后服务，让用户无忧退货，保证第一次购物的顺畅，让用户感受到产品的价值。这样下次用户也许还会使用我们产品采购。

当用户数量慢慢积累到一定程度时，就会发现复购的用户越来越多。我们基于 RFM（用户距离上次购物的时间、购物频次、购物金额）把用户分为八类。第一类是重要价值用户，最后一类是可以淘汰的用户。我们会倾斜大量的资源给重要价值客户，比如给他们最多的折扣、最好的售后，这样才会为平台做更多的贡献。

我们还需要关注用户 90 天之内的复购率。用户 90 天内复购率达到 1%～15%，说明你的产品处于用户获取模式，此时你应该多关注新用户；用户 90 天的复购率达到 15%～30%，说明你的产品处于混合模式，此时你需要兼顾新用户的购买率和老用户的复购率；如果用户 90 天内复购率能达到 30%以上，说明你的产品处于忠诚者模式，你要更多地关注老用户的复购才更有价值。不过作为产品/运营负责人，你不必过多追求忠诚者模式，因为即使处于用户获取模式，只要能够低成本地拉来新用户，并且用户会下单，用户的营收大于用户的拉新成本，则这种模式也是可以持续的。后期服务比较好的电商产品自然处于忠诚者模式。

5.6 用户裂变分析

裂变是现在互联网产品比较火热的拉新手段。裂变涉及增长相关的知识，而增长的本质就是把产品核心的价值传递给更多用户。一个产品有价值，它自然而然就会带有传播属性，所以要想实现裂变，那就必须先保证产品的价值。

结合笔者所在公司产品的案例来看一下如何保证产品的价值。我们有一个产品是 B2B 的女装批发电商平台，那么这个电商平台的价值是什么呢？那就是：终端门店店主再也不用每次都痛苦地跑到服装批发市场进货了，只要在我们的电商平台上动动手指就能进货，消除了他们来回奔波的辛苦。对于我们来说，这个平台的核心的价值就是要保证终端店主躺着赚钱。为了保证这点，我们需要有大量的真实原创货源；我们需要有专业的产品/运营团队来保证我们货物的质量；我们与大量原创设计师团队合作；我们有专业的供应链团队，无论客户是在国内还是在国外都能把货安全快速地送到。当终端门店感受到我们与众不同的服务时，我们就有了口碑，我们的价值会一点一点地积累和传递。所以，要做传播的第一条就是保证自己产品的价值。一个没有价值的产品，无论你使用再多的手段也无济于事。

在保证产品的价值后，我们就可以使用一些方法来增强产品的传播特性。病毒式传播有一个重要的指标 K 因子。K 因子的计算公式如下。

K＝"每个用户向他的朋友发出的邀请的数量"×"接到邀请的人转化为新用户的转化率"。

假设平均每个用户会向 20 个朋友发出邀请，而接到邀请的人转化为新用户的平均转化率为 10%，则 K＝20×10%＝2。

当 K>1 时，用户群就会像滚雪球一样越来越大。

当 K<1 时，用户群达到某个规模时就不再通过自传播增长。

比如商品详情页有个转发按钮，我们会做特别的埋点，把当前用户 ID 加入转发页面。每当新用户通过该页面浏览时，系统都会记录相关数据，这样就可以轻松找到传播中的 KOL（关键意见领袖），用户传播链路图如图 5-7 所示。

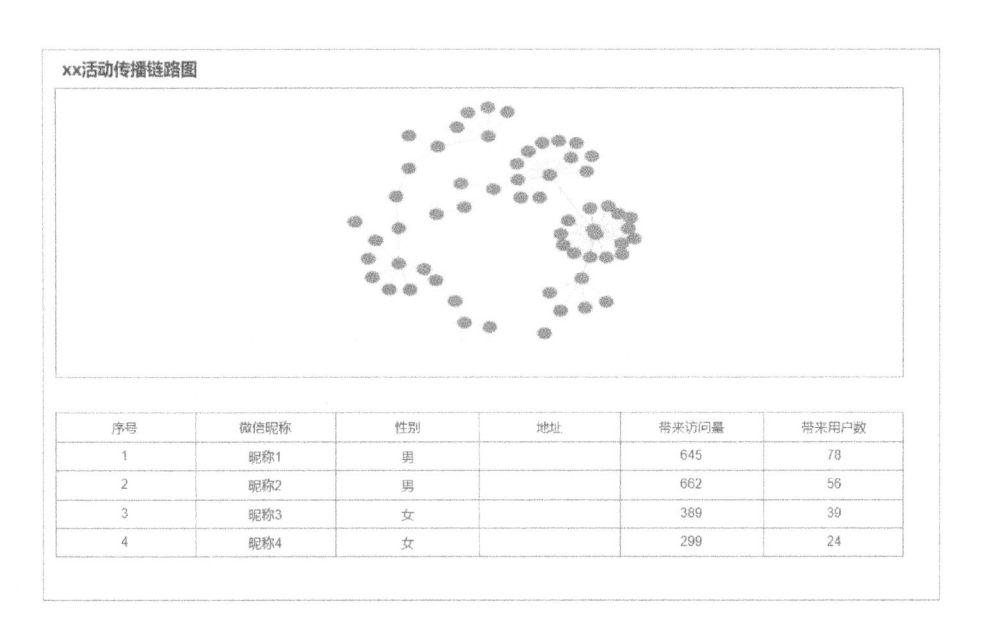

序号	微信昵称	性别	地址	带来访问量	带来用户数
1	昵称1	男		645	78
2	昵称2	男		662	56
3	昵称3	女		389	39
4	昵称4	女		299	24

图 5-7　用户传播链路图

5.7　用户生命周期分析

按照用户的生命周期，可以将用户分为新用户、未激活用户、活跃用户、沉默用户、流失用户，具体逻辑关系如图 5-8 所示。

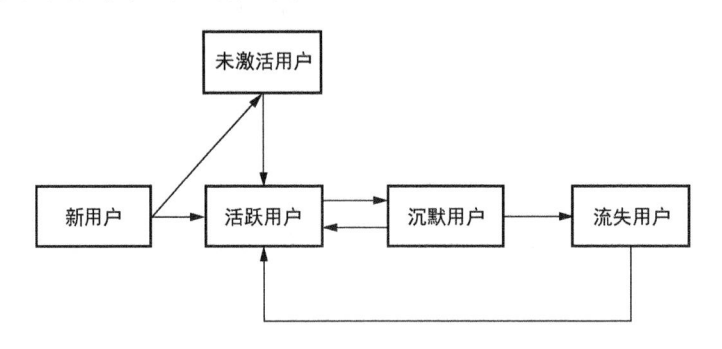

图 5-8　用户的不同分类之间的逻辑关系

新用户如果长时间没有下单就变成了未激活用户，新用户如果有下单就变成了活跃用户，活跃用户如果隔一段时间没有下单就变成了沉默用户，沉默用户如果近期有下单也会重新变为活跃用户，沉默用户如果很久都没下单就有可能流失，变成流失用户，如果流失用户近期又有下单就会重新变成活跃用户。

新用户是注册时间在 N 天之内且支付次数为 0 的用户，比如可以设定新用户为注册时间在 30 天之内且支付次数为 0 的用户。

未激活用户是注册时间大于 N 天且支付次数为 0 的用户，比如可以设定未激活用户为注册时间大于 30 天且支付次数为 0 的用户。

活跃用户是最近 M 天之内支付次数大于 0 的用户，比如可以设定活跃用户为最近 15 天内支付次数大于 0 的用户。

沉默用户是支付次数大于 0 而近期没有下单的时间大于 M 天且小于或等于 Q 天的用户，比如可以设定沉默用户为支付次数大于 0 而近期没有下单的时间大于 15 天且小于或等于 30 天的用户。

流失用户是支付次数大于 0 且近期没有下单的时间大于 Q 天的用户，比如可以定义流失用户为支付次数大于 0 且近期没有下单的时间大于 30 天的用户。

经过这些定义，可以得出总用户数就等于新用户、未激活用户、活跃用户、沉默用户、流失用户的数量之和。要用不同的方法来运营未支付用户和已支付用户，二者的计算公式如下。

- 未支付用户=新用户+未激活用户
- 已支付用户=活跃用户+沉默用户+流失用户

首先，查看用户的整体情况，如图 5-9 所示，了解一共有多少用户、未支付用户有多少、已支付用户有多少，了解在未支付用户中新用户有多少、未激活用户有多少，了解在已支付用户中活跃用户有多少、沉默用户有多少、流失用户有多少。

然后，查看每天用户状态的变化情况，如图 5-10 所示，了解每天有多少新用户变为未激活用户、有多少新用户变成活跃用户、有多少未激活用户变成活跃用户、有多少活跃用户变成沉默用户、有多少沉默用户变成活跃用户、有多少沉默用户变成流失用户、有多少流失用户重新变成活跃用户。

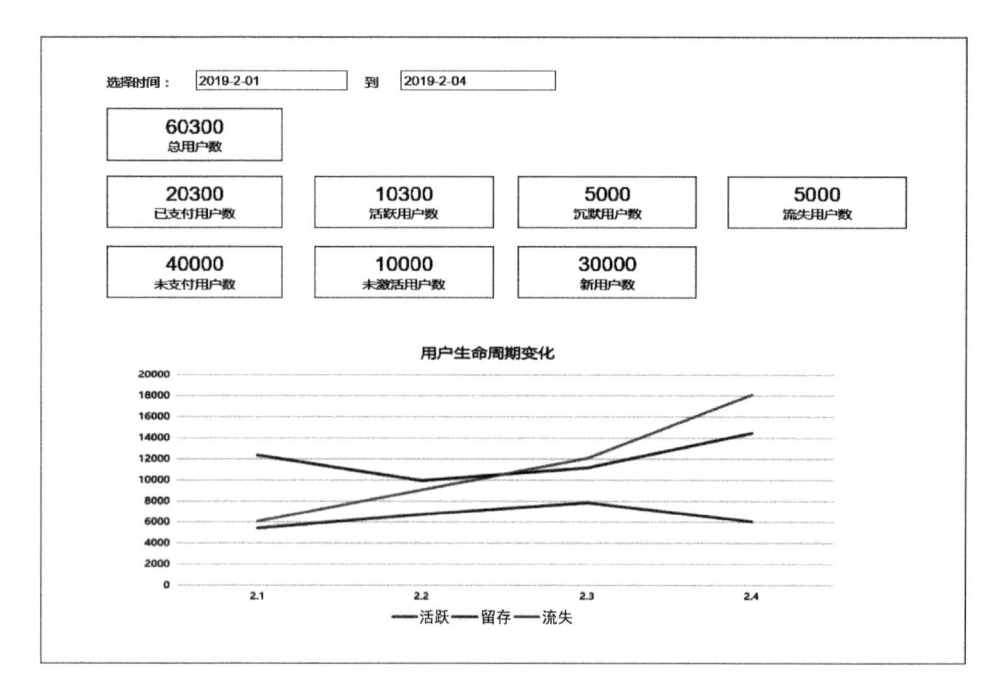

图 5-9　用户生命周期分析

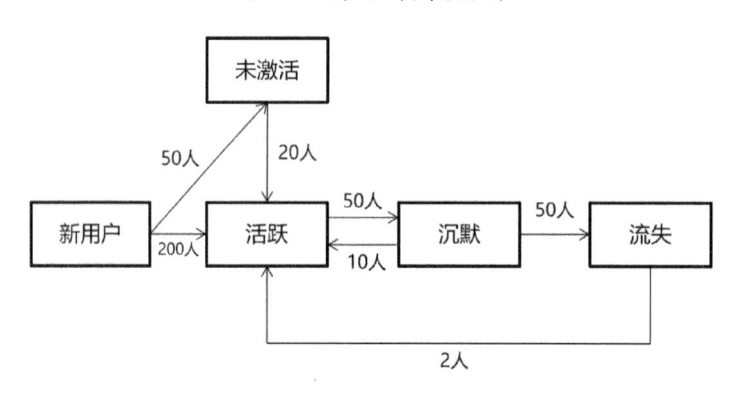

图 5-10　用户生命周期变化情况

通过该图，可以看出我们运营的重点应该是将其他状态的用户向活跃用户转化，保持活跃用户尽量不向其他状态转化。为此我们要给每个用户打上相应的标签。

如果新用户有下单，我们一定要对他购买的商品做质检，如果商品是由供应商供货的，那么供应商也会看到这个用户是第一次下单的新用户，我们也要求供应商对新用户购买的商品进行检查，保证新用户第一次购买的体验是比较好的。

对于活跃用户来说，当他的下单金额和频次达到一定水平时，他就会进入我们的 VIP 会员列表中，他的下单金额越高，权益就越高。对于未激活用户和沉默用户，我们会要求客服进行定期回访，调查用户没有下单的原因。对于流失用户，我们通常不再进行针对性运营工作，因为在我们的定义下，挽回流失用户的成本相对来说比较高。

最后，数据中台还应该提供活跃用户明细清单给运营人员，样例如表 5-3 所示。

表 5-3 活跃用户明细清单

手机号	名称	R（最近一次支付天数）	F（支付频次）	M(支付金额)	沉默概率
138xxx	xx	2	11	24345 元	16%
138xxx	xx	3	10	672 元	67%
138xxx	xx	10	9	6666 元	88%

对于未激活用户，可以根据用户的行为（比如访问商品、加购商品、收藏商品等）计算出哪些是高潜力的用户；对于活跃用户，可以根据用户的访问频次，计算出哪些是高沉默风险的用户；对于沉默用户，可以计算出哪些是高流失风险的用户。这样就能帮助运营人员更个性化、更有针对性地运营。

第 6 章

商品分析

上一章笔者讲了用户分析相关指标，如图 6-1 所示。用户分析模块使用的是海盗模型，从用户的获取、激活、留存、收入、推荐的角度进行分析。这些指标从监控的角度来看是没问题的，但是如果站在价值的角度来思考，这些指标就有问题。我们可以分析一下第 5 章提到的与用户相关的指标，比如注册数、访问时长、留存率等，这些指标都无法提高产品的价值。在用户分析相关指标中，最重要的指标是留存率，你会发现站在价值的角度上，留存率也只能用于监控产品的价值，却不能用于提高产品的价值。

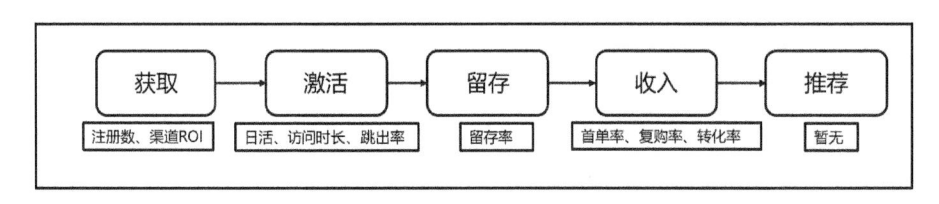

获取	激活	留存	收入	推荐
注册数、渠道ROI	日活、访问时长、跳出率	留存率	首单率、复购率、转化率	暂无

图 6-1 用户分析相关指标

以笔者所在公司所做的 B2B 电商产品项目来说，该产品最核心的价值就是给采购商提供好货，所以商品才是最核心的地方。采购商直接接触我们提供的商品，商品能传递公司的价值。如果我们没能给采购商提供好的商品，那就不用提用户、产品、流量等其他方面的运营，这些只是促进用户购买的手段，只有在提供好的商品的基础上，这些运营才会事半功倍。

我们从商品的角度看下电商产品的相关阶段，如图 6-2 所示。

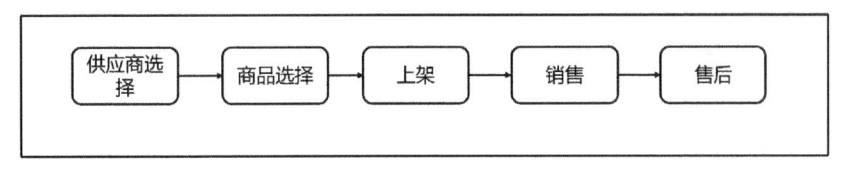

```
供应商选择 → 商品选择 → 上架 → 销售 → 售后
```

图 6-2　电商产品相关阶段

第一阶段，招商的工作人员需要选择合适的供应商入驻。如果有一套针对供应商的严格的筛选标准，那么就能直接从商品的档次、品质和货源的稳定性等因素为采购商提供好货做第一层的保障。

第二阶段，需要选择商品。要从供应商的商品中挑出最好的货品提供给我们的用户，重视商品的款式、质量、性价比、货源稳定性等指标，此外还要注意商品的图片、文案等细节。每个细节对商品的转化率都有比较大的影响，因为很多因素都可能影响用户是否下单，把这些可控的因素做好，对商品的转化率就会有一定的提高。

第三阶段，上架商品。关于如何快速将选择好的商品上传到电商网站并呈现给用户。

第四阶段，销售商品。关于如何通过数据挑选出好卖的商品提供给我们的用户。

第五阶段，商品的售后。商品卖出去后，我们的售后服务、发货速度也能直接影响用户的体验。

可以说商品分析的每个环节都直接决定产品的价值。

怎么保证我们提供给用户的商品都是爆款、好货呢？商品的生命周期分为售前、售中、售后三个部分，接下来结合实战项目，笔者介绍一下商品分析应该怎么做，才能保证我们提供的商品都是真正的好货。

6.1　商品售前分析

商品售前是指商品在销售出去之前的这段时间。在这段时间里，商品运营人员要做大量的准备工作，包括供应商的选择、商品定位、商品数量规划、商品上架分析等，只有做好了这些工作才能保证商品的价值被用户最大化地感知。

6.1.1 供应商的选择

首先要制定一套严格的供应商筛选机制。笔者所在公司的电商产品线属于快时尚行业，为了保证供货效率，我们要求供应商适应"快反应"的柔性供应链模式，并建立了供应商分级动态管理系统，包括供应商准入机制、供应商绩效评估和激励机制、供应商分级认证机制、供应商升降级调整机制。从供应商的选择、分级、合作模式、绩效测评、订单激励和退出等方面进行严格的动态管理。

在供应商准入方面，由招商小组、相关业务部门、品控管理小组到生产供应商进行实地访厂和现场打分，如图 6-3 所示，重点评估供应商的工厂数、企业员工数、档口数、设计师人数、月成交额等指标。通过审查的厂家在试单测试通过后，才可成为我们的正式供应商。不是所有的供应商都有资格同我们合作，经过筛选后我们会保留综合能力较强的供应商，保证商品的品质和货源的稳定性。

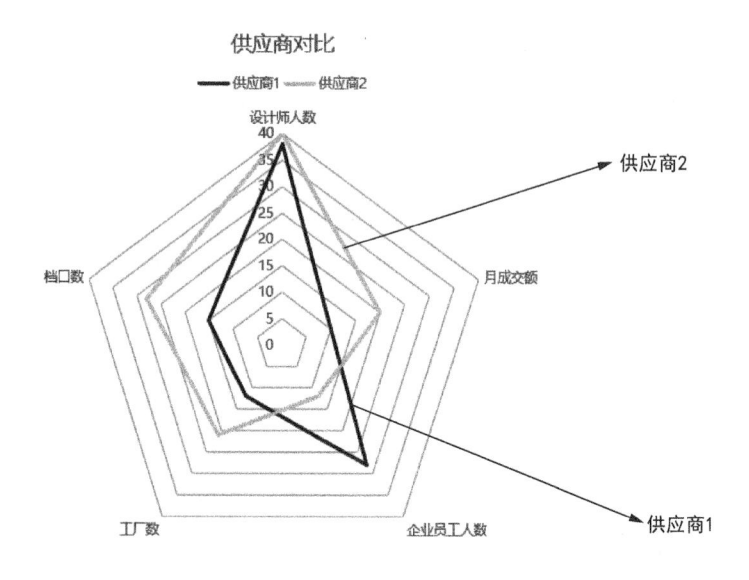

图 6-3 供应商评分

供应商商品的销售数据与合作意愿同样可以反馈供应商的质量。我们会根据季度测评结果将供应商动态划分为 A 级战略供应商、B 级核心供应商、C 级优秀供应商、D 级合作供应商，如表 6-1 所示。我们针对不同级别的供应商采取不同的激励，例如针对 D 级合作供应商，我们会根据该供应商的商品销量、发货速率（主要看 48 小时发货率）、次品率（包括用户不满意退款、缺货退款等）三项评定数据，再根据沟通交流是否流畅、理念是否一致等主观判断进行打分。如果得分较高，我们会将其升级为 C 级优秀供应商。

表 6-1 供应商评分标准

指标名称	考核项目	得分
设计能力	每周新款数	5 分/款
	设计师人数	10 分/人
经营能力	档口数	20 分/个
	年成交额	20 分/100 万元
	企业员工数	10 分/50 人
供应能力	工厂数量	30 分/个
销售情况	48 小时发货率	每延迟一天扣 10 分
	次品个数	每个扣 10 分

供应商如果连续两个季度测评等级下降或者产品品质连续两次降至规定的标准以下，我们将实施暂停合作、缩减订单甚至停止合作等处罚。为什么针对供应商做这么严格的筛选呢？作为平台方，我们必须为用户负责。我们希望筛选出能够长期合作、对用户负责的供应商，筛选出对我们负责的供应商。只有对自己高标准、严要求的供应商，他们的商品才配得上用户的青睐。

6.1.2 商品定位

在讨论商品定位时，我们需要先介绍一个词：市场定位。很多的人无法区分商品定位与市场定位两个概念。具体来说，市场定位是指对目标消费者市场的选择，可以是根据地域、性别、年龄等方面综合选择的用户群。商品定位是指我们选择什么样的商品来满足目标消费市场的需求。两者的逻辑关系如图 6-4 所示。

市场定位 → 目标人群 → 商品定位

图 6-4 商品定位

可以想象这样一个场景来帮助理解：你现在想在某市步行街上开一个服装店，而你所在城市有两个步行街，其一以年轻消费者为主，其二以中年消费者为主。你需要选择一个步行街作为主战场，这就是你对市场的选择，也是对消费人群的选择，即市场定位。假设你现在选择将店铺开在步行街一，那就说明你定位自己的目标消费人群为年轻消费者，那么针对这群人，你应该用什么样的商品来满足他们的需求呢？这就是商品定位，商品定位清晰后就可以确定商品款式了，即如何规划平台的商品。

如果你的平台没有进行市场定位，就无法确定自己的消费人群是谁，那你就是在试图把商品卖给不需要的人，商品的点击和转化效果自然不会好。所以我们应该先进行市场定位，再进行商品定位，然后挑选出需要的商品款式，最后根据商品反馈的各种数据矫正市场定位和商品定位，同时再优化商品。

从长远来看，这是一个螺旋上升的良性进化过程，不断精细化定位，最后不止你的商品，你的平台都可以得到稳定的自然流量。

6.1.3 商品数量规划

在选择好合适的供应商、梳理好商品的定位后，商品模块的最重要的工作就是选品。

我们应当了解选品的最终目的是什么：其一，要满足平台用户的需求，针对这一点我们要思考我们的用户有什么特点、他们想要哪些商品、我们能提供哪些商品给他们；其二，对于电商运营平台来说，在提供用户需要的商品后，要思考如何使收入最大化。

如何使收入最大化呢？这就要看商品运营人员的选品能力了，这也是商品运营人员的价值所在。

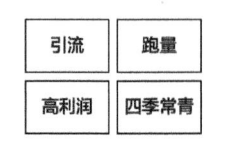

一般来说，商品可以分为引流款、跑量款、四季常青款和高利润款四种类型，如图 6-5 所示。不同类型商品所占的比例可根据公司的实际情况来定。

图 6-5 不同类型的商品

（1）要选择一定数量的引流款。引流款能够让用户注意到我们，一般设计得比较时尚，能够吸引用户的眼球，把用户吸引过来，就算用户最后没有买这件商品，也有可能买其他商品。引流款也适合做线上的广告投放。对于用户来说，他们没有义务注意到我们，所以我们必须通过一些方法唤醒他们。

（2）要选择一定数量的跑量款。跑量款可能没有引流款那么吸引眼球，但它的性价比非常高或者折扣非常高，拥有具有吸引力的价格。价格低是很好的购买理由，总有用户喜欢低价的商品，销售量大也可以获得较多的利润。

（3）四季常青款商品是一个平台生存的基础。四季常青款都是基本款式，这些商品的货源一定是比较稳定的，任何时候都能拿到货。

（4）要有适量的高利润款。高利润款商品通常是用户在别的平台买不到的商品。平台一定是与供应商有一定的合作基础的，供应商才会把商品只供货给我们平台。对于高利润款商品，也要返给供应商更多的利润，这样才能形成良性的循环。

怎么区分商品是引流款、跑量款、四季常青款和高利润款呢？只能根据商品运营人员的选品经验来区分，在上架商品的过程中给商品打上主观标签，再把商品放到不同的位置，从而发挥不同的作用。

6.1.4 商品上架分析

在电商平台运营初期，一般来说用户数量比较少，不用评估需要上架多少款商品，但随着用户数量的增多，平台就要评估究竟要上架多少款商品才能满足当前用户的需求。

首先要计算出平台有多少活跃用户，然后统计出每个用户平均要浏览多少件商品。比如假设我们有 1000 个活跃用户，平均每个用户每天要浏览 5 个商品，那么我们至少要准备 5000 个 SKU，如果其中热销返场商品需要占比 20%，那么我们就要准备 4000 个新品。假设我们有 20 个商品运营人员负责从供应商挑选商品到平台，那么这 20 个商品运营人员每人每天就要从供应商处挑选 200 个 SKU。

与供应商对接的商品运营人员称为买手。有一点比较关键：需要记录某个商品属于哪个供应商，该商品是由哪个买手挑选的，该商品的文案、照片是由哪个商品运营人员上传的。商品的挑选工作十分依赖买手，买手的核心竞争力就是能够选到更多的爆品，我们会要求这些买手从原料、颜色、尺码、品牌、品类、采购价格等方面输入商品基础信息。如图 6-6 所示，为了保证平台 SKU 的充足，针对商品上架模块，数据中台设计了一个功能，可以实时看到每天每个买手的上架款数。

XXX 名称	400 目标件数	250 已完成件数	62.5% 完成率
XXX2 名称	500 目标件数	250 已完成件数	50% 完成率

图 6-6　商品运营人员的上架商品数量

商品运营人员的主管可以基于需要上架商品的数量，给每个买手制定上架商品数量目标，主管可以实时查看买手的上架商品数量是否达标，以保证平台货源的充足。

6.2　商品售中分析

商品的售中就是商品在销售中的这段时间。商品运营人员要做的核心工作就是把合适的商品放在合适的地方给合适的人看。商品运营工作十分依赖数据，因此数据中台提供了商品销售的实时数据，如表 6-2 所示。商品运营人员需要从这些数据中获得他们关注的指标，比如商品 PV、商品 UV、支付件数、支付金额、转化率（下单人数与访问总人数的比值）等。

表 6-2　商品销售相关指标

指标名称	业务口径
商品 PV	商品被点击次数
商品 UV	商品被点击人数
支付件数	商品被购买件数
支付金额	商品被购买金额
转化率	下单人数/访问总人数

商品运营人员会基于转化率来判断商品是否有潜力。如果一个商品被放到一个比较明显的位置，那么它会获得比较多的流量，但是如果在这种情况下它的销售件数不多，那就说明它不太受顾客欢迎。反之，如果一个商品被放到一个不起眼位置，那么它就不会获得很多流量，但是如果在这种情况下它的销售件数很多，那就说明这个商品是有潜力的，可以考虑把它放到更显眼的位置。商品运营人员需要反复使用 A/B 测试，从而最大程度保证商品都被放在合适的位置上。

随着商品的增多，只关注单个商品的话，效率显得比较低，这时就需要引入品类分析的功能，也就是可以实时看到品类的总的 PV 和销售件数。如果某个品类的转化率比较高，那就需要及时调整该品类的显示位置和数量。

还有一个商品运营人员比较关注的指标是品类价格段的流量和销量数据，通过对价格段的拆分，就能直接看出同一个品类的商品，究竟处在哪个价格段内，其销量是更高的。如表 6-3 所示，数据中台可以提供某个品类按照价格段拆分后的相关数据。价格段拆得越细，就越有利于商品运营人员的精细化运营。如果在一个周期内，某个价格段的商品销量比较好，那就应该投入更多的资源推广这个价格段的商品。

表 6-3　品类分析相关数据

品类名称	价格段（元）	上架个数	PV	UV	支付件数	支付金额（元）
牛仔裤	0～100	10	1221	324	256	23432
牛仔裤	101～200	18	4564	1223	56	4555
牛仔裤	200 以上	12	3434	445	67	7522

此时又会遇到一个问题：电商产品的品类是非常多的。以笔者接触的电商产品为例，大的品类分为三级，比如"女装/上装/T恤"，第三级就有上百个品类，那么如何针对这上百个品类进行价格段划分呢？如果用人工来划分一个品类的价格段，那么要想划分好这上百个品类的价格段，将会花费大量的人力资源。用人工来划分还有一个缺点：如果品类增加怎么办？每增加一个品类，我们还需要再次通过人工去划分，还需要协调数据开发人员帮我们计算。因此对于商品品类价格段的划分不能依赖人工，需要有一个工具，可以自动化地基于商品的品类划分价格段。

如图 6-7 所示，针对品类价格段的划分工作，我们引入 K-Means 聚类算法。K-Means 聚类算法能够自动化地将每个品类划分出最合适的价格段。其原理是：通过 K-Means 聚类算法可以找到每个品类价格段的几个中心点，再通过中心点划分出价格段。

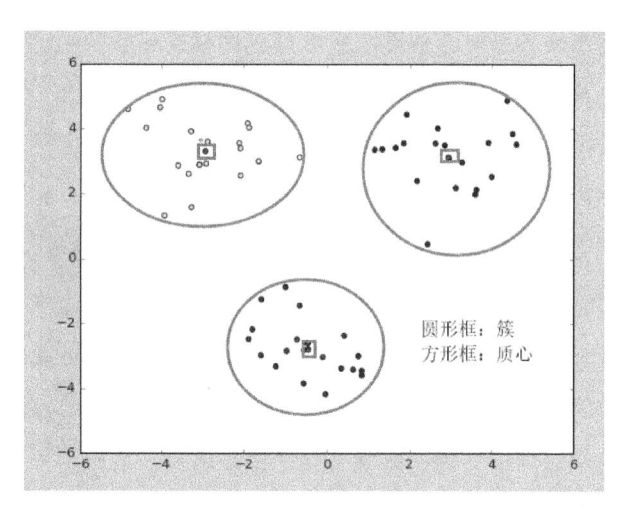

图 6-7　使用 K-Means 聚类算法划分价格段

做品类价格段的划分时有如下三点需要注意。

（1）要剔除异常值，因为数据中常常会有一些不合理的值。

（2）设定一个定时器，用来周期性地通过 K-Means 聚类算法重新计算商品品类的价格段。因为商品数量是不断增长的，价格是不断变化的，价格段也需要不断变化。

（3）通过 K-Means 聚类算法划分好价格段后，可以找商品运营人员讨论一下：划分出来的价格段是否适用。一般有经验的商品运营人员可以直接看出划出的价格段是否合适。

如图 6-8 所示，在划分好品类的价格段后就可以针对品类价格段做更加精细化的数据分析。

排名	一级品类	二级品类	三品类	价格段	支付件数
1	女装	上衣	T恤	【0~90】	796
2	女装	下衣	牛仔裤	【50~90】	696
3	女装	上衣	毛衣	【0~90】	696
4	女装	上衣	卫衣	【50~100】	496
5	女装	上衣	T恤	【100~150】	396
6	女装	上衣	T恤	【150~200】	296

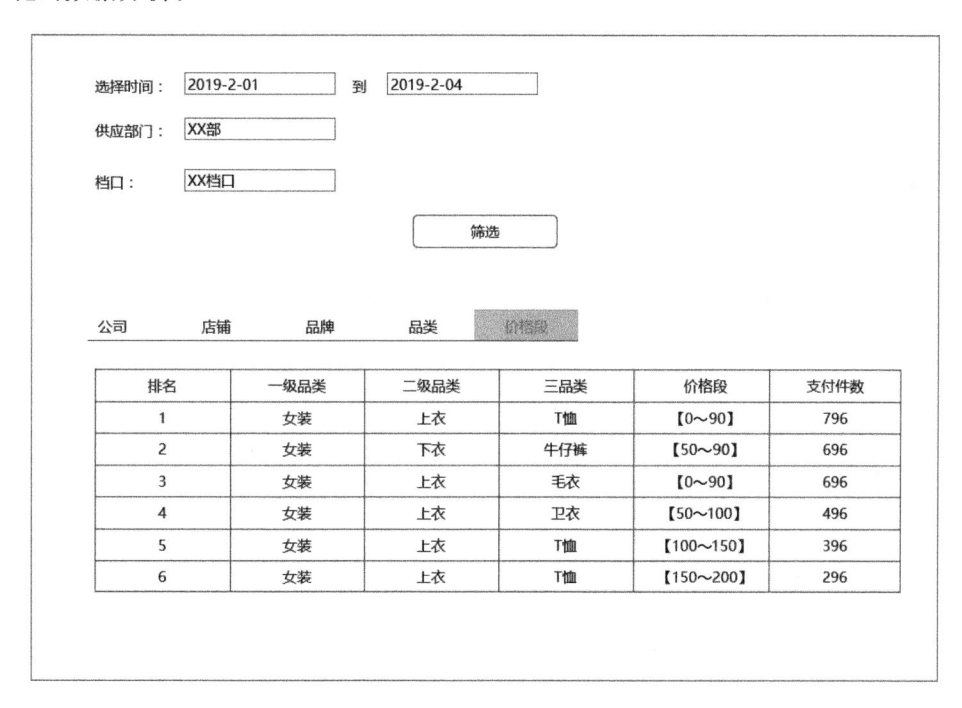

图 6-8　区分品类价格段的商品销售排行数据

（1）要快速筛选出到底哪些商品好卖。商品有很多维度，比如所属店铺、品牌、品类、价格段，可以在这几个维度上快速查看商品 PV、商品 UV、支付件数、支付人数、支付金额等关键指标。

（2）当看到某些品类的某些价格段的商品卖得好或者卖得差时，需要进一步确认为什么它们卖得好或者卖得差，需要查看商品销售的趋势数据。如图 6-9 所示，商品销售趋势功能可以基于各种维度筛选出数据做对比分析，从而判断在某段时间里哪些商品比较好卖。

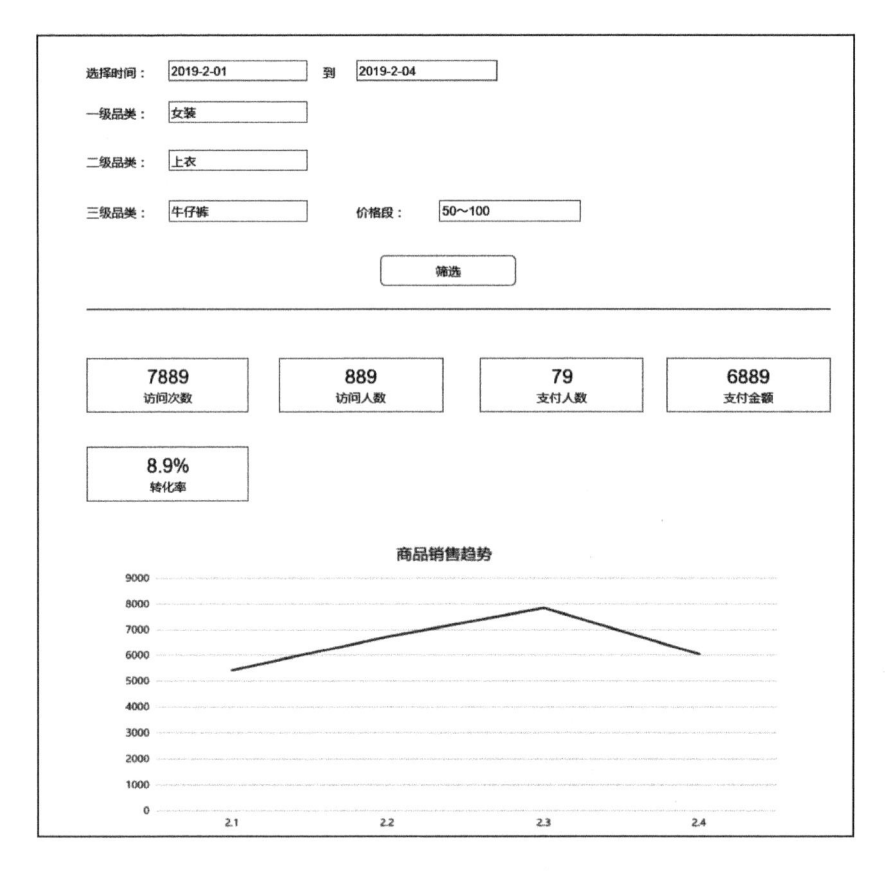

图 6-9 商品销售趋势

（3）输出商品明细数据。对于某些重点运营的商品，当查看它们的明细数据时，可以基于各种维度快速筛选出来。如表 6-4 所示，商品从上架、销售到售后，数据中台都会自动化地记录详细数据，包括商品的基础信息、商品销售相关的指标、基于销售指标形成的商品标签等。商品的基础信息包含商品名称、一级品类、二级品类、三级品类、店铺、品牌、档口类型、档口名、款号、最小起批量、上架状态、商品类型、创建人、创建时间、面料、颜色、尺码、商品风格、价格、最高价、最低价、采购价、价格段等。商品销售相关的指标包含 PV、UV、加购用户数、加购金额、收藏用户数、收藏件数、下单用户数、下单件数、下单金额、支付用户数、销售件数、销售金额、退款用户数、退款件数、48 小时发货率、次品率、退款金额、退款率、退货金额、退货率等。商品运营人员通过对商品信息的全方位掌握，进行更精细化的商品运营。

表 6-4 商品明细数据（部分）

商品名称	一级品类	二级品类	三级品类	价格段（元）	支付件数	商品风格	价格（元）
名称 1	女装	上衣	T 恤	0～50	796	甜美	34
名称 2	女装	下衣	牛仔裤	50～90	699	甜美	66
名称 3	女装	上衣	毛衣	0～90	498	甜美	66
名称 4	女装	上衣	卫衣	50～100	391	甜美	78
名称 5	女装	上衣	T 恤	100～150	295	甜美	146
名称 6	女装	上衣	T 恤	150～200	143	甜美	179

（4）商品运营的负责人需要知道一些整体数据，比如在售商品数、动销商品数、动销率、转化率等。在售商品数是入库并且上架的商品数量；动销商品数是有销售记录的商品款数；动销率是动销商品数与在售商品数的比值；转化率是商品销售件数与商品被访问的件数的比值。如图 6-10 所示，通过这些数据就可以调整下一步的商品规划。

图 6-10 商品销售趋势

作为商品运营负责人还需要知道每个品类的在售商品数、动销率、转化率。基于品类的动销率和转化率可以初步判定哪些品类销售得比较好、哪些品类销售得比较差，接下来就可以给动销率和转化率高的品类更好的位置，让它们获得更多的曝光。

6.3 商品售后分析

商品售后阶段是指商品销售出去以后的阶段。如何降低商品的售后成本、如何通过用户的反馈进一步优化商品，是这个阶段我们要关注的核心工作。商品售后分析应该重点关注商品的几个指标，包括次品率、48 小时发货率、退货率。

次品率是指用户支付的商品由于各种原因（例如缺货[①]等）无法交付给用户的件数与商品的下单件数的比值，这个指标可以综合衡量商品选品工作是否到位。如果有用户支付了某件商品，说明用户对这件商品感兴趣，但是平台却无法把该商品交付给用户，这就给用户带来失望的体验，所以上文提到的与供应商对接的买手，一定要搞清楚商品是否有库存。无法交付的商品是不应该上架到平台的商品库中的。

48 小时发货率是指商品从支付到发货的时间小于 48 小时的件数与商品的下单件数的比值。这个指标可以很好地监测运营人员有没有及时跟单。之所以要求 48 小时内发货，是尽可能让用户在 2 天之内看到我们已经完成了商品的发货，一般超过 2 天，用户可能就失去了耐心。

退货率是指用户已经支付了费用并且收到了商品但是还是选择退货的商品件数与商品的支付件数的比值。出现这种情况，平台会要求用户填写退货的原因，客服也需要定期回访，了解用户真实退货的原因。通过用户的反馈，可以优化商品的选品工作，这样就可以建立一个良性循环，保证我们的商品越来越受欢迎。

商品的次品率、48 小时发货率、退货率也是衡量与我们合作的供应商的供应链能力的优质指标。次品率高、发货慢、退货率高的供应商需要考虑接下来是否还要和他们合作。当然，对于销量高、次品率低、发货速度快、退货率低的供应商，我们就要投入更多的资源、更多的优惠政策以支撑他们在我们平台的销售。

[①] 注：对于电商平台来说，商品无论是质量不合格还是缺货，都属于"次品"。

第7章

流量分析

流量分析的核心问题是：每天有多少个用户进入公司运营的平台，这些用户都是谁，他们都去了哪里，在哪个位置产生了消费，哪个位置的消费金额比较高，哪个位置的消费金额比较低。针对这几个问题，有几个功能是数据中台一定要有的。

（1）网页分析，可以监测每个网页的流量数据。网页分析的指标包括 PV、UV、浏览时长、跳出率。这些数据是产品流量数据的基本盘，看了这些数据就知道产品的基本运行情况，解决了"有多少用户来""这些用户都是谁"的问题。

（2）路径分析，可以看到用户来了我们平台后主要的路径是什么，从哪个网页进来，又从哪个网页离开。路径分析解决了用户去了哪里的问题。

（3）坑位流量分析，可以看到产品的每个坑位每天产生多少流量、产生多少交易额。互联网产品都是由坑位组成的，有了这个数据，就可以看出哪个坑位的性价比最高。

以上这些功能都是通用的，几乎任何一个互联网产品都会用到。只需要前端开发工程师对产品做相应的埋点，在功能开发完成后，就可以自动化地输出数据，支撑多条产品线的流量分析。

7.1 网页分析

网页分析需要关注的指标包括 PV、UV、浏览时长、跳出率，如表 7-1 所示。

表 7-1 网页分析相关指标

指标名称	指标口径
PV	访问用户次数
UV	访问用户人数
访问时长	访问页面时长，即用户离开页面时间与用户进入页面时间的差值
跳出率	访问页面一定时间内跳出的用户数与页面 UV 的比值

要做网页分析这个功能，首先就要和各个业务产品线的产品经理沟通每个产品都有哪些网页、网页的地址是什么、网页名称是什么、网页有没有在数据库中被管理起来。你可能会发现大部分产品的网页是没有被管理起来的，也就是说大部分网页没有统一的数据源，没有统一的规范。如果网页没有被管理起来，那么只能由数据中台维护网页，而当产品线有新的页面时，要及时通知维护。

可以协调产品线的产品经理输出一份现有产品所有的网页名称和地址，然后将这份网页表格导入数据库，并给网页定义统一的英文名称和中文名称，目的就是方便运营人员理解数据。如果网页已经被管理起来了，还要看各条产品线的管理规范是不是一样的，要统一全公司的网页管理规范，使各条产品线的口径一致，这样在后期输出数据时，有歧义的情况会大大减少。

接下来我们以电商产品为例。电商产品的网页主要有以下几种。

（1）推广落地页，即在投放 SEM 广告时使用的页面，一般都是注册页。

（2）首页，即用户进入产品的第一个页面。

（3）商品列表页，即首页坑位、搜索结果、分类结果等查看多个商品的页面。

（4）商品详情页，即单个商品的介绍页面。

（5）加购页，即商品加购后的页面。

（6）下单页，即用户提交订单的页面。

（7）支付页，即用户选择支付方式的页面。

（8）个人中心页，即用户使用编辑资料、领优惠券等功能的页面。

如图 7-1 所示，可以看到整条产品线每天的浏览量、浏览人数、访问时长、跳出率的数据，也可以看每天各条指标的变化趋势，还可以快速筛选关键页面以查看每个页面每天的浏览量、浏览人数、访问时长、跳出率的数据以及核心页面各个指标的变化趋势。

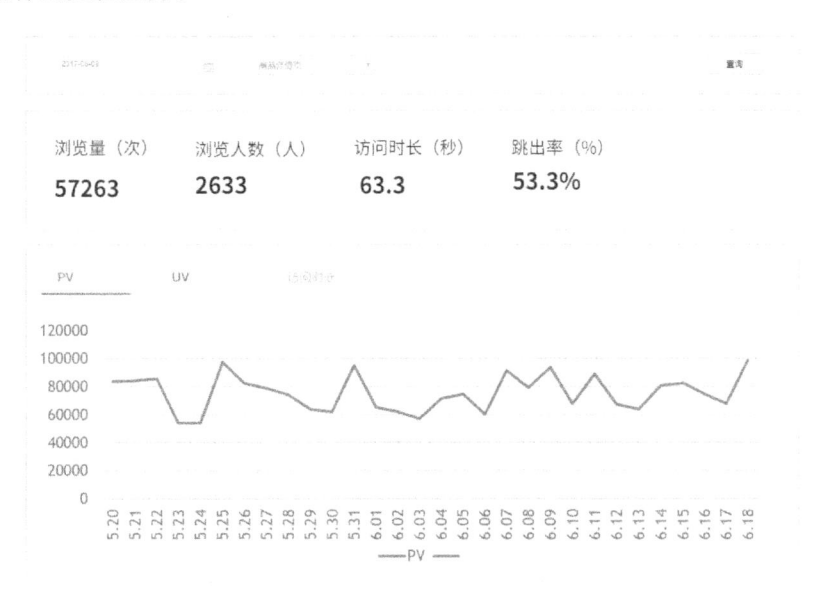

图 7-1 网页分析

对于电商产品来说，有两个核心的页面需要讲一下，一个是推广页，一个是商品详情页。

7.1.1 推广页

推广页一般都是采用付费推广的。推广页每天访问人数、点击次数、每一步的转化率直接影响到我们投放的 ROI。推广页的流量一般都很大，做投放的人员需要每天监测 PV、UV 这两个指标，如果发现暴增或者暴跌的情况，就要及时查明原因并及时解决，所以数据中台需要输出网页流量的趋势图。

对于推广页来说，访问时长这个指标一般是越少越好，我们希望用户能够尽快完成注册并进入产品，而不是一直停留在推广页里。如果用户一直停留在推广页里而没进入产品首页，说明吸引用户的是我们的推广页而不是我们的产品。

访问时长也是一个监控产品功能的好指标。举一个实际项目案例，笔者所在公司有一次在投放广告时发现了一个问题：对比整个产品的平均访问时长，推广页的访问时长多了好几倍。经过查看明细数据，我们发现有一部分用户一直在访问推广页，而且是同时发送多个访问请求。我们的解决方案是用一个未注册用户身份访问推广页，发现用户访问完推广页后会被要求填写一些信息以确认身份，有些用户不想填写信息，就点击浏览器的"回退"按钮，又回到了推广页，结果就被锁死在这个页面中，不能进行任何其他操作，这就导致用户一直在刷新页面，从而产生了很多访问请求，导致访问时长偏高。

对于推广页这么重要的页面，我们需要监测它的转化率。笔者所在公司的推广页路径如下。

（1）第一步注册：手机号→验证码→注册。

（2）第二步填问题：问题页→问题选项→提交→首页。

问题页的用处是筛选产品的目标用户。为了完成对每一步的转化率的监控，需要针对推广页上的每个按钮进行埋点，这样就能监测整个流程的每个步骤的转化率，可以发现用户是在哪个节点流失的，再采取相应措施去优化。

7.1.2 商品详情页

商品详情页是电商产品中最重要的一类页面，产品的价值绝大部分是通过这个页面传递给用户的。商品详情页也需要定期观察 PV、UV、访问时长、跳出率等指标的变化趋势，看看每天到底有多少人访问商品详情页。

对于商品详情页来说，用户访问时长越长越好。访问时长越长，说明用户对商品越感兴趣，但是也不要过长，用户一直在商品详情页里而没有下单，这样也有问题，电商平台的最终目的还是让用户下单。

对于商品详情页来说，跳出率越低越好。如果用户进入这个页面看一下就走，说明用户对我们提供的商品不感兴趣。

特别是针对主推的商品，我们也需要实时监测它们的商品详情页的各项指标。如果我们投入了很多的资源，但是访问的人数、下单的人数却很少，那就需要再看一下我们提供的商品是否适合我们的用户。

7.2 路径分析

路径分析这个功能十分依赖数据埋点，当产品的所有页面都完成了埋点时，我们才有数据源。做路径分析首先要看每条产品线到底有几个入口，然后再看用户进来后的访问路径是什么。我们在做路径分析的功能之前，可以先输出一份埋点数据看看入口有哪些、主路径有哪些。具体的做法就是把每个用户的访问路径找出来，然后做归类统计，如表 7-2 所示。

表 7-2 产品访问路径数据

路径	计数	占比
A→B→C→D	989	38%
B→C→D→E	887	35%
A→C→D→E	566	25%
……	……	……

表 7-2 中的 A、B、C、D 均代表网页名称。因为大部分用户的访问路径是有重叠的，所以可以形成以上数据。入口就是用户第一次进入产品的页面，从上面的数据就可以看出产品大概有哪些入口。从数据上可以看出，A、B 是两个主要的入口。其中满足路径"A→B→C→D"的用户有 989 个，占比为 38%，从数据层面可以看出，路径"A→B→C→D"是一个主要的路径。

接下来我们以电商产品为例，看一下路径分析应该怎么做。

首先梳理数据，通过数据，可以看出电商产品通常有如下几个入口。

（1）新用户大部分都是从推广页进入产品的，他们在填写一些信息后，就会进入首页。从首页开始，有的进入坑位，到达商品详情页，接着再进入商品列表页；有的通过搜索，直接进入商品列表页，然后再进入商品详情页；还有的从分类页进入商品列表页，再进入商品详情页。

（2）大部分老用户直接打开程序进入首页，再进入坑位或者搜索页或者商品详情页。

（3）有一部分用户从商品列表页或者商品详情页进入产品。这些用户一般都是通过其他用户对外发的推广链接（比如朋友圈直接发商品详情页的链接）进入产品的。

为什么要调查这些入口和主路径呢，因为它们都是运营的重点，我们做功能时可以预设好这些路径，直接展示这些路径每一层的转化率。

接着就进入开发阶段。

这里会遇到一个概念叫会话。什么是会话呢？会话就是一次用户访问。业界一般定义会话的间隔为 20 分钟。可以这样理解，比如你访问了一个网页，中间离开 20 分钟去看了一篇文章，接下来又回来继续访问这个网页，那么这就产生了 2 个会话，每个会话可以有多条访问记录。这样就把每个用户的访问记录切成多个会话，每个会话又形成多条访问记录。路径分析就是提取某段时间内用户的访问记录做一层汇总统计，如图 7-2 所示，就形成了访问路径桑基图。运营人员可以点击每个节点，一层一层地分析转化率和流失率。

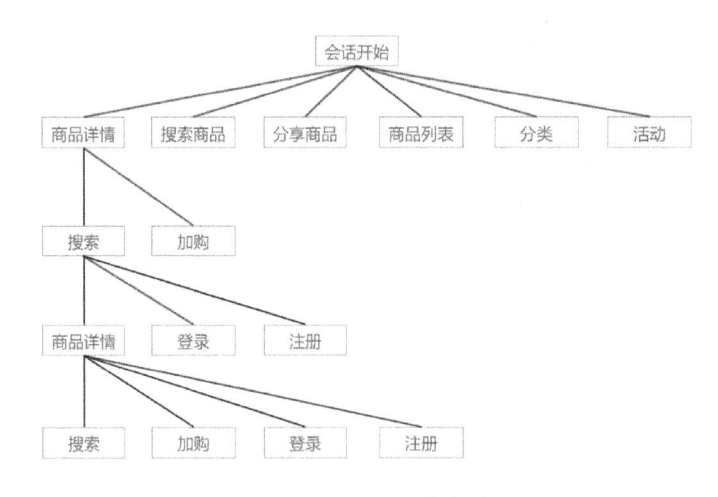

图 7-2 访问路径桑基图

路径分析功能比较通用，几乎适用于所有的互联网产品。有一点需要注意，网页的名称一般都是基于开发规范定义的，运营人员不一定能理解这样的名称，所以我们针对网页的管理要预设一个显示名称，且这个名称要和运营人员提前沟通好，这样显示的数据就更容易理解。另外我们提前做的路径分析汇总也用得上，可以把产品的主路径预设成看板，这样在看主路径的数据时就不用每次都筛选路径。如图 7-3 所示，我们可以查看每个入口、主路径以及步骤之间的转化率，还可以查看主路径上每个页面近 7 天访问趋势，这样就可以更加清晰地看到近期各步骤之间的转化率。

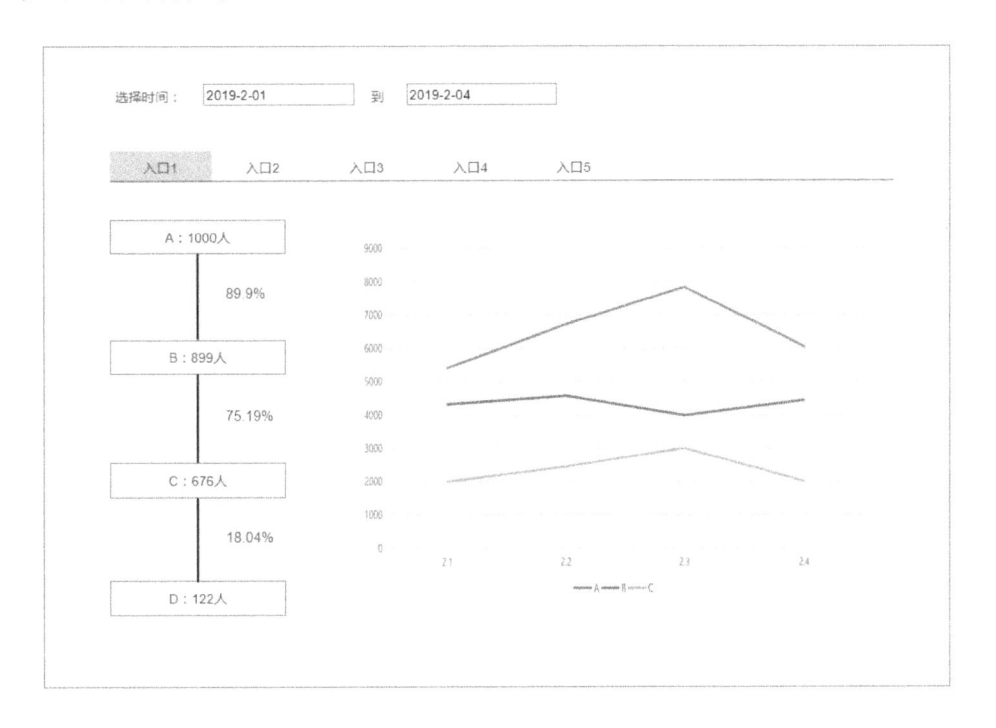

图 7-3　主路径数据

除了汇总的数据，我们还需要提供用户访问的明细数据，主要的内容就是用户在什么时候访问了哪个页面。如果用户没有登录，可以统一提取浏览器生成的 CookieID 作为用户的唯一标识；如果用户已经登录，那么就提取用户的手机号作为用户唯一标识。有了这些明细数据就可以进行更多维度的分析。输出明细数据的主要格式如表 7-3 所示。

表 7-3 用户访问明细数据（部分）

CookieID	用户ID	手机号	页面名称	访问时间	离开时间
Tyutre-fss-dd	1003	134……	首页	201909291642	201909291842
Tyutre-fss-dd	1102	139……	首页	201909291758	201909291845
Tyutre-fss-dd	1342	158……	首页	201909291812	201909291856

用户访问的数据量还是比较大的，产生的统计数据相对来说也是比较多的，有很高的存储成本，数据量太大对于服务器的性能来说也是很大的挑战。可以基于数据量的大小和运营的需求保存近期（比如近 6 个月）的统计数据。因为用户的访问日志不会被删除，如果有需要，还可以基于访问日志重新生成统计数据。

7.3 坑位分析

这一节介绍一下坑位分析（或称坑位流量分析）。几乎所有的互联网产品都是由一个个坑位组成的，坑位上放置不同的展示内容。如图 7-4 所示，这是一个主流电商平台的首页，该首页正是由一个个坑位组成的，比如"天猫新品""今日爆款"等都是坑位。

图 7-4 某主流电商平台首页

接下来我们看一下如何做坑位分析功能。

做坑位分析功能的关键是先把坑位管理起来。坑位管理一般是由各个业务产品线负责开发和控制的,坑位分析功能要想做得具有通用性,各个业务产品线就必须遵守同一坑位管理的规则及开发规范。如果每一条业务产品线都有一套坑位流量的计算规则,那么数据中台开发的坑位分析功能就无法实现通用和复制。

坑位的管理需要做成可配置化形式。如图 7-5 所示,这是坑位管理的功能界面,包括坑位设置(比如背景图、标题、内容等)、访问的地址等。基于运营的需要,有些坑位在被点击后会跳转到商品详情页,有些坑位直接展示商品信息,还有些坑位展示活动页面,上述情况都需要配置不同的访问地址。

图 7-5 坑位管理的配置界面

坑位的开启和禁用的设置也比较重要,有些不需要展示的坑位可以禁用,这样就不必通过更新 App 来完成功能下线。坑位的"可访问客户端",主要定义坑位是在 H5 上显示的还是在 App 上显示的,甚至是在两者上都显示的。坑位管理的主要使用者是每条产品线的平台运营人员,在对坑位进行配置后,产品线的每个客户端都需要基于坑位的配置来显示相应内容。

坑位分析涉及的基础指标有坑位的 PV、UV，还有坑位的交易额、下单人数、转化率。转化率就是坑位下单人数与坑位访问人数的比值，这是衡量一个坑位性价比的重要指标，如图 7-6 所示，统计维度是日期和客户端，可以看到每天、每个客户端、全部或每个坑位的 PV、UV、交易额、下单人数、转化率，也可以看每个坑位近一段时间各个指标的变化趋势。

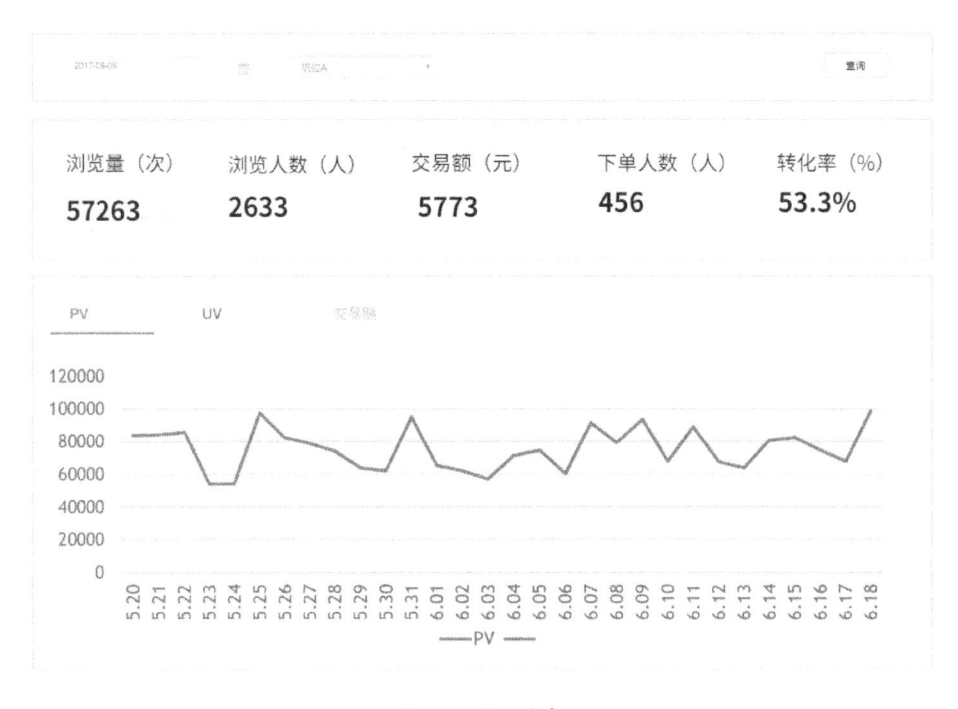

图 7-6　坑位分析

PV、UV 这两个指标可以衡量坑位每天的流量变化情况，一般通过埋点日志统计，这就要求做埋点时多加一个参数坑位 ID，前端开发工程师在生成页面时就要把坑位 ID 当作参数留在页面中，当用户点击坑位时，将坑位 ID 一并通过埋点日志传输到数据中台。坑位的流量相关数据最好能做成准实时形式，比如能够计算出前一个小时的数据，这是因为运营人员对该功能的实时性要求比较高，特别是主推的坑位，如果能够及时拿到数据，会对运营工作有比较大的帮助。

关于坑位分析还有一个重要的问题要注意：要明确坑位的流量是否包含坑位

内层页面产生的流量。举个例子，比如主页上有一个坑位 A，点击坑位 A 后进入商品详情页 B，那么坑位 A 的流量是统计坑位 A 的浏览次数与商品详情页 B 的浏览次数之和，还是仅仅统计坑位 A 的浏览次数。这个问题要提前和业务人员沟通清楚，如果只统计坑位 A 的浏览次数，那么在运营中要重点解决坑位 A 的吸引力问题，比如有一个坑位 C 在坑位 A 的旁边，而坑位 A 的浏览次数远远比坑位 C 的浏览次数大，那就说明坑位 A 的文案或者图片更有吸引力；如果要统计坑位 A 的浏览次数与商品详情页 B 的浏览次数之和，这就要看该坑位及跳转页面的综合流量数据情况，换言之，就算有很多流量来源于坑位 A，也不能说明坑位 A 有很大的吸引力。

除了坑位的流量，还可以统计坑位的交易额和转化率。要实现交易额的统计，就要进行后端埋点。用户从坑位到商品详情页，再到加购页和下单页，整个操作链条都要上传坑位的 ID。特别是在加购环节和下单环节之间有一个断层，用户今天加购，可能明天才下单，因此在用户加购时，必须把坑位的 ID 带入购物车，当用户从购物车取出商品并下单时，再将坑位 ID 带入订单。订单中要有一个字段用于记录商品的来源，即商品来源于哪个坑位。这样通过解析订单中的坑位 ID 就知道商品是从哪个坑位卖出去的。

坑位的配置是区分客户端的。基于不同的运营目的，每个客户端显示的坑位可能不一样，因此我们需要区分客户端查看坑位的相关数据。当用户加购时，可以记录客户端的情况，下单时再把客户端的数据带入订单，这样就能分客户端、分坑位查看坑位的流量数据情况。

第 8 章 交易分析

与交易相关的数据是一个公司最核心的数据，公司领导层会十分关注，一线的产品/运营人员的核心 KPI 也是围绕交易额展开的。一般来说，公司领导层和一线的产品/运营人员所关注的数据角度有些不同，公司领导层关注的是大盘目标的完成，很少会看明细数据，而产品/运营人员则需要大量的明细数据来分析数据上升或者下降的原因，所以公司领导层想要看的交易数据，可以以看板的形式展示，给产品/运营人员看的数据，是可以通过各种维度拆解的明细数据。针对公司领导层和产品/运营人员的不同需要，交易分析模块可以分开设计。

8.1 针对公司领导层的交易分析设计

我们先看看公司领导层关注的指标有哪些。

首先我们可以针对公司 CEO、各个部门的领导做一个调研。一般来说，领导层需要围绕着公司的全年计划来定义指标，作为公司高层，需要随时能够看到公司的全年交易额/收入、每日的交易额/收入、公司的总用户数、每日新增用户数，每条产品线都有交易额、收入的 KPI，可以针对公司总的目标做一个拆解，这样就可以算每条产品线的交易额和收入的完成率。

以笔者所在公司为例。我们公司运营电商平台，领导层关心的大盘数据主要分为三类：交易额、公司总用户数、收入。

交易额没什么歧义，口径比较清晰，按下单金额（用户看到的包含优惠的原价）、下单时间来统计。为了防止刷单，可以增加一条规则：所有未支付、已取消的订单金额都不算进交易额。这条规则需要和公司领导层、各条产品线的负责人做进一步说明。

公司总用户数是以手机号为唯一ID来统计的。一般来说，用户的信息都存储在业务系统或者业务中台的用户中心中，业务系统或者业务中台的用户中心有多少个手机号，公司就有多少用户数，这一点十分明确。如果全公司所有的用户信息都存储在一个地方（比如业务中台），就无法通过手机号数量计算每条产品线的用户数。以笔者所在公司的实际项目为例，我们的所有用户都存储在业务中台的用户中心中，每个用户只有一个平台标识，如果某个用户在电商平台上注册，那么该用户的平台标识就是电商平台，如果其他产品线的用户访问了电商产品线（这个用户的标识为非电商产品线），那么这个用户也是电商产品线的用户。如果只计算平台标识为电商产品线的用户，那么就缺少了一部分访问电商产品线的用户，所以电商产品线的用户可以定义为平台标识为电商平台或者平台标识为非电商平台但访问了电商平台的用户。

关于收入这个指标，数据中台可以统一提取订单中的平台佣金来计算，这就要求各条产品线在提交订单时，已经把平台佣金算好并记录到订单中。

接下来还有一个问题：这些指标到底是采用离线计算还是采用实时计算的？离线计算可以采用常规的"T+1"方式，我们需要等到次日才能看到今天的数据；实时计算则是每几秒钟计算一次，我们几乎能够立即看到统计数据，不过实时计算对资源的消耗还是比较大的。给领导层看交易数据，如果采用离线计算的方式，体验会不好，今天只能看到昨天的交易情况，如果领导想了解今天的交易情况，就得手动计算结果给领导层看。为了解决后顾之忧，建议直接采用实时计算方式，让领导层能实时看到公司最核心的数据。

在实际项目中，我们使用三个渠道把相关数据展示给领导层。

（1）使用移动端，可以让领导层能够随时随地查看这些关键指标。

（2）关键的指标如交易额的完成率等，需要每天推送短信给各条产品线的负责人及公司 CEO，督促业务部门完成业务目标。

（3）使用数据大屏。一方面大屏的展示会更加清晰全面，可以更直观地看到公司的健康状态，另一方面这也是公司对外展示实力的一种手段。

8.1.1 领导层移动端交易分析设计

先看一下移动端。为了降低开发成本，可以和前端开发工程师做一下沟通，选择小程序内嵌 H5 的形式，这样前端开发工程师只需要开发一套界面就可以在 PC 端、移动端显示，而且维护起来比较方便，只需要修改 H5 的代码，就可以在服务器本地更新并完成发布。如果开发 iOS 端或者安卓端的 App，那么每次更新还得提交给应用市场做审核，需要花费更多的人力成本。如图 8-1 所示，统计周期可以是"年"，领导层登录后可以一眼看到公司最核心的几个指标，比如总交易额、总用户数、总收入，而且还可以看到每条产品线的目标值、已完成等相关指标。因为采用的是实时计算技术，可以每 5 秒就计算并汇总一次公司各条产品线的交易额和收入指标，数据会自动刷新。查看这些关键性数据，实时性越高，体验就越好。

图 8-1 移动端交易分析

绩效数据也是领导层关注的重要数据。移动端还要负责输出各个部门的绩效数据。在这里，笔者基于实战项目讲解一种针对互联网电商产品统计部门绩效的方法——基于人、货、场的绩效统计方法。

我们都知道电商产品的运营分为人、货、场的运营，针对人的运营就是用户运营，针对货的运营就是商品运营、针对场的运营就是平台运营。对于一个订单来说，因为是在用户运营部门、商品运营部门、平台运营部门的合作下一起完成的，所以用户运营部门、商品运营部门、平台运营部门都要分得相应的交易额。这个比例可以和三个部门进行协商确定，比如一个订单的交易额是 1000 元，三个部门定的比例是 4:2:4，则用户运营部门分 400 元、商品运营部门分 200 元，平台运营部门分 400 元。

接下来最关键的问题是：怎么判定一个订单的用户属于哪个部门、商品属于哪个部门、平台运营属于哪个部门。用户划分可以基于渠道注册码的方式确定，前文已经讲过用户拉新模块，每个用户在注册时都要有渠道注册码，而每个渠道注册码都能关联具体的部门，这样就解决了用户运营划分绩效的问题。同样，商品在上传时也要预设好商品供应商的招商人员，通过招商人员就可以关联其所属部门。平台运营主要是运营坑位，坑位也可以关联负责人，通过负责人再关联其所属部门。通过这种方式就可以分别统计每个部门的交易额、收入、完成率等关键数据，如图 8-2 所示。

图 8-2 基于人、货、场的部门绩效拆分

8.1.2 自动化短信推送

接下来讲一下针对领导层的自动化短信推送。

对于自动化短信推送，可以接入业务系统或者业务中台的消息中心的能力。

业务系统一般会对接短信平台，短信平台可以设置短信的模板，在设置好短信模板后，由数据中台完成数据指标的计算并且完成定时器的设置，然后调用业务系统的接口完成短信的定时推送，如图8-3所示。

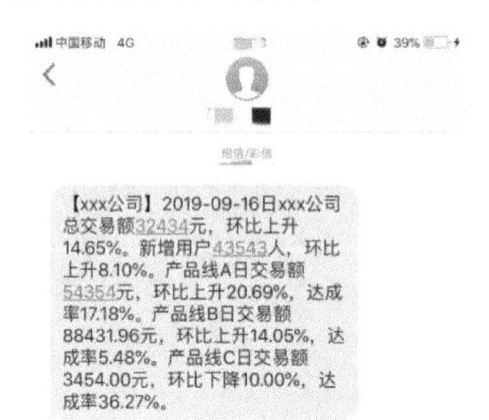

图8-3 每日绩效短信

短信每天推送前一天公司内各条产品线的交易额、收入、总完成率等数据，如果运营目标被拆解到每个月，那么到月底的时候，还可以针对没完成的部门做一个预警。交易相关数据都是比较敏感的数据，涉及部门的 KPI，每个部门都会关心，因此数据口径要和各个部门的负责人提前做确认。在绩效短信上线的初期，最好每天做一次监控，可以多一层检查，比如每天早上9点30分要推送数据给各位高层，为了防止错误，可以要求技术人员在8点30分时先把数据推送给数据中台的负责人，这样一旦出现错误，还有一个小时的时间修改错误。

另外需要注意：每次修改短信推送内容，都需要短信平台进行内容审核，而人工审核需要一段时间，所以在每次修改短信内容时，可以提前把短信内容确认好，先通过短信平台对模板进行审核。

8.1.3 数据大屏设计

最后笔者讲一下数据大屏。

关于数据大屏，市场上有很多比较成熟的解决方案，基本都是按版本功能的丰富程度来收费的。大部分基础版本都是免费的，只供个人试用，功能限制比较多。高级版本的功能比较丰富，每年费用低则几百元，高则几千元。一般来说，只需按照大屏供应商的数据规范，计算好数据源，通过"拖拉拽"的方式就能生成一个维度丰富、看起来炫酷的数据大屏。

数据大屏不是放在数据中心里，就是放在领导层的房间里。数据大屏的设计（比如风格）可以先和领导确认好。数据大屏是公司秀肌肉的一个手段，所以还是要设计得简洁大气一些。通常可以通过 URL 的方式访问数据大屏，使用普通的浏览器，按下 F11 按钮，就可以进入全屏浏览。当然，如果想要获得更好的效果，还是应该买一个比较大的屏幕。

下面看一下数据大屏的实战案例——电商项目数据大屏。如图 8-4 所示，这是一个电商项目数据大屏设计原型。我们看一下这个数据大屏的整体设计，其最显眼的位置就是屏幕的中上方，我们放了几个跳动的数据，包括总交易额、总收入、总用户数，它们都是实时数据，每 5 秒钟刷新一次。屏幕中间有一个地图区域，通常可以显示全国各省市产生订单的热点图，哪个地区的订单量比较高，哪里的颜色就比较深。左侧是公司热销的单品排行，也是滚动的数据，每 5 秒钟刷新一次。右侧是一些品类销售情况和订单量趋势数据。

图 8-4　电商项目数据大屏案例

8.2　针对产品/运营人员的交易分析设计

以上通过移动端、短信、数据大屏三种方式讲解了针对领导层的交易分析模块相关设计。接下来我们看一下如何针对产品/运营人员进行交易分析模块相关的数据指标设计。

做这项工作要先看一下权限问题。因为运营的岗位分得比较细，比如电商产品的运营就分为用户运营、平台运营、商品运营，所以不同岗位的权限应该是不同的，他们只需要看到自己负责的模块的相关数据指标。用户运营人员需要看到每天的首单人数、复购人数、首单金额、复购金额等与用户交易额相关的数据；平台运营人员需要看到更多与流量相关的指标；商品运营人员需要看到不同品类在不同价格段的销售件数、销售额，需要看到单个品类的销售总件数、销售总额，从而发现哪些商品更好卖；运营工作负责人需要看到电商平台的总体情况和每个模块的情况。因此，交易分析模块的权限设计，要能精确控制到个人的级别，需要能够设置哪些人可以看到、哪些人不能看到。

8.2.1 交易分析数据总览

运营工作负责人更加关注产品线的总体情况，他们和公司领导层不同，在出现问题时，需要分析原因并采取措施，所以他们一般会更加注意明细数据。因此，数据中台的 PC 端要注意数据的多维度筛选与导出。

运营工作负责人主要关注年度目标和完成率、月度目标和完成率、每日交易额、每日收入等指标。运营工作负责人会把公司目标拆分到每个组员身上，所以他们还会关注每位组员的绩效完成情况，督促组员按月完成每项指标，功能界面如图 8-5 所示。这些指标最好能够做成实时数据，在移动端和 PC 端上展示，以实时监测产品线的健康状态。

图 8-5 部门组员的绩效数据

8.2.2 渠道交易分析

接下来，笔者讲解一下渠道交易分析。渠道交易分析是交易分析中比较重要的模块，笔者以电商产品为例来讲解。

成熟的电商平台都有不止一个销售渠道，有线上销售渠道，也有线下销售渠道。

笔者先说线上销售渠道，其分为自营模式和非自营模式两种。电商平台的自营模式就是预售模式，我们的商品运营人员会在市场上挑选一批货拿到网上卖，对于一些优质品牌的商品甚至选择直接与工厂合作的方式卖货，这种模式对于电商平台来说，是通过赚取差价获利的。电商平台的非自营模式就是和供应商合作，让供应商到电商平台上卖货，电商平台的角色类似于支付宝，做担保交易，当采购商确定收到货物并表示满意，再给供应商打钱，电商平台可以通过这种模式赚取佣金（比如收取交易额 5%作为提成）。无论是自营还是非自营，电商在线上都有比较丰富的销售渠道，比如有针对大客户的销售渠道，大客户是平台的 VIP 客户，平台可以为他们提供个性化的 VIP 服务，比如优先发货、货品质检等服务，还有面向 C 端的网红直播销售渠道等。

接着说线下销售渠道。电商平台会定期联合优质的供应商举行线下订货会，并通知优质的采购商去现场挑货采购，这类渠道的特点是订单量大，且因为采购商现场亲自选货，退货率比较低。

以上几个销售渠道都是由不同的运营人员负责的，这就需要算出每个销售渠道的交易额到底是多少，一方面可以找到盈利能力最强或者性价比更高的销售渠道，另一方面也可以拆分出这些运营团队的绩效数据。如何区分不同销售渠道的销售情况呢？我们统一要求各个销售渠道的负责人给所负责的供应商分配一个本部门的对接人，这个对接人在录入供应商信息时会提前录入系统并填好部门。因为订单中有商品的信息，商品又属于某个供应商，这个供应商就可以关联到对接人，又可以通过对接人关联到负责人的部门，所以就可以通过部门来区分不同销售渠道的销售额。此处涉及的指标主要有销售渠道的总交易额、每天的交易额、客单价等关键数据。交易额说明渠道的盈利能力，客单价决定我们到底为这个销售渠道的采购商提供哪个价位段的商品。如图 8-6 所示，这是一个典型的渠道交易额分析案例，上半部分是每个渠道的总交易额，下半部分是每个渠道的交易额近期的趋势。

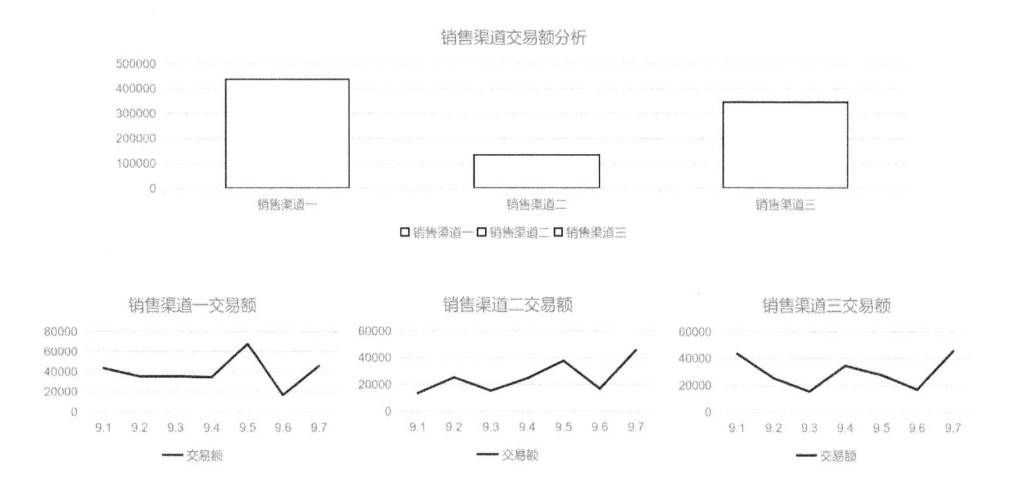

图 8-6　渠道交易额分析

8.2.3　交易来源分析

接下来笔者讲解一下交易来源分析。

首先我们看一下如何定义交易来源分析。以电商产品为例，电商产品的最关键页面就是商品详情页，所有的商品都是在用户浏览了商品详情页后才卖出去的，但是只知道这些是不够的，用户可能通过搜索方式进入商品详情页，也有可能通过某个坑位进入商品详情页，还有可能通过分类页进入商品详情页。交易来源分析就是要自动化地输出：订单到底是从哪个客户端（iOS 端、安卓端、小程序端、H5 端、公众号端）卖出去的。确定了客户端后，就可以进一步了解这笔交易是从某个坑位卖出去的，还是从搜索卖出去的，还是从分类页卖出去的，还是其他未知位置卖出去的。

接着我们看一下交易来源分析具体该怎么做。有个比较重要的说明：用户在加购后并不一定下单，可能在一段时间后才下单，这样就给交易来源分析带来一定难度。因为当加购环节和下单环节之间有时间间隔时，用前端埋点的方式统计订单来源就会有一定难度，因为用户的行为是无序的，在加购环节和下单环节之间可能会有很多其他操作，所以很难通过用户的路径判断出用户是如何进入商品详情页的。另外因为用户网络的问题，前端埋点的方式会令数据产生 5%左右的丢失率，也会给统计带来误差。可以采用后端埋点的方式，在用户加购时就存储用户当时的客户端、来源类型（搜索、分类页、坑位等）、分类 ID、搜索关键字、坑位 ID、坑位名称等关键信息，当用户从购物车中将商品取出下单时，再将这些信息插入到订单中，也就是说，订单中要预留订单来源字段，可以使用 JSON 的形式记录订单的来源信息。有了订单来源信息，数据中台就可以解析这个字段，完成订单来源的相关统计，如图 8-7 所示，可以看到每个客户端交易额的占比。有了这些数据就可以初步衡量我们针对客户端的投放、运营是否有效果，比如当我们在做安卓应用市场的投放工作时，首先要拿到安卓端近期的交易额，对比投放前后的交易额，看是否有增长。

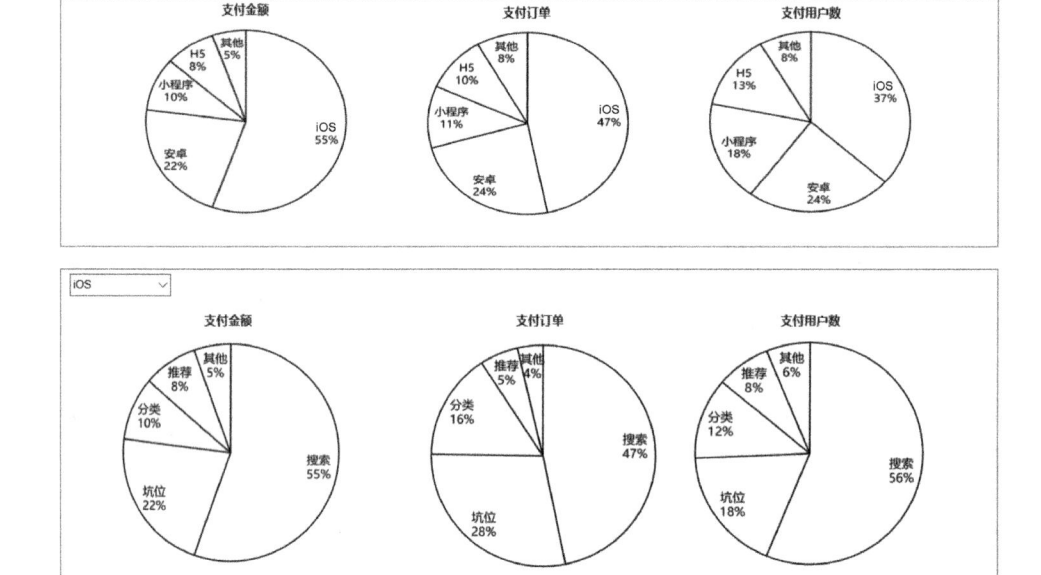

图 8-7 订单来源分析

选择了某个客户端后也可以看看该客户端订单来源的占比，有了这个数据我们就可以初步判断哪个位置的运营效果提升得比较快。假设在交易来源分析中，90%的订单都是来自于搜索页面的，那么运营人员做其他模块的运营工作一定没有做搜索模块的效率高。

数据中台还需要提供订单来源的明细数据，如表 8-1 所示，可以快速筛选出订单来源的明细数据。比如订单是从哪个坑位产生的，坑位的名字是什么；如果订单来源于搜索页，那么用户搜索的关键字是什么；如果订单来源于分类页，那么用户是点击了哪个分类的数据产生的销售；等等。有了订单来源的分析数据，就可以知道整个订单的来龙去脉。举一个例子，如果坑位有做追踪订单来源分析的埋点，那么运营人员就能够直接取到该坑位昨天的交易数据，如果这个坑位持续有交易额，那么运营人员就要重点关注它，但是如果这个坑位放置了一段时间都没有交易额，那么运营人员就需要对这个坑位做针对性调整。

表 8-1 订单来源的明细数据

订单号	手机号	店铺	订单金额（元）	客户端	来源ID	来源名称	搜索关键字	坑位名称	推荐算法
35562	158xxx	xx店铺	89.9	安卓	1002	搜索	xx		
35564	138xxx	xx店铺	289.9	iOS	1001	坑位		xx	
35561	131xxx	xx店铺	189.9	小程序	1003	推荐			2001
35568	159xxx	xx店铺	289.1	H5	1002	搜索	xx		
35569	138xxx	xx店铺	168	安卓	1001	坑位		xx	
35567	133xxx	xx店铺	149	安卓	1003	推荐			2001

8.2.4 购物频次分析和购物间隔分析

交易分析中还有两个重要知识点是购物频次分析和购物间隔分析。购物频次分析仅针对已支付用户，可以看下用户的购物频次分布，基于用户购物的频次确定购物频次分析的区间。如图 8-8 所示，该购物频次分析的区间按照 1 次、2 次、3 次、4 次、5 次、6 次及以上来划分。

这个图可以直接反映出平台用户的黏性。如果大部分用户的购物频次是 1~2 次，那么说明平台现有用户的黏性不高，平台价值也就不高。如果大部分用户的购物频次比较高，那说明平台的价值还是比较高的。

一般来说，电商产品的目标是吸引更多新用户到平台并让他们在一周内购买 2~3 次。如果一个新用户在一周内购买过 2~3 次商品，那么这个用户的购买留存率会变得非常高。购买留存率是指当天购买的用户在 7 日或者 14 日内继续购买商品的百分比。

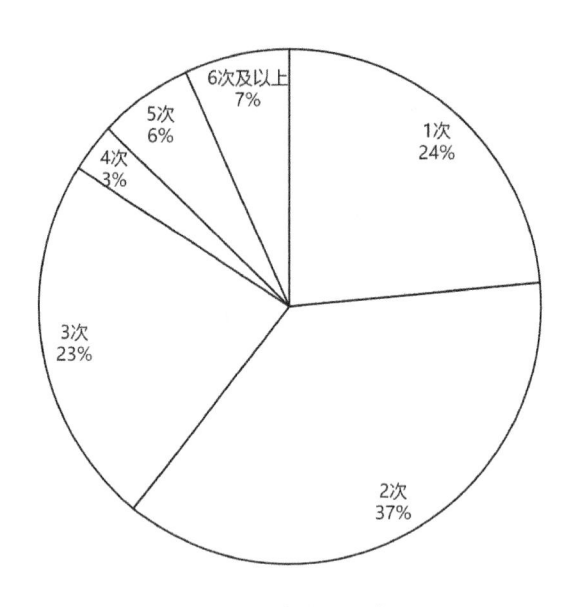

图 8-8　购物频次分析

可以做一个购物间隔分析，如图 8-9 所示。可以看下用户从注册到第一次下单的时间间隔分布，比如根据用户间隔时长设定区间分别为"7 天内""8～30 天""31～90 天"等区间，可以发现一个规律：随着间隔时间越来越长，用户越来越少。也就是说，在用户注册的 7 天内，使用方法让用户下单的效率是最高的，不然用户就偷偷离开了。

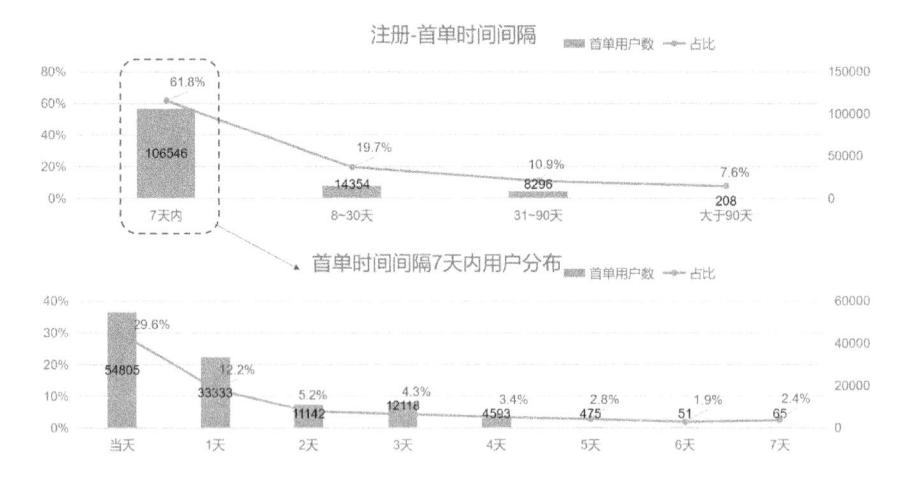

图 8-9　用户从注册到首单的时间间隔分析

如果觉得"7 天内""8～30 天"等区间的时长过长，还可以提取出从注册到首单时间为"7 天内"的用户进一步做分析。你会发现当天注册即下单的用户是最多的，换言之，距离注册时间越短，下单用户的数量就越多，所以在用户注册当天，我们的运营手段是最有效的，没有在注册当天下单的用户随着注册天数增加会越来越难转化。

同样我们也可以看一下用户从首单到首次复购的时间间隔，如图 8-10 所示。间隔时长的划分区间也分别定义为"7 天内""8～30 天"等。

首单-复购时间间隔

区间	复购用户数	占比
7天内	1606	57.8%
8-30天	849	23.7%
31-90天	125	11.9%
大于90天	69	6.6%

复购时间间隔7天内用户分布

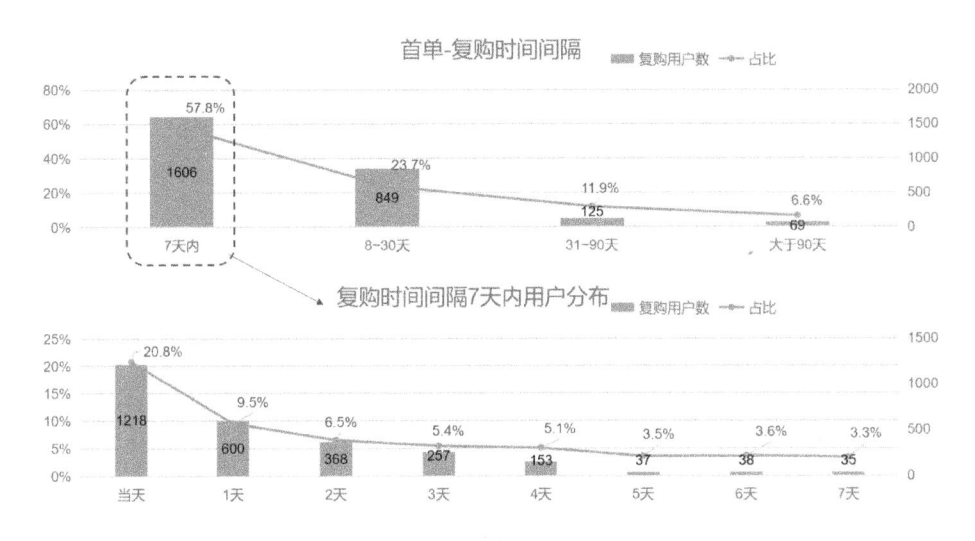

区间	复购用户数	占比
当天	1218	20.8%
1天	600	9.5%
2天	368	6.5%
3天	257	5.4%
4天	153	5.1%
5天	37	3.5%
6天	38	3.6%
7天	35	3.3%

图 8-10　从首单到复购时间间隔分析

电商产品的规律是：大部分用户在首次下单后仍会复购，且大部分的复购用户的复购发生在"1～30 天"区间中，所以用户运营人员应该在用户首次下单的当天就用一些方法刺激用户复购，这时的成功概率是最大的，而时间越往后越难实现复购。

基于购物间隔分析你就可以发现你们平台的"魔法数字 N"，也就是：在用户注册"N 天内"一定要想办法让用户下单，尤其是新用户注册的当天非常重要，可以采取一些措施让这个用户尽可能下单。基于这个数字 N，运营人员的目标就变为"如何让用户在注册的 N 天内实现下单 2～3 次"，在有了这么一个清晰的目标后，所有运营人员做的事情都可以围绕着这个目标进行，运营效率会变得越来越高。

第9章

自助分析平台

以上几章分别讲解了用户分析、商品分析、流量分析、交易分析四个模块，几乎所有的互联网产品基本上都会涉及这几个模块。接下来笔者讲一下数据中台中的更加高阶的实战内容，包括自助分析平台、自动化营销平台、推荐平台。

数据中台的主要工作就是输出数据指标。数据中台要对接公司内部的多条产品线，每条产品线都会定期提一些数据需求，随着数据中台和各条产品线的合作越来越紧密，每条产品线都会积累很多指标。随着时间和产品线的增加，有个问题会凸显出来：数据中台的开发资源很快会满足不了业务部门日益增加的越来越多的需求。另外，每个部门、每个人的需求都是各种各样的，无论怎么做都无法满足所有的需求。上文已经讲过，数据中台的每个数据指标的开发都涉及多个步骤、多个角色，如果每个数据指标都按照上文定义的那套流程，每个数据指标的开发周期会很长，不能满足互联网产品快速迭代的需求。

我们在实战项目中确实也遇到了这个问题。一般来说，数据中台的迭代周期至少需要两周，而产品线普通功能的开发只需要一周，这样数据分析模块就会滞后一周左右，所以我们决定引入一套自助分析的工具，这样数据中台只需要负责数据指标的计算——也就是模型设计和数据开发，把最终的计算结果和自助分析工具结合，产品/运营人员就可以通过拖曳的方式形成自己的看板。一些特殊的需求可以让后端开发工程师和前端开发工程师参与，这样后端开发工程师和前端开发工程师可以做一些其他大模块的开发。按照之前的流程，每个数据指标的开发工作都需要架构师、项目经理、产品经理、模型设计师、数据开发工程师、后端开发工程师、前端开发工程师、测试人员、UI 设计师参与，现在只有一些特殊的需求需要后端开发工程师、前端开发工程师的参与，如果少了后端开发工程师、前端开发工程师这两个角色，就大大降低了数据中台开发的人员成本。另外比较重要的一点是，产品/运营人员可以制作自己感兴趣的看板，就形成了看板的"千人千面"，每个人看到的都是他关心的数据。

9.1 自助分析平台产品方案

我们先看下目前市场上的数据产品关于看板模块是怎么做的。笔者选了近年市场上比较成熟的数据产品：GrowingIO、诸葛 io、神策。这三个产品的数据看板模块功能的设计有一个共同点，它们都有两个主要功能：一是制作看板，二是使用看板。

我们首先看一下制作看板功能，界面大致如图 9-1 所示，通过设置指标、维度、过滤条件、特殊条件等选项，以拖曳的方式就可以定制自己的看板。在看板制作完成后，可以分类存储，形成自己的看板库。

图 9-1 制作看板

另外一个功能是使用看板，如图 9-2 所示，可以将看板库中的看板取出，自由组合成自己的看板界面。组合后的看板可以同时在移动端和 PC 端查看，也可以通过地址分享给其他人查看或者嵌入产品的网页中。

图 9-2 使用看板

这种看板功能和传统的看板功能有一个很大区别就是使用者看到的都是他关心的数据，形成了看板的"千人千面"。另外由于看板都是可配置的，可以节省大量的前端开发工作和后端开发工作。只要有数据源，产品/运营人员都可以完成基础的看板的配置，前端开发工程师只需要解决一些比较难操作的功能（比如时间的对比、环比等）。有了自助看板功能，以后无论数据中台接入多少条产品线，都不需要一一开发这些产品线的看板前端界面，这样会节省大量的开发资源。

9.2 快速入门三种数据自助分析可视化产品

接下来我们看一下如何实现强大的自助分析看板功能。如果公司自主研发该功能，会付出大量的人力成本和时间成本。市场上其实是有比较成熟的数据自助分析可视化产品的。这些产品可以与公司的数据中台做集成，形成数据中台的自助分析看板模块。

让我们看一下市场上比较成熟的解决方案。

9.2.1 帆软自助看板模块介绍

第一个是商用收费的数据自助分析可视化产品叫帆软，其在国内做得比较好。我们先看下帆软制作报表的过程。

（1）处理数据源，需要技术人员将数据中台的数据库与帆软连接，如图 9-3 所示。

图 9-3 帆软连接数据库

（2）需要针对数据库中的字段做进一步处理，如图 9-4 所示，主要的工作是将数据库的库表字段转化为产品/运营人员可以理解的名称。数据库的字段的初始命名往往偏技术化，产品/运营人员不一定能看懂。

图 9-4 修改数据库中相关字段命名

（3）产品/运营人员通过选择数据源、维度、指标，就可以通过拖曳的方式制作自己想要的图表，如图 9-5 所示。

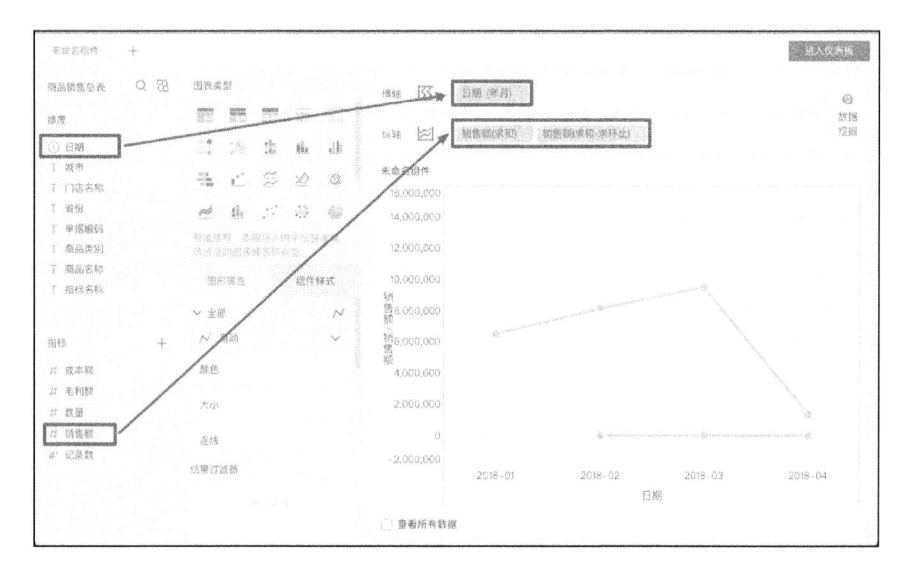

图 9-5　配置图表

帆软支持丰富的图表显示方式，除了常规的报表、折线图、饼图、柱状图等，我们还可以做一些图表的组合，如图 9-6 所示。

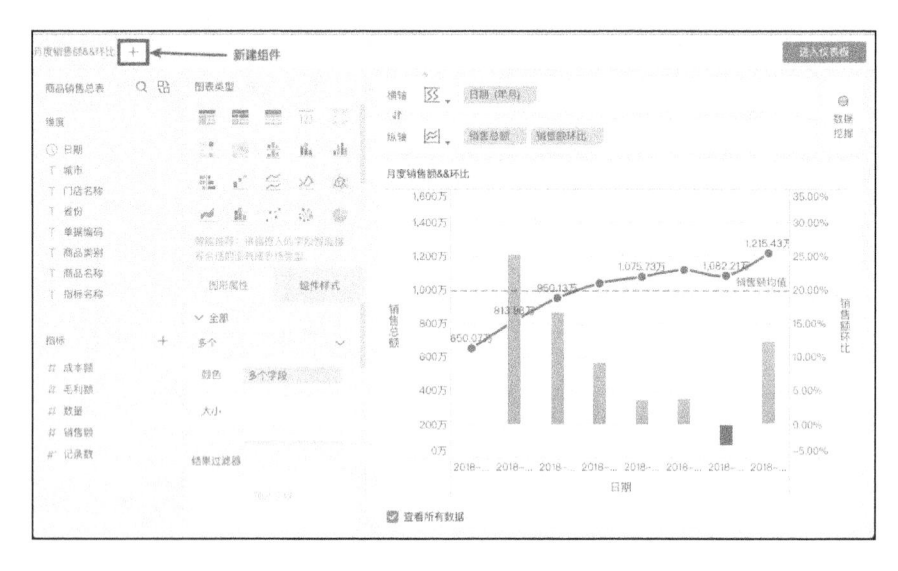

图 9-6　图表组合显示

9.2.2 达芬奇自助看板模块介绍

本小节我们介绍一下达芬奇数据自助分析可视化开源框架。达芬奇是国内开发者开发的开源产品。

（1）开发数据源管理功能，该功能主要是给数据开发工程师使用的。数据开发工程师需要把计算好的数据（一般是 ADS 层的数据）连接到达芬奇上。达芬奇支持多种数据源的连接。输入 ADS 层数据库的地址、账号、密码就可以在达芬奇中看到 ADS 层的数据，如图 9-7 所示。

图 9-7 达芬奇的数据源连接

（2）抽取数据。还是那个问题，产品/运营人员是看不懂数据库原始数据的，因为数据库的字段命名偏技术化，需要把字段重新命名，所以还需要数据开发工程师使用 SQL 处理，如图 9-8 所示。

（3）使用看板制作器，该功能是给产品/运营人员直接使用的。运营人员看到的数据是经过上一步的技术人员处理过的，如图 9-9 所示，通过拖曳维度、指标、过滤条件等，可以完成看板制作。看板不但支持图表（类似 Excel）的报表显示，还支持常规的柱状图、折线图、饼图等，还支持报表与图表的自由切换。制作看板后，可以把看板保存在看板库中。

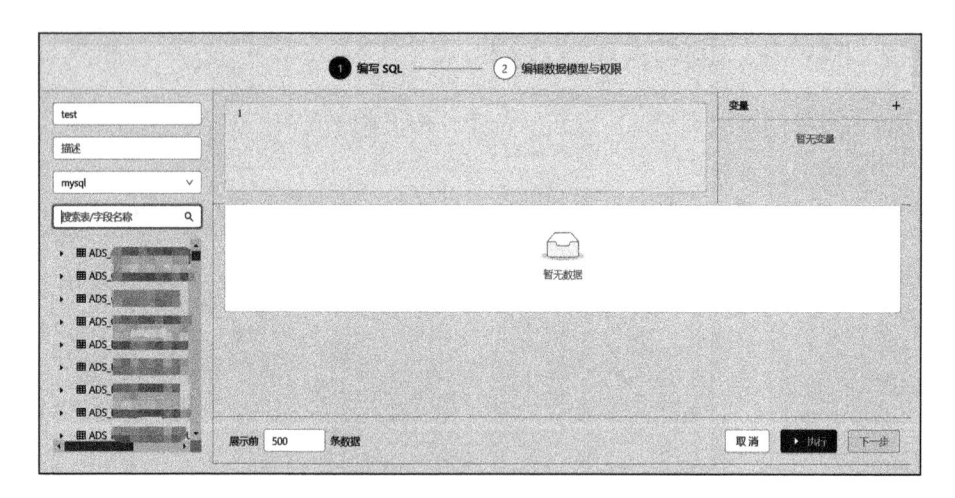

图 9-8　原始数据的抽取

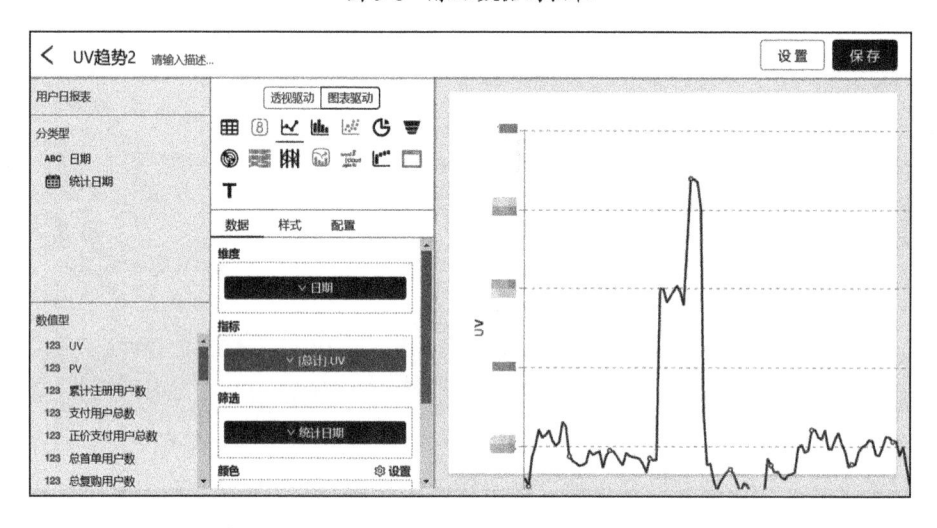

图 9-9　看板制作器功能

（4）使用看板管理器。运营人员可以快速找到自己制作的看板，形成自己的看板界面。如图 9-10 所示，可以通过拖曳的形式调整看板各部分的位置，每个看板界面会生成一个分享链接。达芬奇的看板是由 H5 制作的，能够在移动端自适应显示，我们可以在移动端针对此界面做一个集成，这样就能随时随地查看自己的看板。另外一旦制作完成看板，达芬奇还支持数据的自动导出，可以很方便地在 PC 端把看板数据导出。

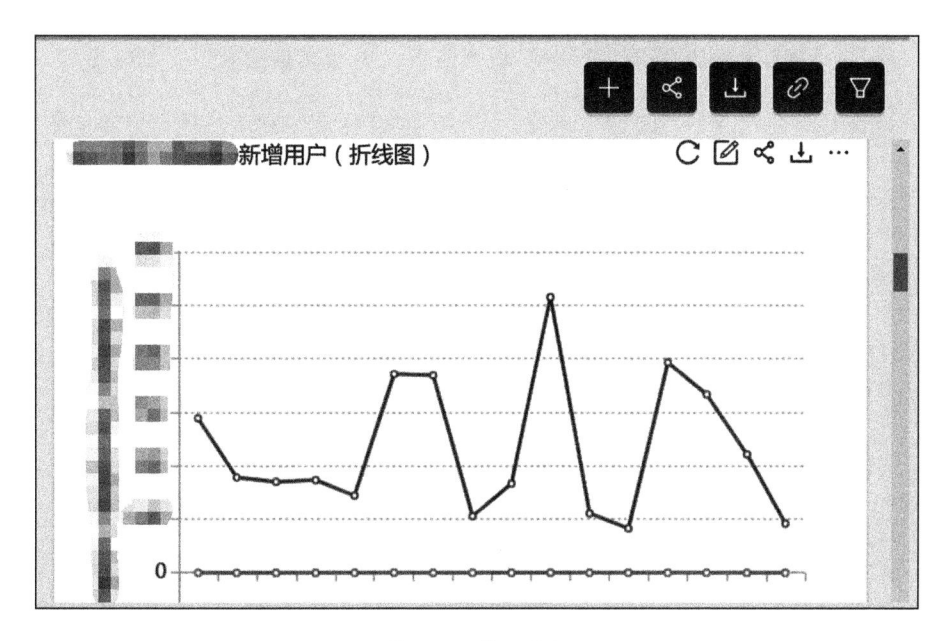

图 9-10　管理看板

9.2.3　Superset 自助看板模块介绍

接下来我们再看一下 Superset。Superset 是国外开发者开发的开源产品，和达芬奇功能类似，也有数据源接入、看板制作器功能，但是没有看板管理器功能。Superset 也是比较偏技术化的，但是它的灵活性更高，图表的可视化功能可以与 EChart 对接。

Superset 的数据源管理界面如图 9-11 所示，主要是给技术人员使用的。同样，我们可以通过数据库的地址、账号、密码直接连到数据中台的数据库。

图 9-11　Superset 的数据源管理界面

Superset 的看板制作器功能如图 9-12 所示，上面有很多术语（如数据源、过滤等）是技术人员使用的，对于业务人员来说，比较难理解。

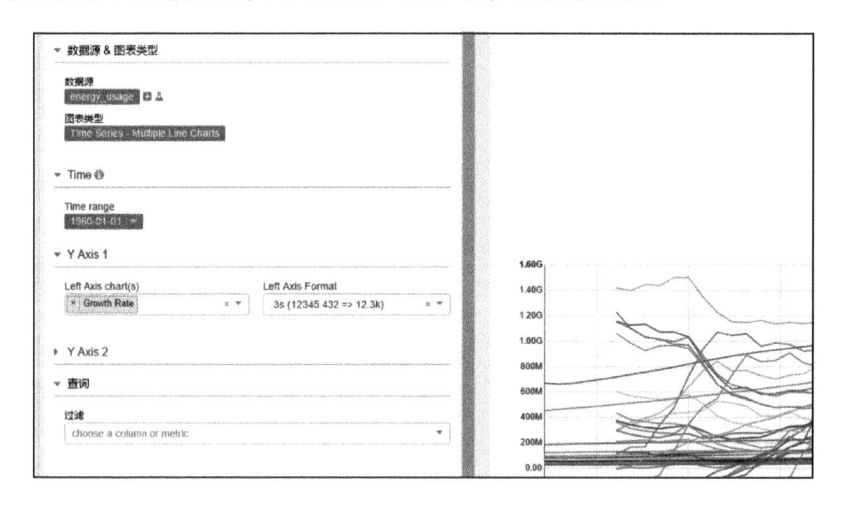

图 9-12　Supset 的看板制作器

Superset 也有分享的功能，但是不能通过拖曳的形式改变看板各部分的位置。Superset 可以与第三方的看板管理功能（比如百度的 EChart 等）做集成，从而制作内容更丰富的图表。

Superset 还有一项特殊功能，其专门为技术人员或者懂得 SQL 的人员提供 SQL 可视化工具，可以直接使用 SQL 查询数据，就可以形成报表，如图 9-13 所示。

图 9-13　Superset 的 SQL 可视化功能

9.3 自助分析平台技术选型

上一节对三个产品做了介绍。帆软是数据可视化商用软件的代表，相对来说体验比较好，但是它不是开源产品，需要收费，如果公司有足够预算，那么在数据中台项目刚开始时就可以采购一套帆软。

Superset 是数据可视化开源软件的代表。Superset 比较偏技术化，只有懂得 SQL 的人才能用，虽然给数据分析师使用没有任何问题，但是如果给产品/运营人员使用，有些地方就很难理解，操作起来也不太方便。Superset 的优点是比较灵活，可以集成网上很多的开源插件，如果公司有足够的开发资源，也可以以 Superset 为基础做二次开发，来满足公司的自助看板项目的需求。

达芬奇和以上两个产品相比，属于折中的选择，其看板制作器、看板管理器功能可以直接给产品/运营人员使用，基本功能满足需求。另外因为达芬奇是开源的，可以直接集成到数据中台。

这里只是举三个比较有代表性的例子，在实际项目中可以根据公司情况选择。如果公司有足够的预算，则可以选择商业化的软件帆软，数据中台的前端数据展示全部由帆软支撑；如果公司的开发资源相对充足，则可以选择类似 Superset 的开源且灵活的框架，自己再进行二次开发，后期的扩展性会更好。达芬奇也是不错的选择，其看板有一套基本的处理逻辑，不过功能层面比较简陋，从公司的长远考虑，还是需要对达芬奇的开源版本做二次开发，以满足公司的数据需求。

9.4 自助分析平台实战案例

本章我们以达芬奇为例，介绍一下数据中台如何集成达芬奇，实现数据中台的自助分析模块；再基于一个配置产品线每天的 PV/UV 看板的实战案例，来介绍一下如何通过达芬奇配置自己的看板。

9.4.1 数据中台集成达芬奇

我们先来介绍一下，如何将数据中台与达芬奇做集成，形成数据中台的自助分析模块。

1. 部署达芬奇

这个工作可以让开发人员按照达芬奇的部署教程完成开源项目的部署。部署达芬奇后，就要解决数据中台与达芬奇用户的登录互通问题。数据中台有自己的账号体系，达芬奇也有自己的账号体系，既然数据中台集成达芬奇，那么我们的目标就是在登录数据中台后，点击菜单就可以跳转进入达芬奇的各个功能模块。简单的做法就是定期将数据中台的账号导入达芬奇，当用户登录数据中台时，调用达芬奇的登录接口，也能完成达芬奇的登录，这样就实现了两个系统的互通。

部署达芬奇后，使用者打开的第一个界面如图 9-14 所示。图中的每个图块就代表一个项目。达芬奇的模块结构是"一个项目可以有多个菜单，一个菜单可以有多个图表"。

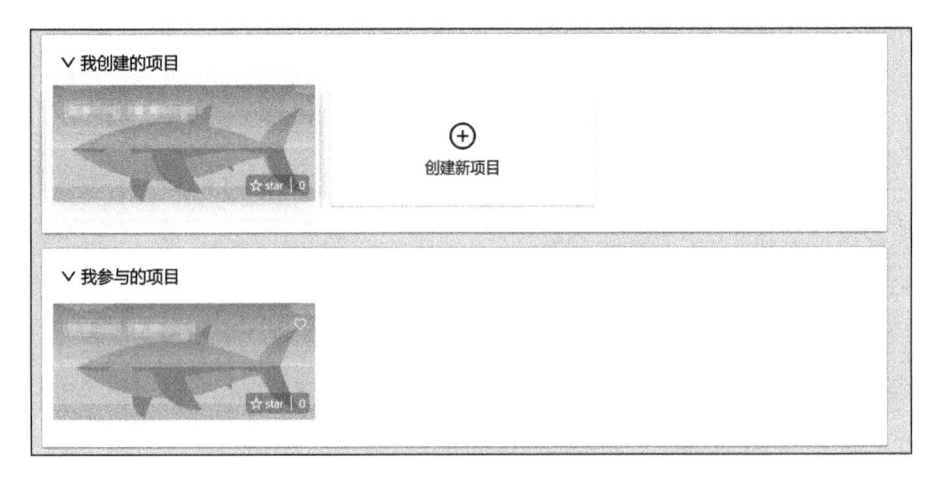

图 9-14 达芬奇首页

对于一个公司来说，一个项目就可以满足公司内多条产品线的看板配置，所以我们并不需要创建多个项目。可以新建一个项目，用户打开后直接跳入这个项目的菜单，查看图表模块，如图 9-15 所示。

按照以上方式，可以完成达芬奇的数据源管理（链接数据库）、数据表管理（处理数据库数据，形成产品/运营人员可以理解的字段）、自助分析（配置看板）、我的看板（看板的显示）等模块的 PC 端配置，如图 9-16 所示。

图 9-15 达芬奇的"我的看板"界面

图 9-16 数据中台集成达芬奇后的功能界面

2. 移植到移动端

为了在移动端上也能查看 PC 端配置的看板，我们需要把达芬奇的"我的看板"功能集成到移动端。针对这个目的，我们要解决两个问题。其一还是登录问题，我们在数据中台的移动端登录的同时，要调用达芬奇的接口进行达芬奇的登录。其二，我们究竟如何将 PC 端的"我的看板"功能移植到移动端。这里讲一下集成的思路，如图 9-17 所示，PC 端的"我的看板"功能包含一级菜单、二级菜单以及菜单页面的图表，我们只需同步达芬奇数据库中某个用户有哪些菜单、这些菜单的地址是什么。通过在移动端查询用户的菜单、菜单对应的地址，即可完成 PC 端"我的看板"界面在移动端的显示。

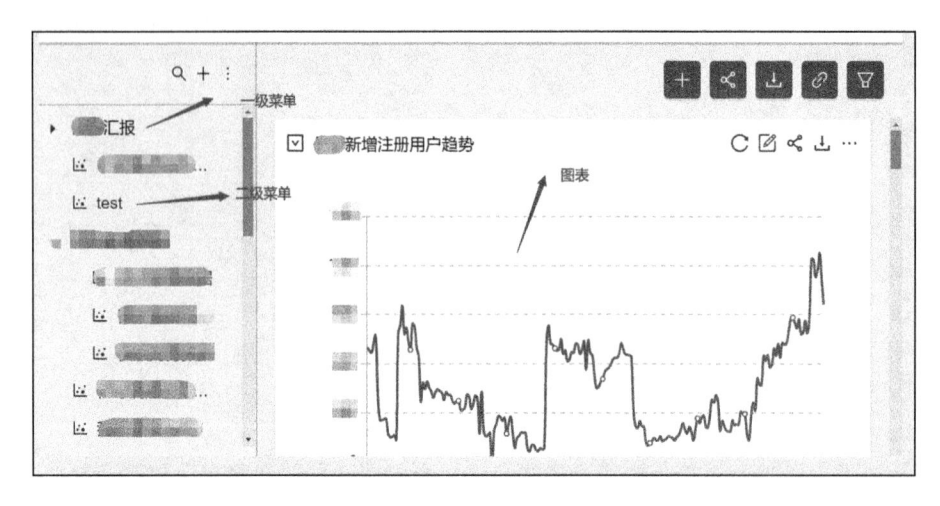

图 9-17 达芬奇 PC 端的"我的看板"功能

如图 9-18 所示，移动端的界面可以分为两层：第一层是菜单的名称，第二层是菜单的具体内容，由前端开发工程师基于菜单的地址加载图表即可。因为达芬奇的前端界面是基于 H5 开发的，所以在移动端可以自适应显示，这样就解决了用户随时随地在移动端查看图表的问题。

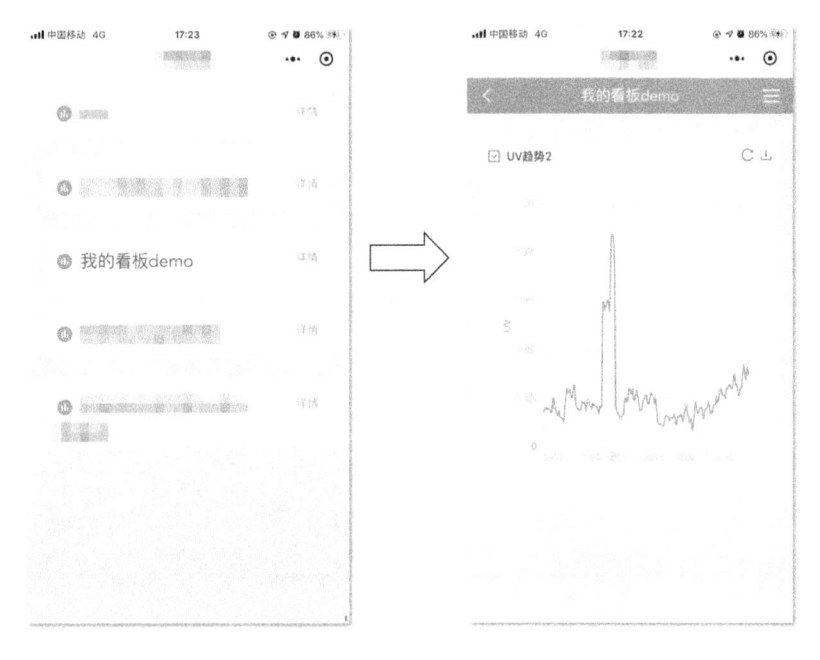

图 9-18 移动端"我的看板 demo"界面

3. 两个关于权限的问题

（1）关于数据表的权限

数据表的权限决定谁能操作哪些数据。达芬奇在连接数据库后一般可以授予开发人员全部的权限，接着，数据分析师或者技术人员可以基于数据库中的数据，通过 SQL 输出产品/运营人员可以理解的表结构，设置好哪个是指标、哪个是维度，如图 9-19 所示。

图 9-19　配置数据表

最后，可以配置数据表的权限，如图 9-20 所示。这个功能可以精确到字段级别，设置某个角色可以看到全部字段或者某个字段。用户的角色可以通过达芬奇的权限管理功能提前设置。

图 9-20　数据表数据权限的配置

（2）关于图表的权限

图表的权限决定某个用户能看到哪些看板。当使用者制作好看板时，在"我的看板"模块就可以看到自己的看板，当使用者想分享自己的看板给别人看时，就可以用分享功能将看板分享给相应的用户，移动端"我的看板"功能也要增加一层逻辑，不但能看到自己制作的看板，还能看到别人分享的菜单或者看板，功能界面如图 9-21 所示。

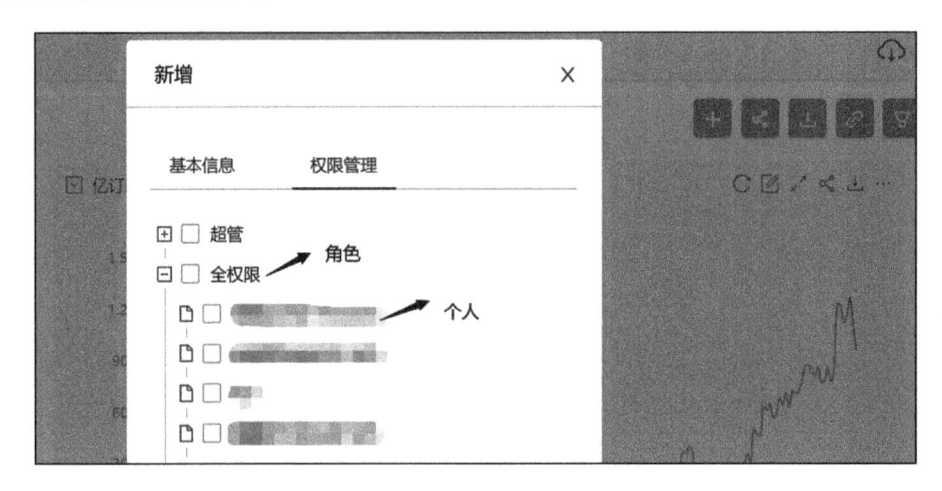

图 9-21　菜单和图表的权限配置

9.4.2　自助分析平台实战案例

在这个小节中，笔者以配置某条产品线的每天 PV/UV 看板为实战案例，介绍一下数据中台自助分析平台应该如何使用。

（1）管理数据源。通过达芬奇连接数据中台数据库的 ADS 层，如图 9-22 所示。

（2）管理数据表。这一步由数据中台的数据分析师或者开发人员完成，如图 9-23 所示。涉及 UV 的表是用户模块的日报表，可以选择数据源。涉及 SQL 如下（有删减）。

```
SELECT
    DATE_FORMAT(DS, '%m.%d') AS 日期,
    DATE_FORMAT(DS,'%Y-%m-%d %T' ) AS 统计日期,
    UV_1D AS 访问用户数,
    PV_1D AS 浏览次数,
```

```
FROM
    ADS_XXX_STAT_1D T
WHERE
    CHANNEL_ID=XXX AND T.DS >= Replace($Start_Time$,'-','');
```

图 9-22 数据源管理

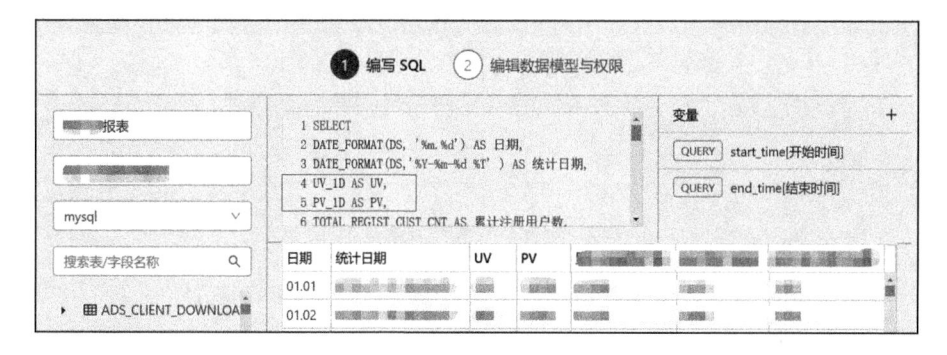

图 9-23 配置 PV/UV 数据表

接下来选择维度和指标，如图 9-24 所示。在这个案例中，我们的统计维度就是日期，指标就是 PV、UV，最后完成数据表权限的设置，确认哪个角色可以看到这个数据表、哪些角色可以看到哪些字段。

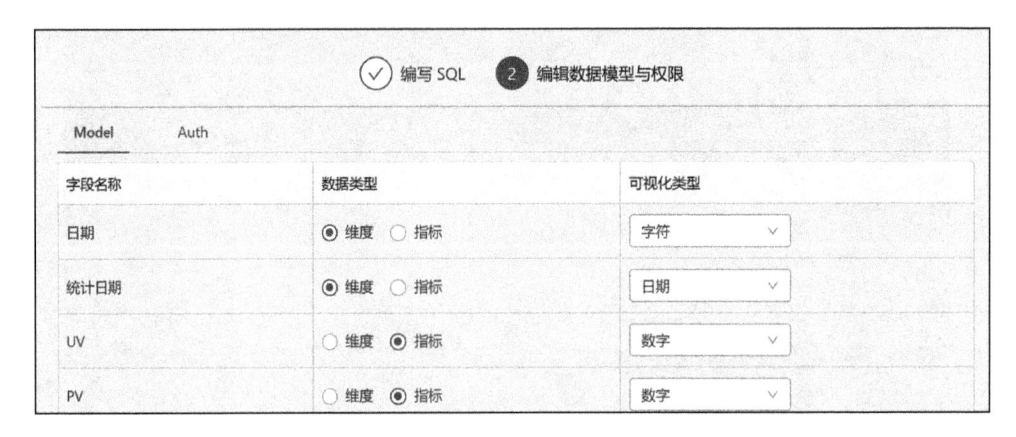

图 9-24　配置维度和指标

（3）制作看板。选择数据源"用户日报表"，可以将日期拖入看板制作器的维度区域，再将指标 PV、UV 拖入指标区域，右侧就可以形成看板。可以选择图表的类型和样式，在这里，我们为了看趋势选择的是折线图，如图 9-25 所示。

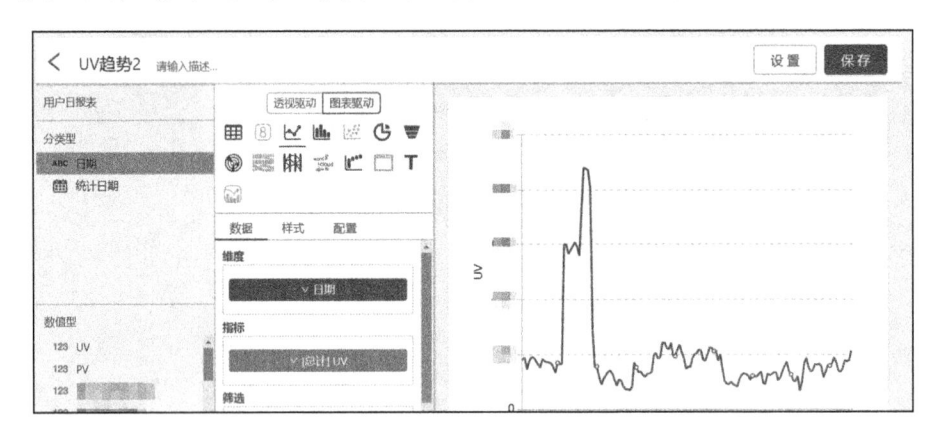

图 9-25　制作看板

（4）配置看板。上一步我们制作完成看板，接着命名该看板，并将之存储到看板库中。在"我的看板"界面，我们可以新建菜单"我的看板 demo"，如图 9-26 所示，并可以将刚才制作好的看板放入菜单中，如图 9-27 所示。

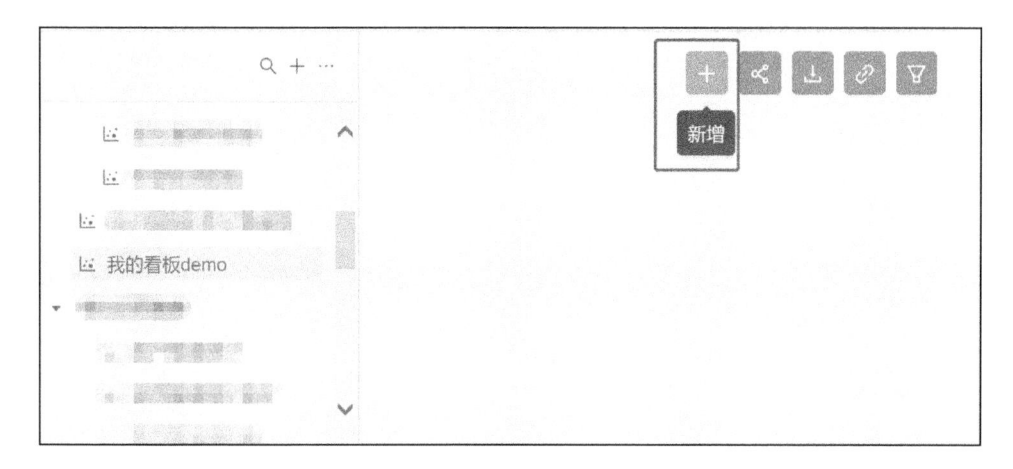

图 9-26　配置 UV 看板

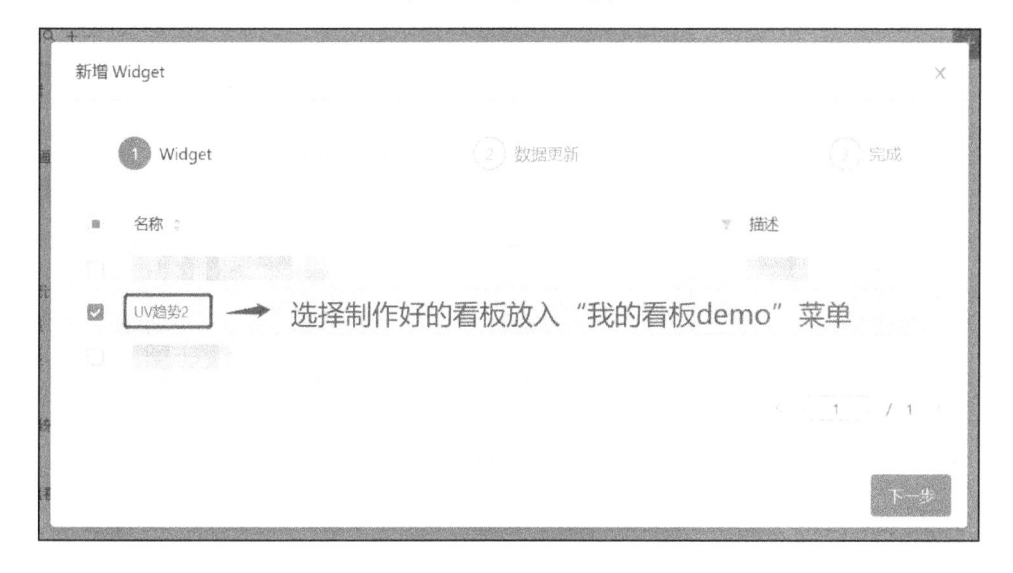

图 9-27　PC 端显示的看板

这样就可以分别在 PC 端和移动端查看刚才制作完成的看板。PC 端看板的显示如图 9-28 所示。移动端看板的显示如图 9-29 所示。

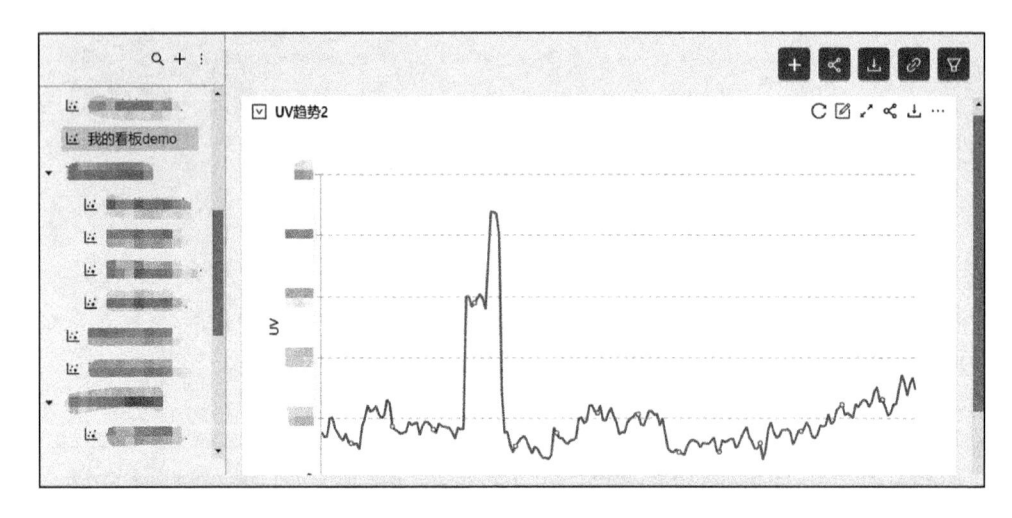

图 9-28　PC 端显示的看板

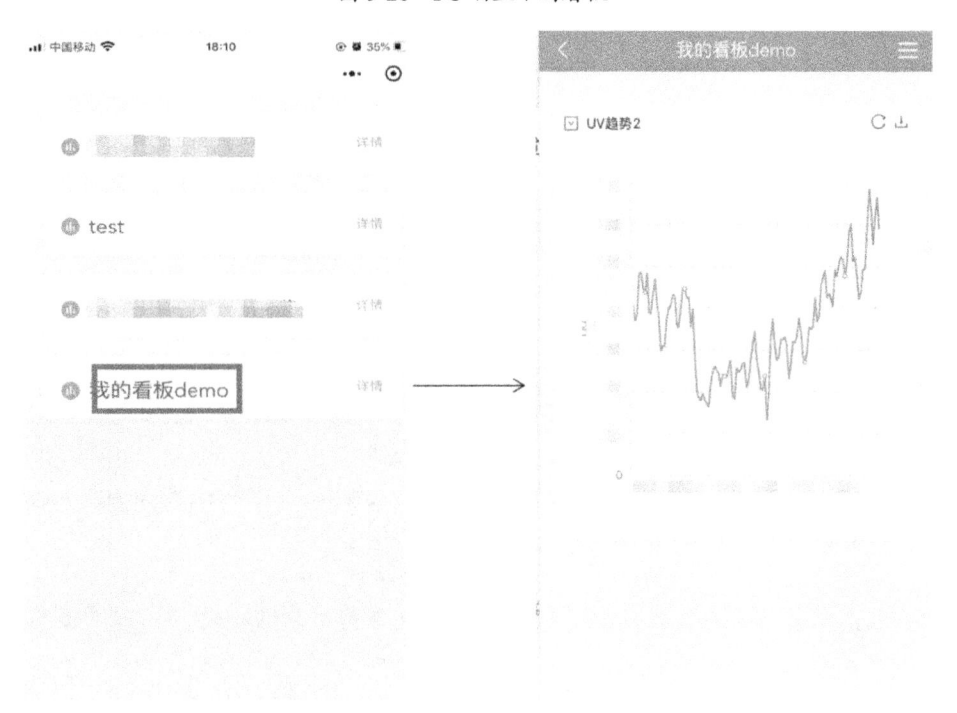

图 9-29　移动端 UV 看板

第10章

自动化营销平台

运营人员的大部分工作就是做营销活动，促进用户下单和复购。在互联网初期，一个公司需要花费几个月才能做一场营销活动。为什么需要几个月的时间呢？因为一场营销活动，从策划、准备、开发、上线，到运营，要耗费大量的人力物力。

如今我们已经进入全民营销的时代，有些公司一天就能做一场营销活动，有些大型公司甚至一天做多场线上营销活动，比如抽奖、优惠券、拼团、秒杀等，乐此不疲。那么数据中台如何支撑这种高频次、快反应的营销活动呢？我们需要搭建一个全渠道、自动化的营销平台，就可以支撑运营人员的一些常见玩法，比如发优惠券、发推送消息、开发一些H5小游戏等。

全渠道、自动化的营销平台可以同时支撑多条产品线的常规营销活动，每条产品线只需一个运营人员在平台上进行运营活动的配置，就可以发起活动。在活动进行中，平台可以输出实时的效果分析数据；在活动后，平台也能自动化地输出活动复盘相关数据。这样就形成了一个营销闭环，有了营销闭环，才有可能实现用户数量及收入的增长。自动化营销平台是一个面向运营的，结合了业务中台营销能力和数据中台数据分析能力的智能平台，也是打通双中台的一个比较好的实际应用案例。接下来我们看一下如何搭建全渠道、自动化的营销平台。

10.1 自动化营销平台的设计思路

无论做什么样的活动，都可以将之简单抽象为一个通用的流程：活动策划→圈人→做活动→看效果，如图 10-1 所示。

活动策划 → 圈人 → 做活动 → 看效果

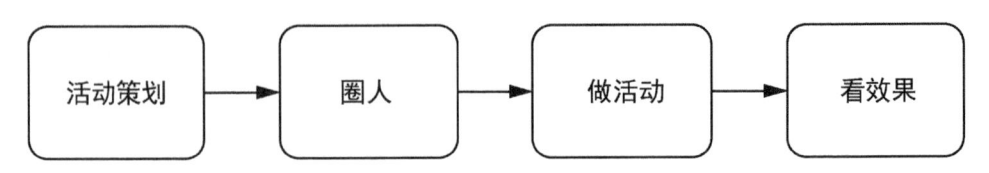

图 10-1　活动的通用流程

（1）活动策划。首先要确定活动的目的是什么，为什么要做这场活动，是为了拉新还是为了沉默用户的促活，或者是为了老用户的复购等。接着要基于活动的目的来定义我们要玩一场什么样的活动，比如抽奖、发优惠券等。

（2）圈人。要定义活动的目标用户，这个步骤会使用标签平台的用户圈选功能。针对这次活动需要邀请哪些人参加？通过这场活动想达到哪些目的？一般来说可以基于活动的目的，来制定相应的圈选策略，通过人群圈选的功能圈出活动的目标用户。

（3）做活动。首先要确定活动的内容，比如我们做一个简单的抽奖活动，那就需要确定活动什么时候开始/结束、奖品是什么等信息。接着要选择推送渠道，即通过什么样的方式告诉目标用户来参加活动，比如短信推送、微信群通知等。

（4）看效果。要看体现活动效果的数据。我们需要查看活动进行中的数据怎么样，确定我们应该关注哪些指标，这些指标是否有升高或者降低。我们还要查看活动后的数据怎么样，确定如何通过这些数据做快速调整，让下次活动做得更好。

这个抽象的流程基本就是全渠道营销要做的内容。上文已经提到，自动化营销平台是双中台结合的一个比较好的应用场景，我们先看一下哪些内容是由业务中台来做的，哪些内容是由数据中台来做的，这样可以让大家更好地理解双中台，如图 10-2 所示。

（1）活动策划其实就是对活动的管理，包括对活动的新建、修改、删除和推送任务的管理，这些都是比较业务化的场景，应该放到业务中台的营销中心中。

（2）圈人是对目标人群的圈选，要根据活动的需要制定相应的圈选规则，以圈选出一批合适的用户，这属于数据中台标签平台的范畴。

（3）做活动是对任务的管理，属于业务中台的消息中心范畴。业务中台的消息中心负责对接各种第三方通讯平台，可以让各条产品线十分轻松地实现对外的通讯。

（4）看效果是对活动效果的分析，这个步骤会产生大量的计算，因此该步骤属于数据分析的范畴，这个功能应该由数据中台来实现。

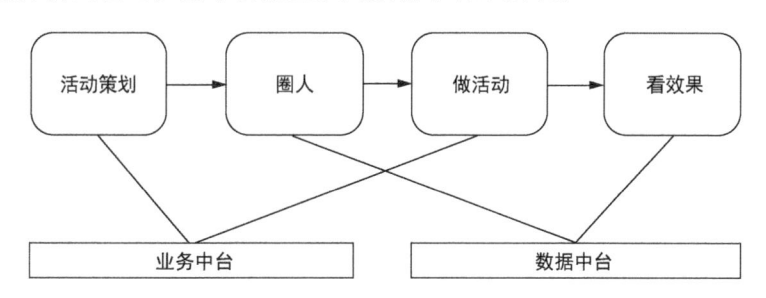

图 10-2　自动化营销平台功能划分

10.2　自动化营销平台介绍

我们先看一下自动化营销平台的主体功能界面，如图 10-3 所示。

（1）要建一场活动，先要确定活动的主题（即活动名称）。接着，要设置好活动所属产品线，这样做一方面可以对活动进行归类，另一方面也解决了数据权限的问题，比如产品线 A 的运营人员只能看到产品线 A 的活动，不能看到其他产品线的活动。

（2）要设置活动的触达任务。活动和任务是一对多的关系，一个活动可以创建一个任务，也可以创建多个不同任务，这样有利于运营人员做活动的 A/B 测试，比如在同一时间内给用户群 A 发送活动 C，给同样特征的用户群 B 发送活动 D，再通过数据对比，了解 C 和 D 的活动效果。

图 10-3　自动化营销平台主体功能界面

（3）要完成任务的设置，比如推送类型、推送时间、推送渠道等信息。

这样就完成了一场营销活动的创建。比较常用的营销活动包括发放优惠券、推送 H5 小游戏、推送 H5 营销页面等。接下来我们看一下这些常规的营销活动的内容（优惠券、H5 小游戏、H5 营销页面）应该如何制作。

10.2.1　常规营销活动的内容制作

1. 优惠券营销活动

先看一下优惠券营销活动。优惠券属于业务中台营销中心的工作范畴。我们经常在电商产品中领到的优惠券，其实都是运营人员在营销中心设置生成的。如图 10-4 所示，这是一个优惠券的设置界面。

图 10-4　优惠券活动设置界面

（1）选择优惠券类型。优惠券一般分为两种类型，一种是满减优惠券，比如用户消费满 300 元，则减 50 元；另一种是直减优惠券，比如使用 50 元额度的优惠券购买一件价格为 60 元的商品，那么只要支付 10 元就可以。

（2）设置一些常规的条件，比如优惠券的面值、消费多少能使用优惠、发放优惠券的总张数、每人每天限领的次数、优惠券的领券时间/有效期等。

在搭建自动化营销平台时，可以和公司内部搭建营销中心的负责人做一个沟通，向他们要到营销中心制作、发放优惠券的接口。优惠券的制作功能最好放在自动化营销平台上，这样就能让运营人员在同一个界面里完成操作。如果让运营人员反复在业务中台和数据中台的不同页面里配置营销任务，那会很烦琐。自动化营销平台需要集成业务中台和数据中台的能力，让运营人员在同一个界面里完成所有的操作，这样的效率更高。

2. H5小游戏营销活动

接下来看一下 H5 小游戏营销活动。公司开发一个 H5 小游戏是有一定难度的，因此最好和第三方专业开发 H5 小游戏的公司合作，接入他们的能力。市场上有很多类似的公司，可以拿免费的版本（参与人数有限制）体验一下。请第三方公司开发高级版本的 H5 小游戏，价位一般是数千元一年，游戏功能相对来说比较丰富。这种公司一般将游戏产品发布到网站上，并提供全套的服务接口，我们购买授权后，就可以调用他们接口完成功能的集成。

笔者以 H5 小游戏抽奖为例，讲一下 H5 小游戏配置的全过程。

（1）配置活动的基本信息，比如活动名称、主办方的信息等，功能界面如图 10-5 所示。可以绑定公司的公众号，用户只有关注公众号才能参与这个游戏。如果用户不关注公众号就能够参加游戏，那么就算用户留下来了信息，也很难触达他们，这样就得到了很多无效的用户。还要配置一些防刷的功能，比如选择严格的"防刷奖保护"等级，那么在用户进入游戏页面之前会对其手机环境做一个简单的检测。

图 10-5 H5 小游戏抽奖的基础信息配置

（2）配置游戏过程中的各种页面和文案，如图 10-6 所示。比如进入游戏前的启动图片，可以设计一张带有公司 LOGO 的图片放上去，游戏中的背景图、游戏结束时的展示图同样可以设置，公司可以根据自己的特点和本次营销活动主题自定义风格。游戏开始前、进行中、结束后的一些文案也可以在这一步中添加。

图 10-6　H5 小游戏抽奖的界面配置

（3）营销细节的配置，如图 10-7 所示。在抽奖活动中，最重要的环节是设置奖品的相关细节。奖品分为三种。

图 10-7　H5 小游戏抽奖营销配置

第一种是自定义奖品。一个游戏可以设置多个奖品，需要设置奖品的名称、中奖的概率、虚拟奖品（比如优惠券）还是实体奖品、领奖的方式等。在参与游戏前可以让用户留下联系方式，等游戏结束后，中奖的用户可以联系运营人员领取奖品。

第二种是微信红包。微信红包可以由 H5 小游戏平台方代发给中奖用户，我们需要申请一笔营销费用给平台方，就可以实现发红包给中奖用户微信账号的操作。这种方法会用到微信从企业到个人用户的红包接口。

第三种是公司内部的优惠券。举一个例子，假设运营人员做了一个抽奖活动，那么这个抽奖活动的奖品可以设置成运营人员所负责产品线的优惠券，当用户获得优惠券奖品时，可以自动将公司内部平台的优惠券发放给那个中奖的用户。这个发放公司内部优惠券的功能需要和游戏平台对接，H5 游戏平台方一般会预留一个可以配置优惠券接口的功能，一般需要查询优惠券和发放优惠券的接口，在按照 H5 游戏平台的要求配置好接口后，用户一旦中奖，H5 游戏平台就可以调用公司内部产品线优惠券的接口完成优惠券的发放。因为发放优惠券是需要发放给用户的，那么 H5 游戏平台就需要知道当前中奖用户的手机号。这时需要触发一个登录操作，一般需要在 H5 游戏平台提前配置一个登录页面。登录分为静默登录和非静默登录。静默登录是用在微信中的，一般需要用到用户的 openid（微信的唯一 ID），公司内部平台可以通过 openid 查询用户的手机号就可以完成自动登录。非静默登录一般用在非微信场景下，这时就需要跳转到登录/注册页面，用户完成登录/注册后才能领取到优惠券。

还有一个问题需要解决。一般来说，公司有多条产品线，但是很多 H5 游戏平台只能设置一个登录地址。那么仅使用一个登录地址如何给多条产品线的用户发送专属于某条产品线的优惠券呢？解决办法就是：通过优惠券的 ID 提取到产品线的 ID，不过需要 H5 游戏平台提供 H5 小游戏所包含的优惠券的接口，有了这个接口就可以通过优惠券查询这场活动所属的产品线 ID，新用户就可以直接注册到这条产品线上。

在抽奖游戏制作完成后，H5 游戏平台就会生成一个链接。H5 游戏的抽奖玩法有如下几种。

（1）比较常见的就是在微信群中发放抽奖地址，用户通过该地址进入游戏并完成抽奖。

（2）每逢节假日，公司可以通过一些 H5 小游戏来提高公司的亲和度和用户的活跃度，也可以在微信公众号中嵌入 H5 小游戏，不过微信公众号只能通过点击"阅读原文"链接的方式完成抽奖活动。

（3）可以在公司产品中嵌入小游戏的链接，不过这个玩法只适用于 App（安卓端和 iOS 端），不适用于微信体系下的产品，因为微信只允许打开微信体系下的链接，所以通过微信公众号或者小程序打开游戏公司的链接是不可行的。

（4）通过短信的方式推送游戏页面给用户。该玩法会在后文的触达模块中详细讲解。

3. 基于H5页面的营销活动

接下来笔者讲解基于 H5 页面的营销活动。对于这种活动的内容的制作，也可以与专业的第三方公司合作。市场上有很多成熟的解决方案，基本上都是通过拖曳的方式完成页面文案、风格等元素的设置，就能形成自己想要的页面，界面如图 10-8 所示。

图 10-8　配置基于 H5 页面的营销活动的界面

如果条件允许，可以把第三方公司的功能界面移植到自动化营销平台上。如果条件不允许，可以购买第三方公司的服务，让运营人员登录第三方公司平台完成 H5 页面的制作，然后让技术人员将 H5 页面部署到自己的服务器上。

接下来，自动化营销平台还需要做两件事：其一是完成 H5 页面的基础数据埋点，因为后期的数据分析会用到埋点的数据；其二是在自动化营销平台上查看运营人员制作的页面，选择页面后，将活动页面发送给用户。

10.2.2　营销活动人群圈选

在完成营销活动内容的制作后，就到了"圈人"这个步骤，也就是如何选择目标用户。我们支持两种人群圈选方式：一种是使用主观标签，导入选择好的用户就可以形成人群；另一种是使用客观标签，该标签是基于一定的规则计算而来的。

使用客观标签圈人又有两种方式：一种是基于用户属性的圈选，比如我们想圈选出所在地区为广东的用户；另一种是基于用户行为的圈选，需要结合埋点数据，比如可以圈选出某天加购了商品但未下单的用户。基于主观标签进行圈选，圈选出来的用户是不变的，今天是这群用户，明天还是这群用户。基于客观标签进行圈选，可以选择只计算一次或每天计算，如果选择只计算一次，人群也是不会变的，如果选择每天计算，那么每天都会动态更新标签下的人群，这样就满足了我们周期性针对符合某条规则的人发推送的场景。

人群圈选的入口也需要放在自动化营销平台上，运营人员可以选择已经圈选好的人群，这就需要自动化营销平台和标签平台对接，将标签平台定义和查询标签人群的接口集成到自动化营销平台上，如图10-9所示。

图10-9　自动化营销平台圈人功能

10.2.3　营销活动触达任务

在这一小节中，笔者介绍一下自动化营销平台触达任务的设置。触达任务的作用是把营销内容告诉参加活动的目标用户。常用的触达方式有：短信、App

推送等。

1. 短信

选择这个方式需要对接一个短信平台，如果业务系统或者业务中台本来就有消息中心的功能，数据中台也可以复用，因为再研发一套功能的成本还是比较高的。国内成熟的短信平台都会对外提供服务接口，业务系统或者业务中台的消息中心可以接入短信的推送功能。

短信的推送分为两种，一种是自定义内容推送，另一种是模板推送。

（1）自定义内容推送可以满足运营人员随时发送任何短信给用户的需求，可以直接编辑短信的内容，选择用户进行发送，如图10-10所示。

图 10-10　自定义内容短信

短信签名需要提前设置好，格式类似"【xxx 公司】"，这是行业内常用格式。短信平台一般会提前审核签名。发送的内容可以自行编辑。如果短信内容包含链接，可以将长链接转成短链接，以缩短字符、减少费用，因为短信平台是按照短信条数来收费的，而每条短信的字数有限。短信平台会做人工审核，防止客户发送不良内容，如果我们想要节省时间可以直接联系短信平台客服，设置审核结果提醒手机号，一旦审核通过，手机就能够接到短信通知。

如图 10-11 所示，短信的发送方式分为两种，一种是立即发送，只要内容审核通过就会立即向用户发送；另外一种是周期性发送，可以设置某个时间点，短信平台会先进行内容的审核，如果内容审核通过，当到了设置的时间点时再进行发送。

图 10-11 短信触达任务

（2）模板推送需要运营人员提前制作短信模板，在模板中预设参数。参数一般包含签名、短信的类型（如验证码、通知类、营销类，自动化营销平台发的短信一般属于营销类短信）、短信内容、申请原因等。在模板审核通过后，运营人员可以选择已经审核通过的模板，再选择目标人群，就可以完成短信的发送。因为前期已经针对模板进行了人工审核，短信平台就不会再次审核短信内容。这种方式一般都是用于一些固定场景中做自动推送，如针对电商产品用户在加购后迟迟不下单的催单短信提醒，当用户在加购商品一天后没有下单时，可以做一个短信提醒，让用户去下单。只要用户触发了加购动作，数据中台就自动筛选出这批人，每天自动给他们做短信推送。

2. App推送

接下来介绍一下 App 推送模块。做 App 推送也需要找一家做推送的平台，国内也有很多成熟的企业，一般免费提供推送 SDK，按照推送信息的条数收费。推送的方式分为两种，站内推送和站外推送。

（1）站内推送又叫站内消息，即推送消息给有手机号的用户。一般来说 App 都有消息模块，当用户接收到站内推送的消息时，就会有一个红点提示新消息尚未被读取。如图 10-12 所示，在推送时可以选择安卓端或 iOS 端，实现分平台推送；填写推送的内容；选择立即推送或定时推送。推送平台也有一些高级的功能，比如设置地理围栏，只有该区域的用户才能收到短信。推送平台的内容审核一般比较快，一旦把消息推送出去，满足条件的用户就会立即接收到。

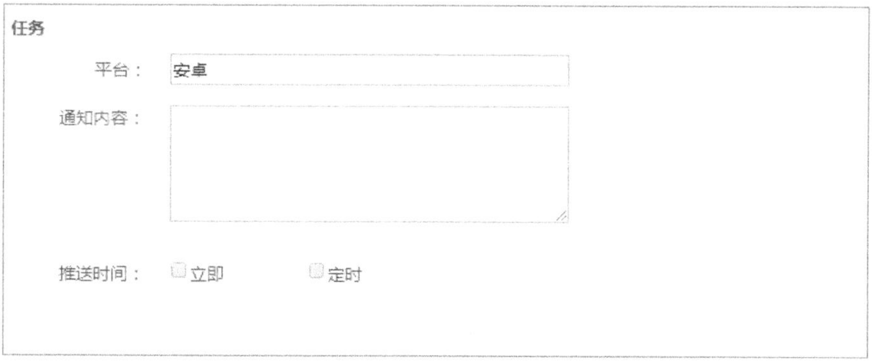

图 10-12　站内推送

（2）站外推送，即针对设备的推送。只要用户安装了 App 并且设备没有禁止接收消息，就可以收到推送的消息。站外推送的设置与站内推送基本相同，主要包括模板名称、推送主题、推送内容等，如图 10-13 所示。站外推送有一点比较特殊，可以设置推送后跳转的页面，既可以跳转到原生 App 的页面，也可以跳转到 H5 页面，这个参数可以放到推送接口的扩展字段，推送平台会提供相应的 SDK，开发工程师将 SDK 集成到 App 中，当用户点击推送消息时，基于推送消息的参数，就可跳转到相应的页面。

图 10-13　站外推送设置界面

10.2.4　活动效果分析

运营人员在做了一场营销活动后，需要输出活动数据，通过观察数据才知道这次营销活动的效果究竟怎么样，如果发现问题，就进行分析和解决，可以让下次活动做得更好，这样整个营销任务就形成了一个闭环。营销活动的数据分析分为两个环节：一个是活动中的效果分析，另一个是活动后的数据复盘。

1. 活动中的效果分析

我们首先来看活动中的效果分析。常见营销内容有两种：一种是带链接的短信，另一种是 H5 小游戏。

（1）带链接的短信。活动中的效果分析的关键指标有触达人数、访问人数，如表 10-1 所示。第一个指标触达人数可以从短信平台获取，该数据受运营商影响，如果触达人数远远小于活动中圈选的人数，说明很多人收不到短信，要及时找短信平台协商解决问题。第二个指标访问人数可以通过埋点的方式活动，这就要求推送的链接一定是我们的产品体系内的，这样才能够通过链接做埋点，以收集与流量相关的数据如 PV、UV，其中 UV 就是这个活动页面的访问人数。这里有一点要注意，链接地址一定要带上营销活动 ID、推送任务 ID 等参数，方便统计 UV 的具体来源（哪个活动、哪个人物）。

表 10-1　活动中效果分析

活动名称	任务名称	推送人数	触达人数	访问人数
活动 A	任务 1	7889	7126	691
活动 B	任务 2	688	667	112

（2）H5 小游戏营销活动的关键指标还是触达人数、访问人数。我们需要在 H5 小游戏的页面中埋点，但是 H5 小游戏一般不是公司自己开发的，我们需要与第三方小游戏公司合作，让他们按照我们的要求进行埋点，数据中台负责埋点数据的接收与分析，这样就可以监测到小游戏的访问人数。另外，H5 小游戏还需要注意几个指标：参与人数、分享人数。参与人数可以从游戏平台直接获得。要获得分享人数就需要做相应的埋点，且游戏链接需要记录一些参数，比如这个链接是如何分享出去的，需要连续记录如"A/B/C"，意为"A 分享给 B，B 打开后又分享给 C，C 又打开"，这样我们就可以找到活动中关键的 KOL。

2. 活动后的效果复盘

活动的最终目的还是要看两个指标，其一是新增用户数，其二是活动交易额。

运营人员做活动的目的一般有两种：其一是让没有下过单的新人首次下单；其二是让已经下过首单的用户复购。针对不同目的，运营人员可以分别圈出没有下过单的潜在用户和已经下过首单的用户，让他们分别接收不同内容，这样就不会打扰他们。

如果做活动的目的是第一种，那么触达的大部分对象是潜客，我们可以在发送的链接中加入渠道注册码的参数，这样就可以通过参数评估这条渠道的拉新能力。这时候，运营人员比较关心短信触达的 N 天（比如 7 天，具体天数可以根据历史数据的分布来确定）内的注册人数和首单人数，比如在短信发送后的 7 天内，有多少人访问这个链接并注册，这些注册人中有多少人下单。

如果做活动的目的是第二种，运营人员一般关心在短信触达用户的 N 天（比如 7 天）内，有多少用户下单复购，比如今天发送短信，那么在 7 天内是否有用户下单复购，如果有用户下单，就说明这条触达方法是有效果的。触达人数、打开人数、7 天内下单人数，这三者就形成了一个漏斗，需要运营人员长期观察并对比各个步骤之间的转化率。

最后，对于本次活动需要提供明细数据，比如到底是哪些人参与了这次活动、发送的活动链接促成了哪些用户下单等明细数据。这些数据可以方便地查看和导出，结合用户的其他数据可以进行更加深入的分析。

10.3 自动化营销平台实战案例

接下来我们通过两个实战的案例讲解一下全渠道运营的玩法。第一个是关于圈人、发优惠券、活动效果分析的案例。第二个是关于周期性的短信触达活动的案例。

10.3.1 优惠券营销活动实战案例

在本案例中，我们做优惠券活动的目的是给高复购意向用户发优惠券，让他们再次复购。那么如何定义"高复购意向用户"呢？高复购意向用户是指几天前有支付行为的用户又再次浏览了我们的商品但没有支付的用户。

（1）首先要完成高复购意向用户的圈选，需要开发两个数据指标：一是距离上次支付的天数；二是距离上次访问的天数。通过组合两个数据指标作为条件，就能圈出高复购意向用户。接下来给用户打标签。定义用户标签如下。

① "距离上次支付的天数>7"标签，代表 7 天前有过支付行为的用户。

② "最近一次访问的天数<3"标签，代表 3 天内有过访问行为的用户

高复购意向用户就是同时具有这两个标签的用户，他们距离上次支付已经超过 7 天且最近一次访问少于 3 天。通过人群的圈选，就可以圈出高复购意向用户。

（2）制作优惠券。在制作优惠券时要确定领券的门槛，也就是说，我们该发面值多少的优惠券。通过计算，我们发现这批高复购意向用户的客单价是在 200

元左右，那么我们可以制作一张"满 200 元减 50"优惠券，保证大部分人能用上。如果制作一张"满 500 减 100"优惠券，由于门槛太高，这批高复购意向用户的很多人用不上，活动效果就会打折。

（3）选择发送渠道。假设我们选择短信触达的方式，就可以编辑一条"用户有待领取的优惠券"消息。在预算足够的情况下，可以选择周期性（比如每天一次）针对这批用户发优惠券，连续发一段时间（比如两个月）；如果预算不够，可以选择只推送一次，观察效果后再进行下次优惠券发放。

（4）进行效果分析。数据中台会针对这场优惠券活动自动输出相应指标。数据分析分为两个维度：用户维度和优惠券维度。

通过用户维度进行分析的目的是看这场活动促成了多少交易、带来了多少首单及复购用户，需要输出这场活动的下单人数、支付人数、支付订单数、支付金额、优惠券减免总金额、新增首单人数、首单金额、新增复购人数、复购金额等指标，如表 10-2 所示。

表 10-2 优惠券活动的用户维度效果分析

指标名称	指标解释
下单人数	使用优惠券下单人数，以下单时间计算
支付人数	使用优惠券支付人数，以支付时间计算
支付订单数	使用优惠券支付订单数，以下单时间计算
支付金额	使用优惠券支付金额，以支付时间计算
优惠券减免总金额	优惠期总优惠金额
新增首单人数	活动前为未下单，活动期间使用优惠券支付用户数
首单金额	活动前为未下单，活动期间使用优惠券支付金额
新增复购人数	活动前为首单或者复购用户，活动期间支付用户数
复购金额	活动前为首单或者复购用户，活动期间支付金额

优惠券维度是指从一张优惠券的角度看发券张数、领券张数、用券张数的漏斗。一场活动可能会涉及多种类型的优惠券，有了这些数据可以看出哪张优惠券的性价比更高。针对优惠券的维度，数据中台需要输出优惠券活动的发券数、领券数、用券数、用券销售额、用券支付金额、用券率、未首单用户领券张数、未

首单用户用券张数、首单用户领券张数、首单用户用券张数、复购用户领券张数、复购用户用券张数等指标，如表 10-3 所示。

表 10-3 优惠券活动的优惠券维度效果分析

指标名称	指标解释
发券数	活动发放优惠券总张数
领券数	活动领取优惠券总张数
用券数	活动使用优惠券总张数
用券销售额	活动使用优惠券下单金额，以下单时间计算
用券支付金额	活动使用优惠券支付金额，以支付时间计算
用券率	使用优惠券数/领取优惠券数
未首单用户领券张数	活动前为未下单用户，领取优惠券张数
未首单用户用券张数	活动前为未下单用户，使用优惠券张数
首单用户领券张数	活动前为首单用户，领取优惠券张数
首单用户用券张数	活动前为首单用户，使用优惠券张数
复购用户领券张数	活动前为复购用户，领取优惠券张数
复购用户用券张数	活动前为复购用户，使用优惠券张数

10.3.2 周期性短信触达营销活动实战案例

本案例的活动是向已经注册但没有下过单的用户发送短信，目的是提醒用户下单。

（1）针对用户注册的时间长度（比如 1 天、3 天、7 天、15 天、30 天、60 天、90 天等），分别写出不同的文案，实现周期性短信触达任务。

（2）找到相关指标。以注册 3 天但未下首单的用户为例。这里涉及两个指标：一是用户注册的天数；二是用户是否下过首单。注册天数很好理解；是否下过首单可以基于用户的支付次数来计算，如果用户的支付次数是 0，那么用户就没有下过单，我们就定义该用户是未下首单的用户。

（3）圈选人群。根据用户注册的时间长度不同，我们需要圈选出来注册时间为 1 天且未下首单的用户、注册时间为 3 天且未下首单的用户等。

（4）设置推送任务。为了实现本活动的目的，我们需要对注册 1 天、3 天、7 天等不同时间的用户进行周期性触达。对于一个用户来说，用户的身份是随着时间的变化而变化的。注册第 1 天，用户的标签是"注册 1 天未下首单"，那么再过 2 天，用户的标签就变为"注册 3 天未下首单"。因为标签平台对标签的计算支持"每天计算一次"，所以用户的身份也会随着时间的变化而变化。触达任务可以进行周期性设置，比如固定在每天的某个时间点进行推送，这样一个注册仅 1 天的用户会收到触达短信，而再过 2 天就会又收到一个不同内容的提醒下单短信。如此就完成了触达任务自动化。

（5）分析活动效果。前文已经讲过如何做活动中的监控和活动后的复盘，具体界面如图 10-14 所示。上半部分是数据的总览，可以查看每个活动的推送人数、触达人数、访问人数、下单用户数、支付用户数。下半部分可以查看活动下的每个任务的推送人数、触达人数、访问人数、下单用户数、支付用户数。

图 10-14　周期性短信触达任务的活动效果分析

从以上两个实战案例可以看出，通过自动化营销平台做的活动都有个共同的特点，就是自动化。第 1 章已经讲过数据中台的目标就是让企业实现数据智能。

数据智能的标志是什么，就是由机器代替人工去决策。上面两个案例就是优秀的实现数据智能的案例，在案例中，运营人员要做的只是制定策略并不断优化自己的策略，然后让策略自动化、闭环地运行，其他全部交给了机器。未来公司是否有竞争力，数据智能是一个很好的判断标准。所以我们自动化营销平台的最终目的就是帮助企业实现营销活动的数据智能，减少人工的决策，让数据智能帮助企业降低成本、提高效率、增加收入。

第11章 推荐平台

本章将介绍推荐系统，主要内容包括什么是推荐系统、推荐系统的架构、几个经典的推荐算法。本章会从实战的角度介绍如何从 0 到 1 打造一个离线的推荐系统、如何从 0 到 1 搭建一个实时的推荐系统。通过推荐系统可以让你更清楚什么是数据智能。

11.1 什么是推荐系统

推荐系统的价值是解决人货匹配的问题。以电商平台为例，作为一个电商平台，主要目的就是在线上销售商品，最需要解决的问题是如何把合适的商品卖给合适的用户。当电商平台的规模还很小（比如只有 10 个用户和 50 件商品）的时候，如果平台有 1 个运营人员就能解决所有的人货匹配问题，运营人员可以和平台的 10 个用户一一沟通，问清楚这 10 个用户到底想要哪些商品，然后在这 50 件单品中找到合适的商品，推荐给平台的这 10 个用户。当电商平台发展到一定的规模（比如 1 万个用户，5 千件商品）时，运营人员的做法就是给用户打上各种各样的标签，通过标签形成用户画像，再基于用户画像做用户分群。每个用户群都是一类人，对于高价值的用户群，一定需要特殊对待，倾斜更多的资源，甚至为这些高价值用户提供一对一的服务，这样运营效率才会最高。

当电商平台的用户数量已经突破 1 亿人、商品的件数突破 10 万件时，电商平台又该如何解决人货匹配的问题呢？解决该问题的关键还是要了解平台的每个用户究竟喜欢哪些商品。如果我们知道每个用户需要什么样的商品，就能把电商平台的 10 万件商品卖出去。推荐系统就是用数学的方法计算并预测用户到底需要什么商品。通过数据可以计算出用户到底会喜欢哪些商品，虽然计算结果只是一个概率，但如果我们把这个概率提高到了一定的水平，再把这些商品推荐给用户，用户就很可能购买推荐的商品。

那么，推荐系统如何计算用户到底喜欢哪些商品呢？答案就是通过用户数据。用户的数据其实分为隐性数据和显性数据两种。

隐性数据是通过埋点收集的用户行为数据。通过埋点，用户的每次浏览、点击行为都会保留大量信息：这个用户是谁、在什么时候、在什么地点、用什么设备、看了哪个商品、看了多久。这些数据对于判断用户是否对该件商品感兴趣是十分有价值的。比如一个用户连续三天都在浏览同一个商品，而且每次都浏览很久，另外一个用户则始终没有浏览这个商品，那么相比第二个用户来说，第一个用户显然对这件商品更感兴趣。

显性数据包括用户下单数据、加购数据、收藏数据等业务数据，还包括用户填写的一些资料（比如用户的性别、所在地区等），这些数据同样可以让我们挖掘到用户的特征。对用户越了解，我们就越能精确地判断出用户会喜欢哪些商品。

对于现在的电商产品来说，推荐模块基本是标准配置，比如你在一个知名电商平台上浏览了一款苹果手机的页面，那么在该平台的"猜你喜欢"模块里，你一定能看到这款手机被排在了最前面，如图 11-1 所示。

如果你之前购买过这款手机，那么这个"猜你喜欢"模块就可能向你推荐与苹果手机相关的商品，比如向你推荐一个 iPad，如图 11-2 所示，这会促使你继续下单。

图 11-1 "猜你喜欢"模块　　　　图 11-2 推荐与已购商品相关的商品

11.2 推荐系统架构

本章从功能架构和技术架构的角度讲解推荐系统。读完本章，你会了解一个推荐系统应该包含哪些模块、搭建一个推荐系统会用到哪些技术。

11.2.1 推荐系统功能架构

如图 11-3 所示，这是一个典型的推荐系统功能架构图。一个常规的推荐系统主要分为三大模块，分别为召回（也就是图上多个推荐引擎组成的部分）、过滤、排序。

1. 召回

召回就是通过一定的方式找到用户可能感兴趣的商品。召回的方式有三种：

①与用户喜欢的物品相似的物品；②与用户有相似兴趣的用户喜欢的物品；③基于用户的标签（用户年龄、性别等）推荐的物品。

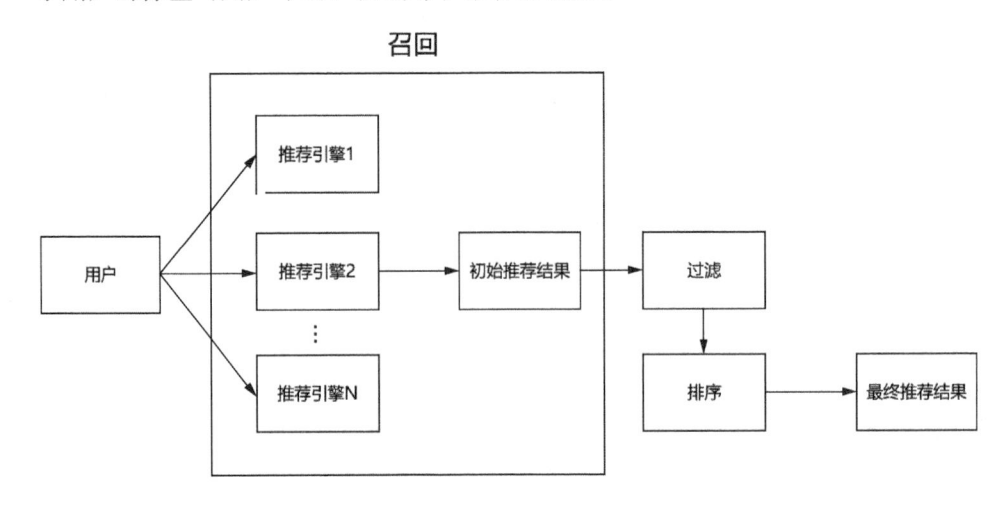

图 11-3 推荐系统功能架构图

这三种方式都可以召回一定数量的商品，形成用户可能感兴趣的商品候选集。每种召回方式需要相互独立，这样当其中的一种召回方式的效果不好时，可以快速切换而相互不受影响。特别是在推荐系统上线的前期，可以让每种召回方式定义的召回算法单独运行，然后通过 A/B 测试的方式找到最好的推荐引擎。

2. 过滤

整理候选集内的商品，通过一定的规则，过滤掉其中有问题的商品，比如用户曾经买过的商品、质量很差的商品等。

3. 排序

每种召回算法都会给出一个推荐结果。推荐结果的形式基本上都是"某个用户喜欢某个商品的概率是多少"。这就会产生一个问题，比如召回算法 A 推荐商品 a，认为用户喜欢 a 的概率是 90%，召回算法 B 推荐商品 b，认为用户喜欢 b 的概率也是 90%。那么我们应该将 a、b 哪个商品推荐给用户呢？因为 a、b 是在不同的标准下推荐出来的，所以没有可比性。这就好比每个省都有一个高考状元，因为他们考试时使用的试卷是不同的，所以没办法直接评估这两个省的高考状元哪个更厉害一点，如果硬要比较，就需要再进行一次统一入学考试，看哪个状元分数更高。排序层就是为了解决这个问题，把候选集中所有的商品经过排序算法统一进行一次用户感兴趣程度的排序。

排序完成后，由数据中台的后端开发工程师通过接口的方式将推荐结果推送给产品线的推荐模块，由产品线的推荐模块负责推荐结果的显示。

11.2.2 推荐系统技术架构

如图 11-4 所示，这是一个典型的推荐平台技术架构，包含了实时推荐和非实时推荐的技术实现。

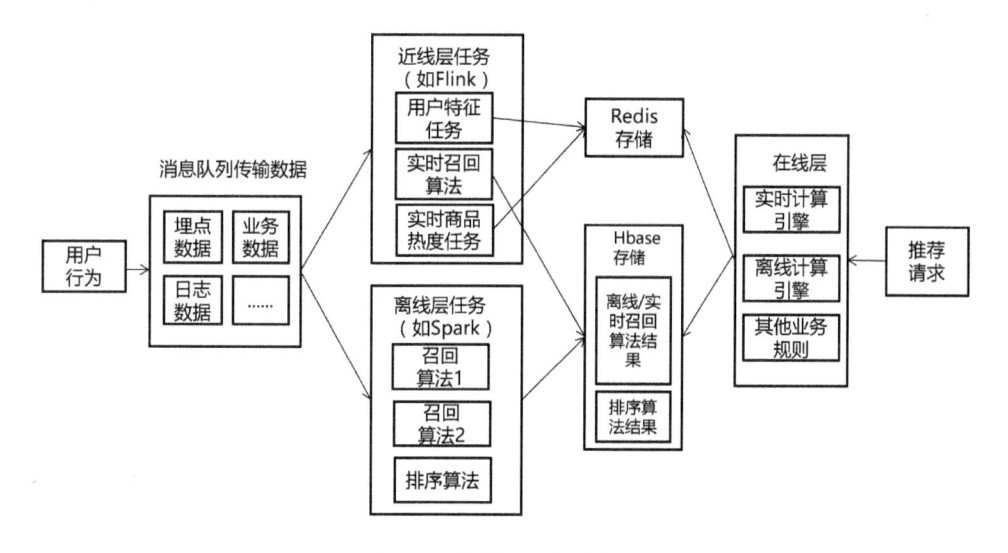

图 11-4 推荐系统技术架构

（1）收集产品线的用户产生的数据，包括用户行为数据、用户业务数据，这些数据都可以作为实时推荐、离线推荐的数据源。用户行为数据通过消息队列传输到日志文件或者直接供实时推荐引擎使用。用户业务数据存储在业务数据库中，由数据中台同步到数据中台的数据仓库。

（2）执行实时层、离线层的计算任务。实时层采用流式计算框架（如 Flink 等）获取用户近一段时间或者近几次行为可能偏好的商品，再通过偏好的商品，从商品库中计算用户可能感兴趣的商品，形成商品候选集。离线层的计算任务一般执行一些离线算法，如基于用户的协同过滤算法、基于商品的协同过滤算法、排序算法等，离线层的计算任务偏重于根据用户的长期兴趣找到用户感兴趣的商品。

（3）整合实时推荐结果和离线推荐结果。实时推荐结果一般存储在内存数据库（如 Redis）中，离线推荐结果一般存储在 MySQL 中。实时推荐结果和离线推荐结果会通过一定的规则整合起来，形成推送给用户的最终推荐结果。

（4）展示推荐结果。当系统前端发起请求查询用户的推荐结果（比如用户进入了"猜你喜欢"模块）时，产品线将通过接口的方式请求推荐系统，由推荐系统返回上一步整合出来的推荐结果。

11.3 推荐平台项目实施流程

推荐系统在数据中台中属于比较大的模块，刚开始接触时可能会觉得无从下手。推荐系统属于 AI 系统范畴，需要有大量的算法支撑。AI 系统需要灵活地支持各类 AI 任务，解决各类任务敏捷化过程中的需求与痛点。当前企业智能化需求各不相同，导致相应的 AI 任务种类繁多。我们可以把 AI 系统的任务分为两种：面向业务的 AI 任务和非面向业务的 AI 任务，如图 11-5 所示。

面向业务：	客户画像	智能推荐	智能问答	……

非面向业务：	自然语言处理、计算机视觉……

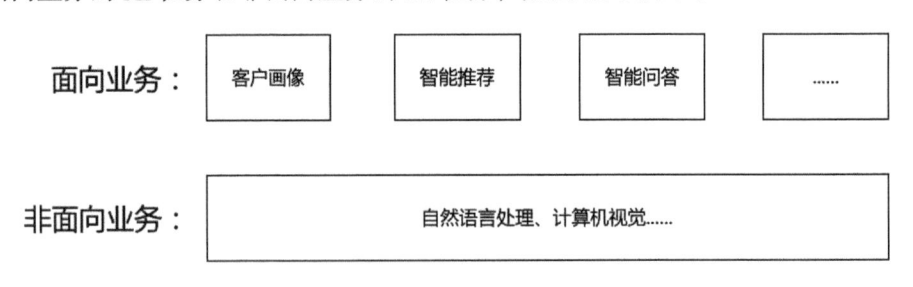

图 11-5 AI 任务的划分

非面向业务的 AI 任务是针对某个业务领域内特定的类型数据，提供对此类数据的基础 AI 学习、预测、分析能力的计算任务，例如计算机视觉、自然语言处理任务等。这种任务常常不直接解决业务需求，仅仅作为基础模型对数据进行初步加工，再由一些面向业务的任务来对接需求。这也给算法实施团队充足的时间对横向任务模型进行充分雕琢，对其敏捷性进行完善。这部分内容属于 AI 系统底层通用能力，笔者不再过多讨论。

面向业务的 AI 任务是针对业务具体需求的，比如电商领域的推荐系统以及比较常见的用户画像构建、智能问答等功能。AI 项目实施的整个流程如图 11-6 所示。

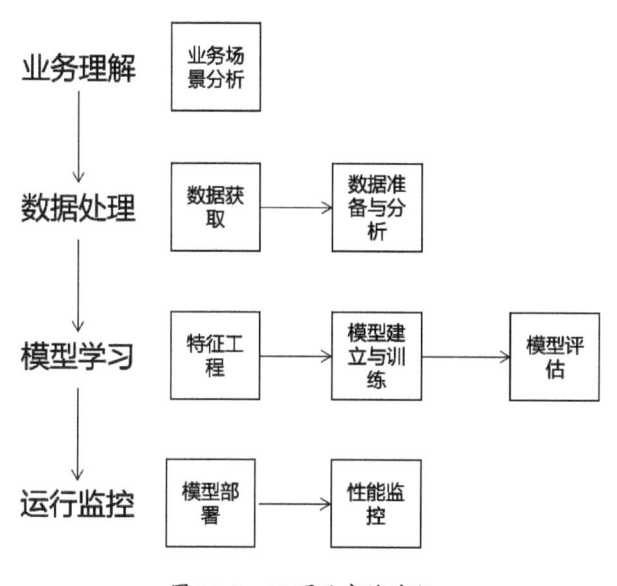

图 11-6　AI 项目实施流程

首先定义需求，比如我们的推荐系统要解决人货匹配的问题；接着需要准备数据、处理数据，这个工作可以由数据中台的数据开发工程师完成；最后需要找来算法工程师、标注工程师等角色共同参与开发与特征工程、模型建立及模型的效果评估等算法相关的模块。也就是说，数据中台只需增加算法团队，就可以完成 AI 项目的实施。

如此一来，数据中台和 AI 系统的关系就比较清晰了，只要补充了算法团队，推荐系统就可以成为数据中台的一部分。

11.4　两种经典的推荐算法

所谓"物以类聚，人以群分"，基于用户的协同过滤算法就是基于这个原理来实现的。你可能听过"啤酒与尿不湿"的故事：通过对一家超市的销售数据分析发现，有很多人在购买啤酒的同时又购买了尿不湿，这就是基于物品的协同过滤算法的案例。读完本节你可以了解这两种算法的原理，并学会如何实现这两种算法。

11.4.1 基于用户的协同过滤算法

我们在生活中如何找到自己喜欢的商品呢？比如你想买一件衬衫，可能会看一下或者问一下周围的朋友都穿什么样的衬衫，在朋友的影响下，你有很大概率会到线上网店或者线下实体店中看一下这件衬衫。在推荐系统中，这就是一种向用户推荐感兴趣商品的方法，叫基于用户的协同过滤算法。

根据这个思路，我们可以看出基于用户的协同过滤算法主要分为两个步骤。

（1）找到和目标用户兴趣相似的用户。

这一步的关键是找到和目标用户相似的用户。我们看一下，在电商产品中如何通过用户的数据找到和目标用户相似的用户。

比如用户的下单数据为：①用户 A 下单购买了商品 a、b、c；②用户 B 下单购买了商品 a；③用户 C 下单购买了商品 a、b。

通过这个简单的例子，我们可以看出，A 和 C 的相似度显然高于 A 和 B 的相似度，因为 A 和 C 同时购买了商品 a、b，而 A 和 B 仅仅同时购买了商品 a。

那么如何通过算法计算用户 A、B、C 之间的相似度呢？这里可以引入余弦相似度公式。

$$A 与 B 的相似度 = \frac{A 与 B 共同喜欢的商品数}{\sqrt{A 和 B 有可能喜欢的商品的组合}} = \frac{1}{\sqrt{3}}$$

$$A 与 C 的相似度 = \frac{A 与 C 共同喜欢的商品数}{\sqrt{A 和 C 有可能喜欢的商品的组合}} = \frac{2}{\sqrt{6}}$$

通过计算公式也可以算出来，相比 A 和 B 来说，A 和 C 是更加相似的。

（2）找相似用户喜欢的且目标用户没有买过的商品，将之推荐给目标用户。

这一步主要解决用户喜欢哪些商品的问题。如何确定用户喜欢哪些商品呢？可以通过给用户行为打分的方式来解决，比如用户浏览了某个商品就加 1 分，用户收藏了某个商品就加 3 分，用户加购了某个商品就加 5 分，用户下单了某个商品就加 7 分，这样给所有产生过用户行为的商品都打分，获得最高分的商品就是该用户最喜欢的，而对于得分低的商品来说，该用户大概率不怎么喜欢。

基于用户的协同过滤算法需要注意以下几个问题。

（1）用户数量如果比较多，则计算起来非常吃力，有可能成为计算任务的瓶颈。

（2）用户兴趣的变化还是很快的，但是算法很难反映出用户兴趣的变化。

11.4.2 基于物品的协同过滤算法

接下来我们介绍一下基于物品的协同过滤算法。如图 11-7 所示，假设有 3 个用户和 4 种水果商品（分别是橘子、草莓、苹果和香蕉）。从图中，我们可以看到，用户 3 购买过苹果，那么请分析下，在其他 3 种水果——橘子、草莓和香蕉之中，用户 3 可能最喜欢哪个？

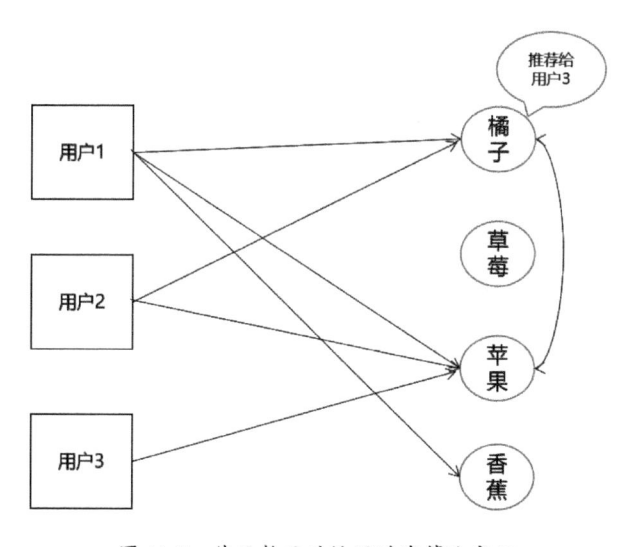

图 11-7　基于物品的协同过滤算法案例

我们希望向用户 3 推荐的物品应该是跟他已经购买的苹果相似的物品，那么什么物品和苹果相似呢？我们可以这样思考，什么物品，在用户购买苹果的同时，被用户购买的次数是最多的呢？

先看香蕉。香蕉是否曾和苹果一起被购买？从图中可以看到，用户 1 同时购买了橘子、苹果和香蕉，苹果和香蕉被同时购买，所以香蕉可以得 1 分，即它和苹果的相似度为 1。

再看草莓。从图中可以看到，没有任何用户同时购买草莓和苹果，所以草莓得 0 分，即它和苹果的相似度为 0。

再看橘子。用户 1 同时购买橘子、苹果和香蕉，苹果和橘子被同时购买；用户 2 也同时购买了苹果和橘子。所以橘子得 2 分，即它和苹果的相似度为 2。

比较这三种水果与苹果的相似度得分，我们可以得出结论，橘子是跟苹果最相似的，那么根据协同过滤算法的原理，我们就可以向用户 3 推荐橘子。

根据这个思路，可以总结基于物品的协同过滤算法主要分为以下三个步骤。

（1）找到目标用户曾经可能喜欢的商品。

（2）计算物品的相似度。

（3）将相似度最高的商品推荐给用户。

和基于用户的协同过滤算法不同，基于物品的协同过滤算法首先计算相似的物品，然后再根据用户购买过或者正在购买的物品为用户推荐相似的物品。

对比基于用户的协同过滤算法，基于物品的协同过滤算法的优势有如下几点。

（1）可以推荐的物品数量往往少于用户数量，所以计算物品之间的相似度一般不会成为计算瓶颈。

（2）物品之间的相似度变化比较缓慢，它们变化的速度没有用户兴趣变化的速度快。

（3）物品对应的消费者数量较大，对于计算物品之间的相似度的稀疏度好过计算用户之间相似度。

11.5 推荐系统的评测指标

本节笔者介绍一下推荐系统的相关评测指标。推荐系统的数据指标分为两种。

（1）商业指标，即推荐系统的与最终交易额相关的指标。我们做推荐系统的目的是为了代替人工给用户推荐商品，提高效率，实现千人千面的用户体验，从而带来更多的交易额。商业指标包括曝光次数、商品的 PV、商品的 UV、商品支付人数、支付金额、支付件数、点击率（商品 PV 与曝光次数之比）、支付转化率（商品支付人数与商品 UV 之比）。

接下来我们看看这些指标该怎么计算。

首先看曝光次数。统计推荐模块曝光次数的方式有两种：其一是通过前端页面埋点的方式，当用户在推荐模块浏览商品时，由前端开发工程师异步上传数据到埋点日志服务器，再通过解析埋点日志的方式统计曝光次数；其二是通过后端埋点的方式，当用户在推荐模块浏览商品时，推荐模块调用的是获取推荐商品的接口，由后端开发工程师记录当时的推荐场景、算法、用户、商品 ID 的集合等关键信息，将之保存到日志文件，再通过解析日志文件的方式统计曝光次数。因为前端页面埋点有 5% 的丢失率，而应计算的一些指标（比如交易额）需要比较准确的数据，所以采用后端埋点的方式统计，曝光量会更加准确一些。

推荐商品的 PV、UV 可以通过对推荐位进行常规埋点的方式计算，由前端开发工程师开发。每当用户点击一次推荐位的商品时，平台就会通过埋点的方式记录当前的推荐场景、算法 ID、商品 ID 等主要信息。

与交易额相关的指标（比如支付人数、支付金额等），也需要通过后端埋点的方式采集。前文讲过，在电商产品的交易流程中有一个断层——用户一般都是先加购再下单，这就会增加前端埋点和数据解析的难度。简单的做法是在订单中增加下单来源的字段，记录商品的推荐场景、算法 ID 等信息到购物车中，一般来说，购物车中的数据是保存在内存数据库 Redis 里面的，当用户下单时再从 Redis 中取出数据放入订单中，这样就保证了数据整个链条能够被记录下来，功能界面如图 11-8 所示。

（2）算法运行监测指标。可以通过准确率、召回率、覆盖率这几个指标监测推荐系统算法运行的情况。接下来我们介绍一下这三个指标是如何定义的。

首先看准确率。假设平台向用户推荐了 100 个商品，用户点击了其中 10 个，那么准确率就是 10%。要想计算准确率，就要对推荐的商品列表页做埋点，用户每点击一次推荐的商品就会上传商品的 ID、用户 ID，这样才能记录用户到底点击过哪些商品。

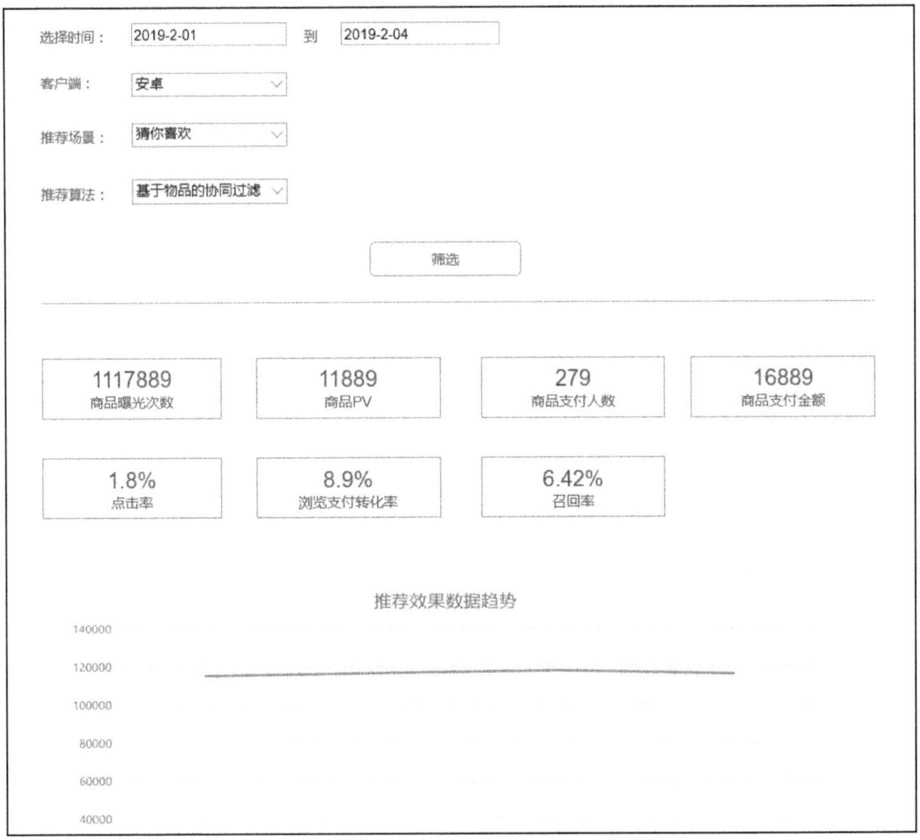

图 11-8 推荐系统监测指标

接着看召回率。假设平台向用户推荐了 100 个商品，用户点击了其中 10 个，而用户在平台上一共查看了 50 个商品，那么推荐系统的召回率就是 20%。

最后看覆盖率。假设电商网站一共有 10000 个 SKU，向所有的用户推荐的 SKU 一共有 8000 个，那么这个推荐系统的覆盖率就是 80%。覆盖率为 100% 的推荐系统可以将每个物品都推荐给至少 1 个用户。覆盖率是供应商会关注的指标，他们关心自己的商品是否会被推荐给用户。

在推荐系统搭建好后可以先组织公司内部人员做测试，比如笔者公司电商产品的定位是女装批发平台，主要客户是女性，在推荐系统上线前，我们就招募了一些公司女同事做了测试。这些女同事平时在我们的电商平台上也会购买一些女装，已经积累了一些数据。

在做灰度测试时，推荐系统最好能做成准实时模式，当用户有了新的行为（如点击、加购等）时，一旦刷新界面，就能看到平台推荐的新的让他们感兴趣的商品，这样也便于我们及时收到反馈。我们可以手工统计一下数据，比如单个用户的准确率和召回率。

可以先不要告诉试用者这次活动的目的，给他们 5 分钟，让他们先逛平台，唯一他们能做的就是记录每次查看的商品名称和位置，这样可以方便我们计算出召回率。接下来可以让他们关注推荐模块，让他们记录推荐了多少个商品，点击了其中的多少个商品，这样可以直接算出来准确率。最后再问他们几个核心问题，比如他们给这个推荐系统打几分（满分是 10 分）、为什么打这样的分数、有没有其他建议给我们。经过这一轮内部测试，我们会发现一些问题，可以针对问题进行针对性修改。

在优化出一个稳定的版本后，我们可以和运营人员合作，邀请几个真实的用户来试用一下。测试用户的年龄、活跃度等相关指标的分布要和真实用户大致相同。可以设计一套方案，让他们参与进来，体验我们的推荐模块，这时可以通过后台收集埋点数据的方式计算这批用户的准确率和召回率。

11.6 推荐系统的冷启动

推荐系统依赖用户的历史行为数据。如果是大型电商网站，通常有大量的用户历史行为数据可以利用，但是对于一般的电商网站，特别是处于刚起步阶段的电商网站，一般是没有用户历史行为数据的，这个时候该怎么办呢？这也是推荐系统的一个核心问题，叫冷启动问题。冷启动问题主要有以下几种。

（1）用户冷启动：关于如何向新用户推荐商品的问题。刚刚进入平台的新用户是没有历史行为数据的，我们无法通过推荐系统给用户做个性化推荐。

（2）物品冷启动：关于如何把一个新商品推荐给可能对它感兴趣的用户的问题。

（3）系统冷启动：一个新开发的平台产品，只有少量的商品，还没有用户，那么如何让用户在上线时就能体验到个性化推荐服务？

如何解决以上这些冷启动的问题呢，在这里提供一些方案供大家参考。

(1）使用用户的注册信息。用户在注册时都要填写一些信息，比如性别、年龄、第三方登录信息等。我们可以对用户的注册信息做一个分类，针对不同的性别、不同的年龄段的用户推荐不同的商品。还可以使用用户的第三方登录信息，在用户授权的情况下通过社交网络数据找到用户好友喜欢的一些商品，再推荐给用户。用户熟悉的朋友喜欢的商品，大概率他们也会喜欢。

(2）让用户主动选择自己喜欢的商品。要让用户主动选择喜欢的商品或者品类，然后平台基于用户选择的结果再进行推荐。如图 11-9 所示，可以让新用户在登录时选择自己偏爱的品类，在他们选择完成后，平台就会基于他们选择的结果进行推荐。此外，还可以把热销的商品推荐给用户，让用户做选择，之后再基于用户的选择数据推荐合适的商品。

图 11-9 让新用户选择偏好品类

(3）物品的冷启动，也是一个需要解决的问题。电商网站每天会更新大量的商品，如果新的商品得不到推荐，那么会影响到用户的体验，也得不到业务部门的支持。电商网站的推荐系统一般采用基于物品的协同过滤算法，依赖用户的行为数据来判断用户是否会喜欢某件商品。新商品是没有用户行为数据的，就很难获得推荐。我们可以利用物品的内容信息，比如对于一件衣服来说，衣服的名称、品类、品牌、价格段等都是它的内容信息。如果做了商品的价格段标签，那么可以精准判断出同品牌、同品类、同价格段的哪个商品适合用户；商品的名称也包含内容信息，我们可以针对商品名称，建立分词库，再基于分词库给商品打上标签，然后基于标签为用户推荐与标签类似的商品。

11.7 从0到1打造一个离线推荐系统

在本节中，笔者以一个电商类推荐系统项目为例，介绍从0到1搭建一个离线推荐系统的全流程。

11.7.1 离线推荐系统设计思路

对于电商类产品来说，实时的推荐系统已经是标配的功能，因此我们的目标是做一个实时的推荐系统，但如果我们还没有推荐系统，那么一步做出实时推荐系统还是有些难度的。我们可以分两个阶段实施，第一阶段先设计一个离线的推荐系统，做到隔天推荐，第二阶段再基于这个离线的推荐系统进行改造，做出实时推荐系统。

搭建推荐系统的核心问题是召回算法的选择，在刚开始搭建推荐系统时可以选择一些经过验证的、逻辑清晰的、运营稳定的召回算法。基于物品的协同过滤算法、基于商品内容的推荐算法都比较适合电商产品，一些大型的电商巨头如亚马逊、淘宝也都在使用。

11.7.2 离线推荐系统算法选型

在实际项目中，我们使用的第一个召回算法是基于物品的协同过滤算法。构建推荐系统的最基础的算法是基于用户的协同过滤算法和基于物品的协同过滤算法，这是标配。上文曾提到这两个算法的优缺点，对于电商产品来说，其实更适合使用基于物品的协同过滤算法，该算法的核心原理是：如果大多数人购买商品a的同时又购买了商品b，那么我们就可以向买了商品a的用户推荐商品b。

在实际项目中，我们使用的第二个召回算法是基于商品分词的算法。整体思路是：先基于用户的历史行为数据找出用户可能喜欢的商品，将商品名称通过分布式全文搜索引擎进行分词操作，并且给每个分词进行打分，然后通过分词搜索商品库中能够匹配到的商品，搜索引擎会自动给出匹配的分数。比如一个用户喜欢的商品的名称为"秋冬新款韩版破洞宽松长袖T恤"，通过分词处理后就可以得出用户偏好的分词有秋冬、新款、破洞、宽松等，通过这些分词在商品库中搜索就能得到可能和"秋冬新款韩版破洞宽松长袖T恤"相似的商品。这种推荐方式也属于内容推荐的一种，实现起来比较容易。

在冷启动的情况下，我们会用到保底算法。在实际项目中，我们使用的保底算法基于商品的热度模型。商品的热度模型定义了商品近60天的销售指数，商品的浏览人数、加购人数、收藏人数等指标被分别赋予不同的权重，用来计算商品的热度。对于一个新用户，或者一个使用各种召回推荐算法都没有算出感兴趣商品的用户，我们可以在热销商品中筛选出基于用户偏好的热销商品。如果无法确定用户的偏好，我们可以直接推荐热销的商品给用户，这是保底策略。

接下来要选择排序算法。每个召回算法都会计算出用户感兴趣的商品，那么我们如何从这些召回算法推荐出来的商品中选出一部分推荐给用户呢？前文已经讲过——如果每个地方出来的状元都彼此不服，那么我们就再统一进行一次考试，通过考试的成绩决定，也就是将这些不同算法推荐出来的商品进行排序。推荐的最终目的是让用户浏览我们的商品，最理想的结果就是让用户购买我们推荐的商品。我们需要预测用户是否会点击我们的商品，从而根据预测的点击率排序。

接下来笔者介绍一下推荐算法中常用的排序算法："GBDT+LR"算法。

笔者简单介绍一下"GBDT+LR"算法。GBDT（Gradient Boosting Decision Tree），即梯度提升决策树；LR(Logistic Regression)，即逻辑回归。使用"GBDT+LR"

算法预测点击率需要两个数据：特征和权重。

特征比较好理解，比如一个用户的年龄/地址、该用户近期浏览过某品类的商品的次数、加购过这个品类的商品次数等，都是特征。

权重是由人工制定并通过数据再不断优化的参数。比如一个用户如果浏览过这个品类，我们觉得用户有 40%的可能喜欢该品类；一个用户如果加购过这个品类，我们觉得用户有 60%的可能喜欢该品类。这里面的 40%和 60%，就是我们设定的权重。

GBDT 模型的具体操作可以理解为：不断对一个用户提问。

比如向用户提问：是女性用户吗？

如果答案为"是"，就再问：喜欢毛衣吗？

如果答案为"是"，就再问：喜欢哪个价格段的毛衣？

这些提问按照层级组织起来。对于不同答案再提出不同的新问题，直到最后得出最终答案：用户是否对这个商品满意。这就是 GBDT 模型。该模型天然可以肩负起组合特征的任务，第一个问题相当于树的根节点，最后得到的答案相当于叶子节点，整条提问路径就是若干个特征的组合。GBDT 的优点是自动挖掘用户的特征，得到最佳的特征组合，省去构建特征工程的烦琐工作。

逻辑回归（Logistic Regression，LR）又称为逻辑回归分析，是分类和预测算法中的一种。通过历史数据的表现对未来结果发生的概率进行预测。例如，我们可以将用户喜欢某商品的概率设置为因变量，将用户的特征属性（例如性别、年龄、注册时间、偏好品类等）设置为自变量。根据特征属性预测用户对某件商品喜欢的概率。

在实际项目中，我们可以找产品线的产品/运营人员一起讨论下推荐方案。他们对业务更了解，可能会提出一些好的建议。比如笔者在构建推荐系统过程中，同公司的产品/运营人员就提出了以下建议。

（1）笔者所在公司的电商产品定位快时尚女装，所以几乎每天都有新品上架，而新品上架 7 天后就基本没有货了，这种情况给推荐算法带来很大挑战。而且新款一般不会有太多的交易数据，无论是基于物品的协同过滤算法，还是基于用户的协同过滤算法只会推荐很少新款。经过与产品/运营人员的讨论，我们决定为商品打上"新款"或"旧款"标识。因为每一件商品都放在某个专场内，而专场都有开始时间和结束时间。如果商品所在的专场没有结束，那么我们会给商品打上"新款"标识；如果商品所在的专场已经结束，那么我们会给商品打上"旧款"标识。如此一来，只要提高基于内容的推荐算法中"新款"标签权重，这样就能更好地推荐新款商品。

（2）为了应对实际的业务场景，需要增加一些过滤条件。比如对于下架的商品、用户若干天内购买过的商品，我们需要在提交给用户的最终推荐结果中将之去除；对于一些退货率比较高的商品，我们设置了一个阈值，如果商品的退货率超过该阈值，那么这些商品也会在推荐列表中被统一去除。

（3）需要考虑商品的上架时间和用户访问高峰期因素。笔者所在公司的电商平台一般都是在早晨 10 点左右上架一次商品，在下午 18 点左右也会上架一次商品，而中午 12 点左右和晚上 20 点左右是用户访问的高峰期，也是用户下单的高峰期。如果离线推荐系统的计算引擎只在晚上计算，那么在早晨 10 点左右和下午 18 点左右上架的商品，大部分都不能被推荐出来，这就需要调整离线推荐系统的计算时间，首先在中午 12 点左右进行一次计算，保证在上午 10 点左右上架的新品都能出现在用户的推荐列表中，然后在下午 19 左右进行一次计算，保证在 18 点左右上架的新品也能出现在下一次用户访问高峰期的推荐列表中。

11.7.3 离线推荐系统开发过程

接下来，笔者从工程角度讲一下应该如何搭建推荐系统。

（1）数据开发工程师应当根据推荐算法的需要准备几类数据。

第一类是用户的基础数据，如表 11-1 所示，此类数据可以用来挖掘用户的特征。

表 11-1 用户基础数据

序号	字段名称	字段类型
1	用户 ID	Int
2	注册渠道	String
3	省份	String
4	城市	String
5	注册时间	Timestamp
6	是否首单	Boolean
7	最近一次访问距离今天的天数	String
8	累计浏览天数	String
9	累计意向金额	String
10	最近一次收藏时间	String
11	最近一次加购时间	String
12	累计支付次数	String
13	累计支付金额	String

第二类是用户行为数据,如表 11-2 所示,比如用户在什么时间对商品有浏览、加购、下单等行为。此类数据是召回算法的基础支撑数据。

表 11-2 用户行为数据

序号	字段名称	内容	类型
1	用户 ID		Int
2	商品 ID		Int
3	行为时间		Timestamp
4	事件类型	1.浏览 2.加购 3.下单 4.收藏	String
5	品类 ID		Int
6	价格段		String

第三类是与商品相关的数据，如表 11-3 所示，比如商品的品类、是否上/下架等基础信息。此类数据可以让算法工程师快速获得商品的相关信息。

表 11-3　与商品相关的数据

序号	字段名称	字段类型
1	商品 ID	Int
2	店铺 ID	String
3	品牌 ID	String
4	品类 ID	String
5	上架时间	Timestamp
6	下架时间	Timestamp
7	价格段	String
8	销量	String
9	销售金额	String

在算法工程师和数据开发工程师按照召回算法和排序算法的规则完成开发后，就会形成最终用户的推荐结果，一般存储在 MySQL 等关系型数据库中，通过接口对外提供服务。每个用户获得的最终推荐结果的参数如下。

用户 ID：用户唯一标识。

商品 ID：商品唯一标识。

召回算法 ID：召回算法唯一标识，用于统计召回算法的效果。

点击率：用户点击的概率，一般是取值在 0 和 1 之间的小数。

计算时间：产生推荐结果的时间，一般存储近几次的计算结果。

基于推荐结果的数据，数据中台的后端开发工程师就可以开发对外的服务接口，如表 11-4 所示。请求参数包括用户 ID、页码、每页商品数量。响应参数主要包括用户 ID、推荐商品列表，商品列表可以通过 JSON 的格式存储。

表 11-4　推荐模块服务接口

接口说明	获取用户的推荐列表				
接口类型：Restful					
请求方式：Post					
请求 URL：					
请求参数					
参数变量	参数名称	参数数据类型	是否必须	详细说明	
USERID	用户 ID	Long	是	用户唯一标识	
PAGENUM	页码	Integer	否	默认是 1	
PAGESIZE	每页商品数量	Integer	否	默认是 10	
响应参数					
参数变量	参数名称	参数数据类型	是否必须	详细说明	
RESULT	响应结果编码	Int	是	SUCCESS：成功；FAIL：失败；ACCEPT：受理；ERROR：错误	
ERRORCODE	错误编码	String	否	错误编码值均为请求处理失败。	
RESULTMSG	响应结果描述	String	是	RESULTMSG 为具体的错误描述	
DATA	响应结果	RecommendQueryResDto	否		
RecommendQueryResDto（以对象的形式存储推荐结果相关信息）					
参数变量	参数名称	参数数据类型	是否必须	详细说明	
USERID	用户 ID	Long	是	跟请求参数的用户 ID 一致	
RCMLIST	推荐商品列表	UserRcmDto	是		
UserRcmDto（以对象的形式存储推荐的商品信息）					
ITEMID	商品 ID	Long	是		
ALGORITHMID	算法 ID	Long	是	10001 - 基于用户的协同过滤算法；10002 - 基于物品的协同过滤算法；20001 - 基于标签系统的推荐算法；30002 - 商品属性推荐算法；50001 - 基于销量热度推荐算法；	

（2）搭建推荐系统还需要其他部门同事的配合，比如产品线的产品/运营人员。

运营人员需要在产品的功能界面中预留一个位置，类似淘宝网的"猜你喜欢"模块，可以基于自己的产品特性来选择位置。运营人员还需要协调 UI 资源，设计推荐位的 LOGO、背景图等。

电商产品线的产品经理需要协调前/后端开发工程师完成推荐位置的前/后端和数据埋点的开发工作。前/后端开发工程师负责调用数据中台的推荐接口，完成推荐功能界面的开发。数据埋点开发要解决两个问题。一是要知道每个场景、每个算法、每天的交易额，当用户加购时，要把场景 ID、算法 ID，同商品一起加入购物车中，当用户下单时再将场景 ID、算法 ID 一并加入结算。二是我们要统计每天有哪些用户访问我们的推荐位，点击了哪些商品，就需要针对推荐模块做一个常规的埋点，埋点方法可以参考第 2 章"数据采集"部分内容，有了这些埋点数据，我们就可以计算推荐位每天产生的总交易额、总访问用户数等相关商业指标，也可以通过查看每个算法的准确率、召回率、覆盖率这三个指标，来找到最合适的算法。

数据中台主要承担算法的开发、推荐接口的开发、推荐系统的数据分析等工作。推荐系统的方案设计大概需要一周时间，另外需要三天的时间来评审方案，电商产品线的产品经理进行前/后端和埋点的开发工作大概需要一周的时间，数据中台针对算法的开发工作大概需要一个月的时间。由此可知，打造一个简单版本的推荐系统预计共需要两个月左右的时间。

11.7.4　离线推荐系统测试

至此，推荐系统的整个开发流程就结束了，接下来需要进行推荐系统的测试。为了方便测试，我们可以开发一个快速拿到每个用户推荐结果的功能，方便产品经理和测试人员查看推荐数据。这项开发工作需要满足三方面要求。

（1）可以快速查看每种召回算法带给每个用户的推荐结果。

（2）可以快速查看通过排序算法生成每个用户的最终推荐结果。

（3）可以快速查看向用户展示的最终推荐结果

要想开发查看推荐结果的功能,最好配上商品的图片,看商品图片比看商品名称,更令人印象深刻,如图 11-10 所示,可以快速筛选出某个算法在某天为某个用户推荐的结果。

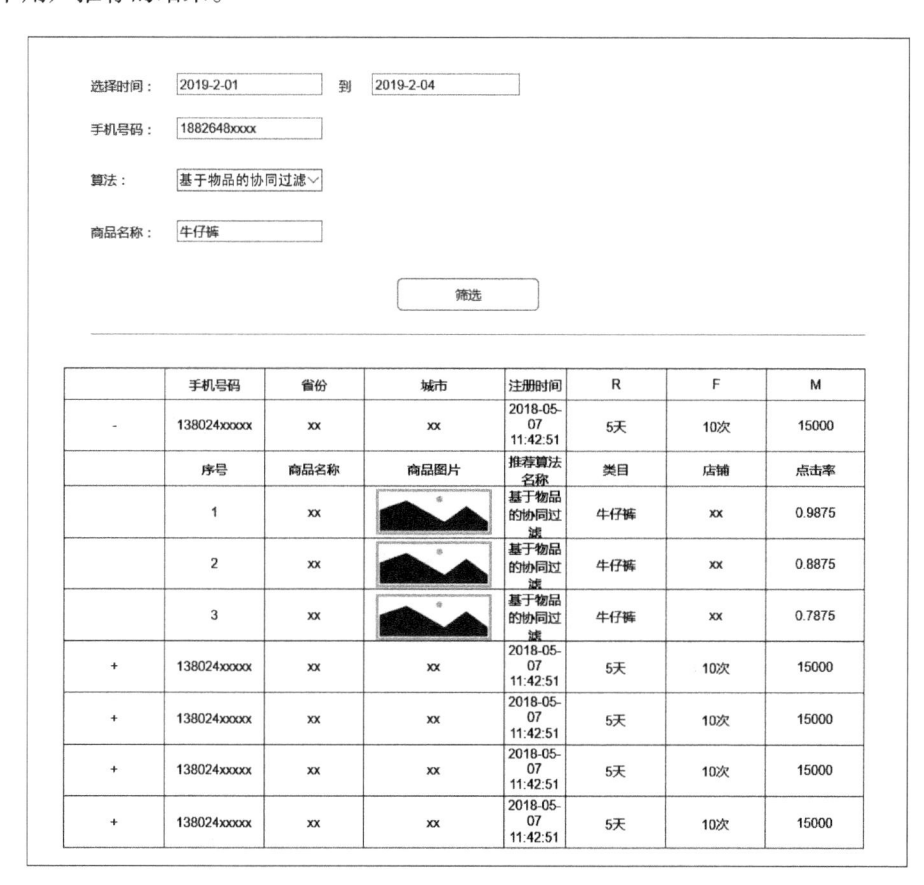

	手机号码	省份	城市	注册时间	R	F	M
-	138024xxxxx	xx	xx	2018-05-07 11:42:51	5天	10次	15000
	序号	商品名称	商品图片	推荐算法名称	类目	店铺	点击率
	1	xx		基于物品的协同过滤	牛仔裤	xx	0.9875
	2	xx		基于物品的协同过滤	牛仔裤	xx	0.8875
	3	xx		基于物品的协同过滤	牛仔裤	xx	0.7875
+	138024xxxxx	xx	xx	2018-05-07 11:42:51	5天	10次	15000
+	138024xxxxx	xx	xx	2018-05-07 11:42:51	5天	10次	15000
+	138024xxxxx	xx	xx	2018-05-07 11:42:51	5天	10次	15000
+	138024xxxxx	xx	xx	2018-05-07 11:42:51	5天	10次	15000

图 11-10　查看推荐结果

测试工作的流程如下。

(1)需要对召回算法进行测试。召回算法主要需要测试其算法的逻辑是否正确。一般来说,算法工程师和测试工程师需要合作完成测试用例的验证。算法工程师按照测试工程师的要求提供数据,测试工程师则负责验证算法逻辑的准确性。

(2)需要对排序算法的结果和用户最终的推荐结果进行测试。因为逻辑比较复杂,这两个步骤的测试很有挑战性。在这里推荐一个简单的方法,项目组可以一起定义几类典型用户，比如：无用户行为的用户；有历史行为数据但很久没来访问的用户；有历史行为数据并且最近很活跃的用户。

对于第一类用户，可以验证一下推荐给他们的结果是否符合冷启动的策略。对于第二类用户，他们虽然有历史行为，但是历史行为的数据陈旧，无法再利用，需要验证一下推荐给他们结果是否符合我们制定的策略。对于第三类用户，可以让算法工程师基于他们最近的行为，推荐给他们可能喜欢的商品，然后对比他们喜欢的商品，检查推荐的商品是否有很大的误差，假如某用户喜欢 50~100 元价格段的牛仔裤，而我们推荐给他的结果都是 500 元以上的牛仔裤，那么推荐结果就有问题了。

（3）最后还需要对过滤的规则进行测试，比如对"用户近期买过的商品不能出现在推荐列表中""退货、缺货率很高的商品不能出现在推荐列表中"等过滤规则进行测试。

11.8　从0到1打造一个实时推荐系统

在这一节中，笔者介绍一下从 0 到 1 搭建一个实时推荐系统的全过程。

实时推荐系统如今已经成为"大厂"电商产品的标配，我们以淘宝为例，用户在浏览或者加购一个新的商品之后，过几秒再刷新推荐模块，立即就能看到好多类似的商品被推荐出来。这些"大厂"是如何做到如此迅速地计算出用户喜欢的内容呢？

用户感兴趣的内容是有黄金期的，如果使用上文所说的离线推荐系统，因为离线计算的限制，第二天才能推荐出用户昨天感兴趣的商品，但是等到第二天用户看到这个商品时，可能已经失去兴趣了，所以我们最好引入一套实时的推荐算法。如图 11-11 所示，这是一个比较典型的实时推荐系统的功能架构。

（1）获取用户短时间内的兴趣，比如记录用户近几次的行为数据或者近一段时间内的行为数据，比如浏览、点击、收藏、加购、下单了某些商品，可以把用户近几次访问或者点击的商品数据保存在客户端，然后通过实时消息队列的方式，比如使用开源的消息队列工具 Kafka，将用户近期访问日志实时传到推荐服务器，这样推荐服务就可以实时接收到用户最新的行为数据。

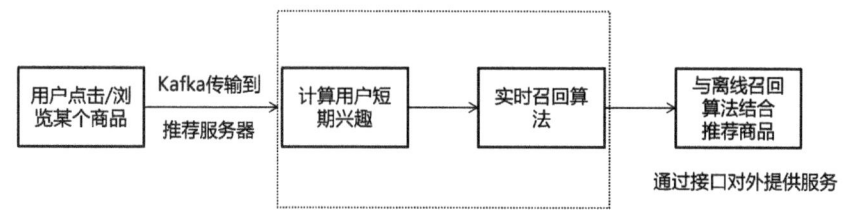

图 11-11 实时推荐系统架构

接下来计算用户感兴趣的商品，可以通过设定不同的权重来对用户感兴趣的商品排序。假设我们设置的权重是：如果用户访问了一个商品，该商品就得 1 分；如果用户收藏了一个商品，该商品得 2 分；如果用户加购了一个商品，该商品得 5 分；如果用户下单了一个商品，该商品得 7 分。我们可以取近 5 次的用户行为数据，假设一个用户近 5 次行为数据包含：①访问了 2 次商品 a；②收藏了 1 次商品 b；③加购了 1 次商品 c；④下单 1 次商品 d。

对用户近 5 次的行为数据进行归一化处理，可以得出用户对商品 a、b、c、d 的兴趣度得分是：商品 a 为 2 分；商品 b 为 2 分；商品 c 为 5 分；商品 d 为 7 分。

根据这 5 次的行为数据可以看出用户更喜欢商品 d 和商品 c。

（2）通过用户感兴趣的商品列表在商品库中寻找相似的商品。这里就需要一套实时召回算法，能在 2 秒内计算好召回结果，可以通过流计算处理平台（如 Flink）实时计算用户喜欢的商品。由于用户的兴趣数据一直在变化，也需要同时更新实时召回算法结果集中的商品之间的相似度，从而找到与用户近几次访问或者加购的商品最相似的一定数量的商品。

在算法层面，基于物品的协同过滤算法和基于用户的协同过滤算法都不适用于这个场景，因为这些算法的复杂度比较高、计算时间比较长。

作为电商产品，商品的描述包含大量的信息，包括商品的名称、店铺、品类、价格段等，基于这些信息可以做基于品类、价格段的推荐算法。第一优先级推荐的商品是同店铺、同品类、同价格段的商品；第二优先级推荐的商品是不同店铺、同品类、同价格段的商品；第三优先级推荐的商品是同店铺、同品类、不同价格段的商品；第四优先级推荐的商品是不同店铺、同品类、不同价格段的商品等。该算法认为品类相似是第一优先级，价格段相似是第二优先级，店铺相似是第三优先级。比如，基于某用户的行为数据发现他喜欢一件毛衣，就可以推荐给他一件同店铺的、价格段差不多的毛衣；如果没有同店铺的、价格段差不多的毛衣，则推荐给他不同店铺、价格段差不多的毛衣，以此类推，按照指标的优先级一直排下去。

例如，我们可以按照以下规则来为商品排序。

① 同店铺、同品类、同价格段的新款，系数分布区间为(0.875, 1]。

② 不同店铺、同品类、同价格段的新款，系数分布区间为(0.75, 0.875]。

③ 同店铺、同品类、不同价格段的新款，系数分布区间为(0.625, 0.75]。

④ 不同店铺、同品类、不同价格段的新款，系数分布区间为(0.5, 0.625]。

⑤ 同店铺、同品类、同价格段的老款，系数分布区间为(0.375, 0.5]。

⑥ 不同店铺、同品类、同价格段的老款，系数分布区间为(0.25, 0.375]。

⑦ 同店铺、同品类、不同价格段的老款，系数分布区间为(0.125, 0.25]。

⑧ 不同店铺、同品类、不同价格段的老款，系数分布区间为[0, 0.125]。

上文我们已经知道用户对商品 d 感兴趣，假设商品 e 和商品 f 是与商品 d 同店铺、同品类、同价格段的新款商品，就可以计算一下商品 e 和商品 f 的热度，如果商品 e 的销量更好，那么商品 e 的系数就是 1，商品 f 的系数就是 0.875。

最终算出商品 e 的得分是 7×1=7 分、商品 f 的得分就是 7×0.875=6.125。按照这种方式可以将用户感兴趣的商品 a、b、c、d 的得分算出，就可以得到一个分数由高到低的实时商品推荐列表，之后可以根据业务需求设定推荐给用户的商品个数，比如取得分最高的 50 个商品进入候选结果集。

（3）要解决离线的推荐结果和实时的推荐结果如何结合的问题。最理想的方式是通过上文提到的"GBDT+LR"排序算法将实时推荐结果和离线推荐结果进行统一排序，但是这套排序算法相对来说也是比较复杂的，不能做到几秒内出结果。

简单的办法是，我们可以人工定义一下实时推荐和离线推荐的优先级，有以下两种方式。

第一种方式：前几页显示实时推荐结果，之后的页面显示离线推荐结果。这种方式默认实时推荐结果的优先级是大于离线推荐结果的。但问题在于：后面的页面被用户浏览的概率非常低，我们耗费了那么多资源来算离线推荐结果，但是却几乎没有得到曝光，这很不合理。

第二种方式：采用交叉显示的方式，比如第一页显示 10 个商品，其中前 3 个商品显示实时推荐的结果，后面 7 个商品显示离线推荐的结果，第二页同样如此。这种方式可以让实时推荐结果和离线推荐结果都获得曝光机会，资源利用更加合理。

反侵权盗版声明

电子工业出版社依法对本作品享有专有出版权。任何未经权利人书面许可，复制、销售或通过信息网络传播本作品的行为；歪曲、篡改、剽窃本作品的行为，均违反《中华人民共和国著作权法》，其行为人应承担相应的民事责任和行政责任，构成犯罪的，将被依法追究刑事责任。

为了维护市场秩序，保护权利人的合法权益，我社将依法查处和打击侵权盗版的单位和个人。欢迎社会各界人士积极举报侵权盗版行为，本社将奖励举报有功人员，并保证举报人的信息不被泄露。

举报电话：(010)88254396；(010)88258888
传　　真：(010)88254397
E-mail：dbqq@phei.com.cn
通信地址：北京市万寿路173信箱
　　　　　电子工业出版社总编办公室
邮　　编：100036